Sell on Your Strengths

강점으로 영업하라

세일즈에서 가장 강력한 무기는 바로 '나'다

유장준
Gallup-Certified Strengths Coach

그린스푼미디어

강점으로 영업하라
Sell on Your Strengths

초판 1쇄 발행 2025년 9월 15일
지은이 | 유장준
편집 디자인 | 디에스피
인쇄 | 북토리

펴낸곳 | 그린스푼미디어
등록 | 2017년 4월 24일 제2017-000029호
전화 | 02-6399-9076

값 | 24,000원
ISBN 979-11-960930-6-8 (13320)

저작권자 ⓒ 유장준, 2025
본 저작물의 내용 일부 또는 전부를 무단 복제 전송 배포하는
행위는 저작권법에 의해 금지되어 있습니다.

Gallup®, CliftonStrengths® and the 34 theme names of CliftonStrengths® are trademarks of Gallup, Inc. All rights reserved. To learn more about CliftonStrengths®, please visit www.gallupstrengthcenter.com.

Gallup®, CliftonStrengths® and the CliftonStrengths 34 Themes of Talent are trademarks of Gallup, Inc. This publication also includes copyrighted content owned by Gallup, Inc. All Gallup intellectual property is used herein under a licensing agreement. All rights reserved. The non-Gallup® information you are receiving has not been approved and is not sanctioned or endorsed by Gallup in any way. Opinions, views, and interpretations of CliftonStrengths are solely the beliefs of JangJune Yoo, the author of this publication.

GALLUP TRADEMARKS USED IN THIS PUBLICATION:
For the ease of reading this publication, each mention of a Gallup trademark is not presented with the applicable trademark notation. However, the list below provides such notification.

Gallup®
CliftonStrengths®
StrengthsFinder®
Achiever®
Activator®
Adaptability®
Analytical®
Arranger®
Belief®
Command®
Communication®
Competition®
Connectedness®
Consistency®
Context®
Deliberative®
Developer®
Discipline®
Empathy®
Focus®
Futuristic®
Harmony®
Ideation®
Includer®
Individualization®
Input®
Intellection®
Learner®
Maximizer®
Positivity®
Relator®
Responsibility®
Restorative™
Self-Assurance®
Significance®
Strategic®
Woo®

Gallup®, CliftonStrengths® 및 CliftonStrengths®의 34가지 테마 이름은 Gallup, Inc.의 상표입니다. 모든 권리는 Gallup에 있습니다. CliftonStrengths®에 대해 더 알아보려면 www.gallupstrengthcenter.com 을 방문해 주십시오

Gallup®, CliftonStrengths® 및 CliftonStrengths의 34가지 재능 테마(Themes of Talent)는 Gallup, Inc.의 상표입니다. 본 출판물은 Gallup, Inc.가 소유한 저작권이 있는 콘텐츠를 포함하고 있으며, 모든 Gallup 지적 재산권은 라이선스 계약에 따라 사용되었습니다. 모든 권리는 Gallup, Inc.에 있습니다. 이 책에서 제공되는 Gallup® 이외의 정보는 Gallup이 승인하거나 인정 또는 보증하지 않았습니다. CliftonStrengths에 대한 의견, 견해 및 해석은 본 출판물의 저자인 유장준(JangJune Yoo)의 개인적 신념에 따른 것입니다.

본 출판물에 사용된 Gallup® 상표 목록:
본 출판물의 가독성을 위해 갤럽 상표는 각 언급 시마다 해당 상표 표시(®, ™)를 함께 표기하지 않았습니다. 다만 아래 목록에서 해당 상표 표시를 확인할 수 있습니다.

Gallup®
CliftonStrengths®
StrengthsFinder®
Achiever® 성취
Activator® 행동
Adaptability® 적응
Analytical® 분석
Arranger® 정리
Belief® 신념
Command® 주도력
Communication® 커뮤니케이션
Competition® 승부
Connectedness® 연결성
Consistency® 공정성
Context® 회고
Deliberative® 심사숙고
Developer® 개발
Discipline® 체계
Empathy® 공감

Focus® 집중
Futuristic® 미래지향
Harmony® 화합
Ideation® 발상
Includer® 포용
Individualization® 개별화
Input® 수집
Intellection® 지적사고
Learner® 배움
Maximizer® 최상화
Positivity® 긍정
Relator® 절친
Responsibility® 책임
Restorative™ 복구
Self-Assurance® 자기확신
Significance® 존재감
Strategic® 전략
Woo® 사교성

머리말

영업이라는 단어를 떠올리면 많은 사람들이 가장 먼저 느끼는 감정은 '부담감'일 것입니다. 누군가에게 다가가 상품을 설명하고, 거절을 당한 뒤에도 다시 시도해야 하는 끝없는 과정. 실제로 수많은 영업 담당자와 스타트업 대표들을 만나보면, 그들 대부분은 "나는 영업에 소질이 없다"라며 스스로 한계를 긋곤 했습니다.

지난 10여 년 동안 저는 세일즈 코치로 활동하며 수많은 사람들에게 영업의 본질을 전하고, 다양한 훈련과 방법론을 적용해 왔습니다. 하지만 늘 의문이 남았습니다. 사람마다 성격도, 일하는 방식도, 강점도 다른데, 똑같은 영업 스킬을 훈련하는 것이 과연 최선일까? 일정한 효과는 있었지만 언제나 한계에 부딪히곤 했습니다.

그러던 중 CliftonStrengths® 강점 진단을 세일즈 코칭에 접목하기 시작했을 때 놀라운 변화가 일어났습니다. 강점 진단을 통해 각자가 가진 고유한 재능을 확인하고, 그것을 영업 현장에 어떻게 활용할 수 있을지를 탐색하자, 단순한 스킬 훈련으로는 얻을 수 없었던 강력한 결과가 나타났습니다.

어떤 이는 고객의 감정을 공감하는 능력으로 신뢰를 쌓았고, 또 다른 이는 분석적 사고로 고객사의 문제를 구조적으로 해결하며 차별화된 가치를 인정받았습니다. "나는 영업에 맞지 않는다"고 말하던 사람들이, 오히려 자신의 강점 덕분에 성과를 내는 모습을 지켜보며 저 역시 큰 확신을 갖게 되었습니다.

이 책은 바로 그 경험에서 출발했습니다. 세일즈는 특정한 성격이나 유형의 사람만이 잘할 수 있는 일이 아닙니다. 누구든 자신의 강점을 발견하고 그것을 발휘하는 방식을 설계한다면, 영업은 두렵고 고통스러운 과정이 아니라 오히려 자신을 성장시키는 여정이 될 수 있습니다.

『강점으로 영업하라』는 단순한 영업 기술서가 아닙니다. 이 책은 특정한 화법이나 매뉴얼을 가르치려는 것이 아니라, 독자 한 분 한 분이 자신의 강점을 세일즈의 다양한 순간 - 고객과의 첫 만남에서 제안과 협상, 그리고 장기적인 관계 유지에 이르기까지 - 어떻게 적용할 수 있을지를 탐색하도록 안내합니다. 이 과정을 통해 독자는 '나답게' 세일즈를 해낼 수 있는 자신만의 방식과 전략을 찾게 될 것입니다.

저는 여전히 현장에서 세일즈 코치이자 멘토로 활동하며 배우고 있습니다. 그 배움의 여정을 이 책에 담았습니다. 제 경험과 사례, 그리고 수많은 사람들과의 코칭 대화가 독자 여러분께 작은 불씨가 되기를 바랍니다. 이 책이 누군가에게는 "다시 시작할 용기"를, 또 다른 누군가에게는 "나는 이미 충분히 잘할 수 있다"는 확신을 전해줄 수 있다면, 그것만으로도 저에게는 큰 보람이 될 것입니다.

고객 앞에 설 때마다 주저하는 분들, 영업이라는 단어 앞에서 작아지는 분들, 그리고 세일즈를 통해 더 크게 성장하고 싶은 분들께 이 책을 바칩니다. 저자의 경험이자 코치로서의 소망이 담긴 이 책이 여러분의 길 위에서 든든한 동반자가 되기를 진심으로 바랍니다.

끝으로, 한국어로 된 강점 관련 서적이 아직 많지 않은 상황에서 귀중한 Gallup®의 콘텐츠 사용을 허락해 준 미국 Gallup, Inc.에 깊은 감사를 드립니다. 이 책은 Gallup, Inc.와의 라이선스 계약에 따라 집필되었으며, 강점에 관한 지식이 더 많은 분들께 전해지기를 바라는 저자의 소망을 담고 있습니다.

또한 언제나 제가 하는 일을 믿고 지지해 주신 부모님께 깊이 감사드립니다. 아버지와 어머니의 따뜻한 격려와 믿음이 있었기에 저는 이 길을 묵묵히 걸어올 수 있었고, 마침내 이 책을 세상에 내놓을 수 있었습니다.

2025년 9월 홍제동에서
유장준

목차

머리말   5

1부: 왜 강점으로 영업해야 하는가?   17

1장. 왜 우리는 '강점'에 주목해야 하는가?   18

1. 모든 영업사원에게 통하는 만능 공식은 없다   18
2. 강점 기반 세일즈의 놀라운 결과   20
3. 갤럽(Gallup®)의 연구가 증명하는 강점의 힘   23
4. 강점을 찾은 순간, 세일즈가 완전히 바뀌었다   26
5. '약점 보완'에서 '강점 활용'로, 성공의 패러다임을 바꿔라   28

2장. 당신의 잠재력을 깨우는 도구, CliftonStrengths® 강점 진단   31

1. 고객과의 연결: '나'부터 시작하세요.   31
2. CliftonStrengths® 강점 진단이란?   35
3. CliftonStrengths® 강점 진단은 어떻게 진행되는가?   38
4. 강점의 진단과 발견이 세일즈에 중요한 이유   42
5. CliftonStrengths® for Sales 리포트란?   45
6. CliftonStrengths® 리포트와 CliftonStrengths® for Sales 리포트 차이   47
7. 누가 CliftonStrengths® for Sales를 사용해야 하는가?   50

3장. 나의 세일즈 DNA 완성하기: 34가지 강점의 전략적활용법   52

  1. 34가지 강점 테마 이해하기   52

  2. 강점 해석의 함정(pitfall)을 피하는 올바른 이해법   56

  3. 나만의 세일즈 스타일 찾기: 강점의 4가지 영역 이해하기   57

  4. 강점이 특정 영역에 집중된 것은 나쁜 것일까?   67

  5. 강점이 특정 영역에 집중된 사람의 세일즈 전략   70

  6. 강점이 특정 영역에 집중될 때 주의해야 할 점   74

  7. 세일즈에 불리한 강점이란 없다: 과소 평가된 10가지 강점의 재발견   75

  8. 강점 조합의 시너지로 성과 극대화하기   82

  9. 나만의 '강점 시너지'를 만드는 3단계 실천 전략   86

2부. 강점 테마별 실전 세일즈 전략   93

4장. 실행력(Executing) 영역: 아이디어를 결과로 바꾸는 힘   94

  1. 실행력 영역의 3가지 핵심 가치   95

  2. 실행력 영역에 속한 9가지 강점 테마 분석   96

    (1) 성취(Achiever®)   96

    (2) 정리(Arranger®)   99

    (3) 신념(Belief®)   102

    (4) 공정성(Consistency®)   106

    (5) 심사숙고(Deliberative®)   110

(6) 체계(Discipline®)　　　　　　　　　　　　　　　　113

　　(7) 집중(Focus®)　　　　　　　　　　　　　　　　　117

　　(8) 책임(Responsibility®)　　　　　　　　　　　　　　120

　　(9) 복구(Restorative™)　　　　　　　　　　　　　　　124

5장. 영향력(Influencing) 영역 강점 테마: 메시지를 세상에 퍼뜨리는 힘　　129

　1. 영향력 영역의 3가지 핵심 가치　　　　　　　　　　　　130

　2. 영향력 영역에 속한 8가지 강점 테마 분석　　　　　　　　131

　　(1) 행동(Activator®)　　　　　　　　　　　　　　　　131

　　(2) 주도력(Command®)　　　　　　　　　　　　　　　136

　　(3) 커뮤니케이션(Communication®)　　　　　　　　　　141

　　(4) 승부(Competition®)　　　　　　　　　　　　　　145

　　(5) 최상화(Maximizer®)　　　　　　　　　　　　　　149

　　(6) 자기확신(Self-Assurance®)　　　　　　　　　　　　153

　　(7) 존재감(Significance®)　　　　　　　　　　　　　　158

　　(8) 사교성(Woo®)　　　　　　　　　　　　　　　　　162

6장. 관계 구축(Relationship Building) 영역 강점 테마: 사람과 사람을 이어주는 힘　167

　1. 관계 구축 영역의 3가지 핵심 가치　　　　　　　　　　　168

　2. 관계 구축(Relationship Building) 영역의 9가지 강점 테마 분석　　169

　　(1) 적응(Adaptability®)　　　　　　　　　　　　　　169

　　(2) 연결성(Connectedness®)　　　　　　　　　　　　173

　　(3) 개발(Developer®)　　　　　　　　　　　　　　　176

　　(4) 공감(Empathy®)　　　　　　　　　　　　　　　179

(5) 화합(Harmony®)   182

(6) 포용(Includer®)   186

(7) 개별화(Individualization®)   189

(8) 긍정(Positivity®)   192

(9) 절친(Relator®)   196

7장. 전략적 사고(Strategic Thinking) 영역 강점 테마: 나아갈 방향을 설계하는 힘   200

1. 전략적 사고 영역의 3가지 핵심 가치   201

2. 전략적 사고 (Strategic Thinking) 영역의 8가지 강점 테마 분석   202

(1) 분석(Analytical®)   202

(2) 회고(Context®)   206

(3) 미래지향(Futuristic®)   209

(4) 발상(Ideation®)   212

(5) 수집(Input®)   216

(6) 지적사고(Intellection®)   219

(7) 배움(Learner®)   222

(8) 전략(Strategic®)   225

3부. 강점으로 완성하는 나만의 세일즈 프로세스   229

8장. 나의 강점으로 잠재고객 발굴과 초기 컨택하기   230

1. 고객 발굴의 본질: 고객은 발굴하는 것이 아니라 발견하는 것이다.   230

(1) 콘텐츠 마케팅을 활용한 인바운드 고객 접근   231

(2) 소개와 추천을 활용한 관계 기반 접근 (레퍼럴 영업)   231

(3) 전략적 데이터 분석을 통한 고객 타겟팅 　　　　　　　　　　　　232

　　(4) 적극적 네트워킹 및 행사 참여를 통한 대면 발굴 　　　　　　　233

　2. 강점 영역별 잠재고객 발굴 전략 　　　　　　　　　　　　　　　　233

　　(1) 실행력(Executing) 영역 강점 전략: 체계적 루틴과 계획으로 꾸준히 고객 발굴 　234

　　(2) 영향력(Influencing) 영역 강점 전략: 네트워킹과 적극적 접근으로 신규 고객 확보 　238

　　(3) 관계 구축(Relationship Building) 영역 강점 전략: 소개와 추천을 통한 신뢰 영업 　242

　　(4) 전략적 사고(Strategic Thinking) 영역 강점 전략: 시장 분석과 우선순위로 효율적 접근 　247

9장. 나의 강점으로 고객 니즈 분석과 효과적인 제안하기　　　　253

　1. 니즈 분석과 제안의 핵심: 판매가 아니라 문제 해결이다. 　　　　253

　　(1) 고객 니즈 분석의 3단계 방법론 　　　　　　　　　　　　　　254

　　(2) 효과적인 제안의 4단계 구조 　　　　　　　　　　　　　　　255

　2. 강점 영역별 니즈 분석 및 제안 전략 　　　　　　　　　　　　　256

　　(1) 실행력(Executing) 영역 전략: 철저한 데이터 분석 및 문제 해결 계획 제시 　257

　　(2) 영향력(Influencing) 영역 전략: 설득력 있는 프레젠테이션과 강한 임팩트 전달 　261

　　(3) 관계 구축(Relationship Building) 영역 전략: 고객 맞춤형 소통을 통한 효과적인 제안 　265

　　(4) 전략적 사고(Strategic Thinking) 영역 전략: 창의적인 솔루션 제안과 전략적 접근 　269

10장. 나의 강점으로 협상하고 최종 클로징하기　　　　　　　　　273

　1. 협상과 클로징의 본질: 승리가 아니라 상호 만족이다 　　　　　273

　　(1) 협상의 4단계 프로세스 　　　　　　　　　　　　　　　　　273

　　(2) 클로징의 3가지 핵심 기법 　　　　　　　　　　　　　　　　274

　　(3) 협상에서 피해야 할 3가지 실수 　　　　　　　　　　　　　275

    2. 강점 영역별 협상 및 클로징 전략   276
        (1) 실행력(Executing) 영역 전략: 약속과 책임으로 신뢰를 구축하라   276
        (2) 영향력(Influencing) 영역 전략: 가치 극대화와 긴급성으로 결정을 이끌어내라   279
        (3) 관계 구축(Relationship Building) 영역 전략: 장기적 파트너십으로 합의점을 찾아라   282
        (4) 전략적 사고(Strategic Thinking) 영역 전략: 객관적 기준과 대안 제시로 합의 도출   284

11장. 나의 강점으로 고객 유지 및 장기 관계 구축하기   288

    1. 고객 유지의 핵심: 거래의 끝이 아니라 관계의 시작이다.   288
        (1) 고객 유지의 3단계 진화 과정   289
        (2) 고객 이탈의 5가지 주요 원인과 예방법   290
    2. 강점 영역별 고객 유지 전략 및 관계 강화 전략   291
        (1) 실행력(Executing) 영역 전략: 체계적인 관리와 책임감으로 신뢰를 증명하라   292
        (2) 영향력(Influencing) 영역 전략: 성공을 전파하여 열정적인 팬으로 만들어라   295
        (3) 관계 구축(Relationship Building) 영역 전략: 진정성 있는 관계로 평생 고객을 만들어라   297
        (4) 전략적 사고(Strategic Thinking) 영역 전략: 통찰과 비전으로 대체 불가능한 존재가 되라   300

4부: 강점 기반 세일즈 팀 운영과 리더십 전략   303

12장. 왜 강점 기반 팀 운영인가?   304

    1. 개인 강점을 넘어 팀의 시너지를 극대화하는 방법   304
        (1) 각 팀원의 강점을 이해하고 정의하기   305
        (2) 팀 강점표(CliftonStrengths® Team Grid) 그리기   307
        (3) 팀 강점표로부터 얻을 수 있는 통찰   310
        (4) 강점 조합을 통한 효과적인 역할 배치   311
        (5) 강점 중심의 조직 문화 구축하기   314

2. 강점 기반 팀 운영이 세일즈 조직에 미치는 영향 … 316

   (1) 매출과 성과의 뚜렷한 증가 … 316

   (2) 팀 내 협력과 소통의 극적인 개선 … 317

   (3) 팀원의 업무 몰입도와 조직 만족도 향상 … 317

   (4) 고객 만족도 향상으로 인한 장기적 성과 증대 … 318

   (5) 리더의 효율적 팀 관리와 조직 성과 극대화 … 318

3. 강점 기반 팀 운영의 성공 사례: 실제 조직의 생생한 변화 … 319

   (1) 사례1: "서로의 강점을 알게 된 후, 팀이 완전히 바뀌었습니다." … 319

   (2) 사례2: 팀 강점표를 활용한 세일즈 조직의 성과 향상 … 321

13장. 팀 강점표(CliftonStrengths® Team Grid)를 활용한 팀 강점 분석 … 323

1. '팀 강점표'의 활용법 이해하기 … 323

   (1) 팀 구성원의 강점 분포 파악하기 … 324

   (2) 팀 전체의 강점 영역 분포 확인하기 … 326

   (3) 팀 강점 시너지 전략 도출하기 … 328

2. [사례] 영업 1팀 - 팀 강점표 분석과 강점 기반 운영 전략 … 330

   (1) 개인별 CliftonStrengths® 강점 진단 … 331

   (2) 팀 강점표(CliftonStrengths® Team Grid) 작성 … 333

   (3) 팀 강점 분석: 팀이 강한 영역과 부족한 부분 … 335

   (4) 팀원들의 강점을 최대한 활용하기 … 337

3. 팀 강점표 결과를 기반으로 팀 협력 전략 수립 … 340

   (1) 팀 강점의 보완적 조합을 찾아 활용하기 … 340

   (2) 팀 강점이 가장 잘 발현되는 방식 설계 … 341

14장. 세일즈 리더를 위한 강점 기반 팀 코칭 사례   345

   1. 개인별 강점 1:1 코칭을 통한 구체적 액션 플랜 도출   345

     (1) 최 팀장 1:1 강점 코칭   345

     (2) 이 과장 1:1 강점 코칭   347

     (3) 김 대리 1:1 강점 코칭   348

     (4) 박 사원 1:1 강점 코칭   350

   2. 팀 단위 강점 시너지 구축을 위한 액션 플랜 설계   351

     (1) 우선순위 명확화를 위한 '강점 버디(Buddy) 시스템' 도입   351

     (2) '강점 스토리텔링'을 통한 팀 이해와 소통 강화   352

     (3) 부족한 강점 영역을 위한 '외부 챌린저' 프로젝트 운영   353

     (4) 부족한 강점 영역 강화를 위한 신규 멤버 채용   353

     (5) 강점 기반 '셀프 리더십 워크숍' 운영   354

   3. 강점이 살아 숨 쉬는 영업팀 만들기   355

     (1) 강점 기반 목표와 액션 플랜으로 팀원 동기부여 하기   355

     (2) 일상에서 강점으로 팀을 코칭하기   355

     (3) 정기적인 '강점 미팅'을 통해 서로의 강점을 공유하기   356

     (4) 약점이 아닌 강점에 집중하는 팀 문화 만들기   357

1부

왜 강점으로 영업해야 하는가?

1장. 왜 우리는 '강점'에 주목해야 하는가?

1. 모든 영업사원에게 통하는 만능 공식은 없다

세일즈(Sales)를 떠올리면 많은 사람들이 머릿속에 비슷한 장면을 그립니다. 무작정 전화를 걸고, 직접 발로 뛰며 고객을 찾아가고, 가격과 조건을 두고 치열하게 협상하는 모습들입니다. 실제로 지난 수십 년간 이런 방식은 대기업부터 중소기업까지 다양한 현장에서 널리 사용되어 왔습니다. 물론 이러한 전통적인 방식이 무의미한 것은 아닙니다. 과거에는 시장 환경과 고객의 기대 수준이 비교적 단순하고 균일했기 때문에 효과적인 접근법이었고, 지금도 일부 기업에서는 정형화된 프로세스를 통해 일정한 성과를 내고 있습니다.

하지만 최근 몇 년 사이 세일즈 현장은 근본적으로 달라졌습니다. 시장의 흐름과 고객의 기대가 빠르게 변화하면서, 이제는 한 가지 방식만으로는 누구에게나 통하는 영업을 할 수 없는 시대가 되었습니다. 특히 영업사원 개개인의 성향과 성격, 그리고 그들이 가진 고유한 강점에 따라 같은 방식을 적용해도 성과는 크게 달라진다는 사실이 점점 더 분명해지고 있습니다.

세일즈는 결국 사람을 상대하는 일입니다. 사람마다 다른 개성과 성향이 있고, 이를 뒷받침하는 강점도 제각각입니다. 어떤 영업사원은 사람들과 쉽게 친밀감을 쌓고 관계를 확장하는 데 강점을 보이고, 또 다른 사람은 데이터를 근거로 고객을 논리적으로 설득하는 데 탁월합니다. 따라서 일률적으로 하루에 수십 통의 전화를 걸고 매일 직접 방문하라는 지침을 내린다면, 어떤 사람들은 기꺼이 하겠지만, 어떤 사람들는 큰 스트레스를 받을 것입니다. 바로 이 점 때문에 모든 영업사원에게 통하는 단 하나의 만능 공식은 존재할 수 없습니다.

그럼에도 불구하고 많은 기업이 여전히 전통적인 방식을 고수하는 이유는 무엇일까요? 가장 큰 이유는 세일즈를 공식과 매뉴얼로 통제하려는 조직 문화 때문입니다. 경영진 입장에서는 세일즈 프로세스를 표준화하고 일관되게 관리하는 것이 효율적으로 보입니다. 그러나 실제 현장에서는 이런 접근이 오히려 걸림돌이 되는 경우가 많습니다. 오늘날 고객들은 다양한 채널을 통해 정보를 얻고, 구매 결정 과정도 점점 복잡해지면서 더욱 개인화된 접근을 원합니다. 고객이 다양해지고 변화가 많아질수록 영업사원의 고유한 강점을 적극적으로 살려 대응하는 방식이 훨씬 효과적입니다.

강점을 기반으로 영업을 펼칠 때 대화는 억지스럽지 않고 자연스럽게 이어집니다. 관계 형성에 강한 사람은 첫 만남에서 신뢰를 빠르게 쌓고, 분석력이 뛰어난 사람은 복잡한 정보를 고객이 이해하기 쉽게 풀어내며, 문제 해결에 강한 사람은 고객이 인식하지 못한 근본적인 니즈까지 짚어 냅니다. 이렇게 각자의 강점을 발휘하면 성과는 더 의미 있고 지속적인 결과로 이어집니다. 단순히 매뉴얼을 따르는 방식이 아니라, 개인의 강점을 최대한 활용할 수 있도록 지원할 때 세일즈는 더 이상 억지로 해야 하는 의무가 아니라 스스로에게 가치 있는 일이 됩니다.

특히 오늘날 강점 기반 접근법이 주목받는 이유는 시장과 고객의 변화와도 관련이 있습니다. 지금의 고객들은 맞춤형 서비스를 원하고, 자신의 상황을 깊이 이해하고 공감해 줄 수 있는 영업사원을 찾습니다. 따라서 강점 기반 세일즈는 단지 영업사원의 만족도를 높이는 데서 그치지 않고, 고객의 만족도와 충성도를 동시에 끌어올리는 효과를 가져옵니다. 이는 강점 기반 세일즈가 장기적으로 더욱 지속 가능한 성과를 만들어내는 이유이기도 합니다.

결론적으로, 이제 더 이상 모든 영업사원에게 똑같은 방식으로 세일즈를 강요하는 시대는 끝났습니다. 각자가 가진 고유한 강점과 개성을 충분히 발휘할 때, 변화무쌍한 시장 속에서도 가장 자연스럽고 효과적인 방식으로 성과를 만들어낼 수 있습니다. 이것이 바로 강점 기반 세일즈가 전통적인 세일즈 방식을 넘어 새로운 패러다임으로 주목받고 있는 이유이며, 이 책을 통해 여러분께 전하고자 하는 핵심 메시지입니다.

2. 강점 기반 세일즈의 놀라운 결과

한 기업에서 영업팀 컨설팅을 맡았을 때의 일입니다. 당시 이 회사는 오래된 세일즈 방식대로 하루에 수십 통의 전화를 돌려가며 고객을 무작정 확보하도록 모든 팀원에게 강요했습니다. 처음에는 열정을 가지고 적극적으로 참여했던 팀원들도 시간이 지나면서 급격히 지쳐가기 시작했습니다. 무엇보다 팀원들이 힘들어했던 이유는 회사가 요구하는 영업 방식이 모든 사람에게 똑같이 효과적이지 않았기 때문입니다.

특히 사교성(Woo®)과 커뮤니케이션(Communication®)을 가진 팀원들은 전화 영업을 매우 자연스럽고 효과적으로 수행할 수 있었습니다. 그들은 낯선 고객과도 금세 친밀감을 형성하고, 통화 중에도 고객의 호응을 쉽게 이끌어냈습니다. 그래서 전화 영업 방식이 그들에게는 큰 문제가 되지 않았습니다. 오히려 이를 통해 자신감을 얻고 더욱 적극적으로 고객을 찾아나섰습니다.

하지만 심사숙고(Deliberative®)와 분석(Analytical®) 테마가 강한 팀원들은 통화를 시작하기 전부터 지나치게 걱정이 많았고, 고객의 부정적인 반응이나 예상치 못한 질문을 두려워했습니다. 따라서 통화가 진행될수록 스트레스가 누적되었고, 매일 전화기를 붙들고 반복적인 작업을 이어가는 일상은 이들의 업무 만족도를 급격히 떨어뜨렸습니다. 실제로 이 팀원들은 자신이 충분한 성과를 내지 못한다고 자책하며 점점 업무 자체를 기피하게 되었고, 급기야는 세일즈 업무를 포기하겠다는 사람까지 나올 정도로 분위기가 악화되었습니다.

저는 팀원 개개인이 가진 강점 테마에 따라 업무 방식을 다르게 구성하는 강점 기반 세일즈 접근법을 제안했습니다. 우선 팀원들의 CliftonStrengths® 강점 진단을 진행한 후, 각자의 강점에 따라 팀 내에서 역할을 명확히 나누고 업무 프로세스를 재편했습니다.

심사숙고(Deliberative®)와 분석(Analytical®)이 강한 팀원들에게는 전화 영업 대신 고객에 대한 사전 조사와 시장 분석 업무를 맡겼습니다. 이들은 고객에 대해 철저히 준비하고, 데이터를 기반으로 고객의 구매 성향과 기대하는 바를 면밀히 파악했습니다. 고객별 맞춤형 전략을 수립하여 영업팀이 더욱 효과적으로 고객과 소통할 수 있는 기반을 마련하는 것이 이들의 주요 업무가 되었습니다. 영업에서 시장 조사와 분석이 차지하는 비중과 그 중요성은 더 강조할 필요조차 없을 만큼 자명한 사실입니다.

이렇게 역할을 바꾸자 이 팀원들에게 놀라운 변화가 나타났습니다. 더 이상 무작정 전화를 걸지 않아도 되니 스트레스가 줄었고, 자신들이 수집하고 분석한 자료와 전략이 실제 고객과의 미팅에서 활용되면서 자신감이 급격히 높아졌습니다. 자신의 강점이 회사와 팀에 실질적인 도움이 되고 있다는 뚜렷한 인식이 생기면서 이들의 업무 만족도와 자존감은 크게 향상되었습니다. 또한, 과거에 느꼈던 업무에 대한 거부감이나 두려움이 사라지고, 자신의 업무에 적극적으로 몰입하는 태도까지 보이기 시작했습니다.

한편, 사교성(Woo®)과 커뮤니케이션(Communication®)을 가진 팀원들은 분석 담당 팀원들이 마련한 정보와 전략을 토대로 고객을 설득하고 신뢰를 구축하는 데 집중했습니다. 이전에는 전화 영업 방식이 아무리 잘 맞더라도 정보가 부족해 고객의 질문에 제대로 답하지 못하거나 충분히 설득하지 못하는 경우가 있었는데, 이제는 팀 내에서 철저히 준비된 분석 자료와 전략을 받아 더욱 자신감을 가지고 고객과 소통할 수 있었습니다.

이 두 가지 방식이 결합되자 팀 전체의 시너지 효과는 기대 이상이었습니다. 전화 영업에서 더 이상 스트레스를 받지 않는 심사숙고(Deliberative®)와 분석(Analytical®) 강점의 팀원들이 만들어낸 뛰어난 분석 자료는 사교성(Woo®)과 커뮤니케이션(Communication®) 강점을 가진 팀원들이 고객과의 미팅에서 확실한 성과를 내도록 도왔습니다. 서로를 보완하는 역할 분담으로 인해 팀원들의 협업 의식이 높아졌고, 자연스럽게 팀 내 분위기와 협력도 개선되었습니다.

결국, 이러한 강점 기반 접근법은 실질적인 성과로 나타났습니다. 새로운 방식으로 역할을 재정립한 지 불과 몇 달 만에 팀의 평균 매출은 15% 이상 증가했습니다. 하지만 이보다 더욱 의미 있는 변화는 팀원들의 업무에 대한 태도와 심리적 안정감이었습니다. 자신이 가진 강점이 충분히 존중받고 활용되는 환경 속에서 팀원들은 더 큰 만족과 자신감을 얻었고, 자연스럽게 업무 성과도 지속적으로 높아졌습니다.

이 사례는 강점 기반 세일즈가 단순히 성과 개선의 도구를 넘어, 개인과 팀이 가진 잠재력을 극대화하고, 업무에 대한 태도와 만족도까지 변화시킬 수 있다는 것을 보여주었습니다. 여러분의 세일즈 현장에서도 이와 같은 변화가 충분히 가능하며, 이것이 바로 우리가 강점 기반 세일즈를 강조하는 가장 중요한 이유입니다.

3. 갤럽(Gallup®)의 연구가 증명하는 강점의 힘

"강점을 활용하면 정말 성과가 나올까?" 강점 기반 세일즈를 처음 접한 사람이라면 누구나 이런 의문을 갖습니다. 특히 오랜 경력을 가진 세일즈 베테랑일수록 "결국은 경험과 노하우가 전부 아니겠어?"라고 생각하기 쉽습니다. 하지만 세계적인 컨설팅 회사인 갤럽(Gallup®)의 방대한 연구는 우리의 생각을 완전히 바꾸어 놓습니다.

갤럽(Gallup®)의 연구에 따르면, 강점 기반 접근법을 도입한 조직은 직원들의 몰입도가 높아지고 이직률도 눈에 띄게 낮아졌습니다. 이는 단순히 직원 만족도의 향상에 그치지 않고, 실제 매출 성과로까지 이어졌습니다. 특히 세일즈 분야에서 그 효과가 두드러졌는데, 강점을 기반으로 일하는 영업사원들은 그렇지 않은 방식으로 일하는 영업사원보다 평균 19% 더 높은 매출 성과를 기록했습니다. 얼핏 작은 수치처럼 보일 수 있지만, 영업 현장에서 19%의 차이는 결코 작지 않습니다. 연 매출이 1억 원인 담당자는 1억 1,900만 원을 만들 수 있고, 10명으로 구성된 팀이라면 연간 1억 9,000만 원의 추가 매출이 발생하는 셈입니다. 즉, 강점을 활용하는 방식은 개인의 성취감을 넘어 조직 전체의 수익 구조를 바꾸는 결정적인 힘이 될 수 있습니다.

하지만 강점 기반 세일즈의 효과는 단지 수치적 결과를 넘어 더 깊은 의미를 갖습니다. 갤럽(Gallup®)은 장기간 연구를 통해 강점을 인식하고 활용하는 직원들에게서 질적 변화가 나타남을 발견했습니다. 이들은 자신의 강점을 업무에 활용하면서 업무에 대한 의미와 만족을 더욱 깊이 느끼기 시작했고, 특히 세일즈처럼 실패와 거절이 일상인 환경에서 강점을 알고 있는 사람들은 스스로에 대한 확신과 회복력이 높아져 거절을 당해도 쉽게 무너지지 않았습니다. 즉, 강점을 활용하는 것은 업무를 '해야 하는 일'에서 '내가 잘할 수 있고 즐길 수 있는 일'로 변화시킨다는 것입니다.

게다가 강점은 개인 차원을 넘어 팀과 조직 차원에서도 커다란 변화를 만들어냅니다. 강점 기반 세일즈 접근법을 도입한 팀에서는 구성원들이 서로의 강점을 명확히 이해하고 존중합니다. 관계 구축에 뛰어난 팀원이 고객과 신뢰를 형성하면, 전략적 사고가 뛰어난 팀원이 맞춤형 솔루션을 설계하고, 영향력이 강한 팀원이 설득과 협상을 주도하는 식으로 각자의 강점을 적극 활용하여 자연스럽고 강력한 팀워크를 발휘합니다.

세일즈 분야에서 강점 기반 접근법의 효과가 특히 두드러지는 이유는 다음과 같습니다. 우선 세일즈 업무는 고도로 개인화된 특성을 가지고 있습니다. 같은 제품이라도 이를 판매하는 사람의 개성과 스타일에 따라 고객에게 전달되는 느낌과 효과가 크게 달라집니다. 또한 세일즈는 기본적으로 관계 중심의 업무입니다. 고객은 단순히 제품을 구매하기보다, 그 제품을 판매하는 사람을 믿고 신뢰하여 구매 결정을 내립니다. 이러한 특성으로 인해 개인의 강점과 매력이 성과에 가장 직접적인 영향을 미치는 분야가 바로 세일즈인 것입니다.

마지막으로, 세일즈는 변수가 많고 예측이 어려운 업무입니다. 시장 상황, 고객의 요구, 경쟁자의 전략 등 모든 것이 끊임없이 변화합니다. 이렇게 불확실성이 큰 상황에서 정해진 매뉴얼에만 의존하는 것보다는 개인의 강점과 판단력을 적극적으로 활용하는 것이 더 큰 효과를 발휘합니다. 강점을 인지하고 활용하는 세일즈 담당자는 이러한 변화 속에서도 자신만의 해답을 찾아내고, 고객에게 가장 효과적인 해결책을 제시할 수 있습니다.

갤럽(Gallup®)의 연구는 결국 세일즈 성공의 비밀이 강점이라는 개인의 고유한 특성을 충분히 이해하고 적극적으로 활용하는 데 있음을 분명하게 보여줍니다. 여러분이 가진 강점은 단지 개별적인 성격 특성이나 지식이 아니라, 여러분이 고객에게 가치를 전달하고 지속적으로 성공을 창출하는 강력한 경쟁력임을 잊지 마시기 바랍니다. 강점 기반 세일즈는 단지 성과 향상을 넘어, 여러분의 세일즈가 더 의미 있고 보람찬 일이 되도록 하는 새로운 패러다임입니다.

4. 강점을 찾은 순간, 세일즈가 완전히 바뀌었다

저는 세일즈 코치로서 2016년부터 수많은 영업 현장을 경험하며, 늘 비슷한 장면을 마주하곤 했습니다. 바로 지쳐 있는 세일즈 담당자들의 모습이었습니다. 매출 목표 달성 압박, 반복되는 루틴, 고객의 불만과 요구에 끊임없이 대응해야 하는 특성 때문에 그들의 얼굴에는 피로가 쌓여 있었습니다.

저는 이들에게 단순한 영업 기술을 가르치기보다, 자신의 강점을 발휘해 새로운 방식으로 성과를 만들어낼 수 있다는 가능성을 열어주고 싶었습니다. 그러던 중 갤럽(Gallup®)의 CliftonStrengths® 진단을 알게 되었고, 그것은 제 코칭 방식에 큰 전환점이 되었습니다.

그중에서도 기억에 남는 사례가 있습니다. 한 중견기업의 세일즈 담당자였던 박 과장의 이야기입니다.

박 과장은 성실했지만 회사가 요구하는 전형적 영업 방식을 따르느라 점점 소진되고 있었습니다. "하루 50콜, 최대한 많은 미팅, 빠른 클로징." 이 방식은 그의 강점과 맞지 않았고, 그는 결국 "나는 말주변이 부족하다"는 자책 속에 자신감을 잃어가고 있었습니다.

CliftonStrengths® 진단을 통해 확인된 그의 강점은 수집(Input®), 분석(Analytical®), 배움(Learner®) 이었습니다. 저는 그에게 "당신은 말로 설득하는 영업사원이 아니라, 지식을 무기로 고객과 관계를 맺는 사람"이라고 말해주었습니다. 그리고 그의 강점에 맞는 전략을 함께 설계했습니다.

첫째, 그는 뉴스레터 발행을 시작했습니다. 업계 리포트, 신제품 기사, 학술 자료를 수집하고 분석해 고객사 입장에서 의미 있는 인사이트를 뽑아내어, 매달 '산업 동향 뉴스레터'라는 이름으로 발송했습니다. 특히 기존 고객과 신규 고객을 구분하여, 기존 고객에게는 제품 사용 관련 팁과 시장 전망을, 신규 고객에게는 산업 트렌드와 경쟁사 대비 차별화 포인트를 담았습니다. 단순한 정보 전달을 넘어, 고객의 상황에 맞게 맞춤화된 메시지를 꾸준히 제공한 것입니다.

둘째, 그는 미팅 전략도 바꿨습니다. 단순한 브로슈어를 들고 가는 대신, 고객사 맞춤형 트렌드 리포트를 직접 작성해 가져갔습니다. "귀사가 속한 시장은 앞으로 이런 기회가 열리고 있습니다. 경쟁사 대비 이런 강점과 위협 요인이 보입니다." 데이터와 분석으로 대화를 시작하자, 고객은 놀라워하며 "이건 영업이 아니라 컨설팅 같다."고 평가했습니다.

셋째, 그는 접점 전략을 다변화했습니다. 더 이상 무의미한 안부 전화나 형식적 영업 메일을 보내지 않았습니다. 대신 뉴스레터와 리포트를 기반으로 한 대화 주제를 던지며, 고객이 스스로 대화를 이어가게 만들었습니다. "지난번 뉴스레터에 적힌 시장 전망이 흥미롭던데, 우리 상황에 맞춰 설명해줄 수 있나요?"라는 식의 반응이 자연스럽게 이어졌습니다.

몇 개월 후, 고객들은 단순한 거래 상대가 아니라 산업을 읽어주는 파트너로 박 과장을 인식하기 시작했습니다. 회사 내부에서도 그는 더 이상 '콜 수를 채우는 영업사원'이 아니라, 전략적 성과를 만드는 전문가로 자리매김했습니다. 무엇보다 중요한 것은, 박 과장 스스로가 활력을 되찾았다는 사실입니다. 그는 말했습니다.

"이전에는 무의미한 전화를 돌리며 지쳐갔는데, 지금은 제 강점을 살려 고객과 대화하는 게 즐겁습니다. 이제는 제가 고객의 성장을 돕고 있다는 자부심이 생겼습니다."

이 경험을 통해 저는 확신하게 되었습니다. 영업은 정해진 방식이 아니라, 각자가 가진 강점을 어떻게 발휘하느냐에 따라 완전히 달라질 수 있다는 사실입니다. CliftonStrengths®와의 만남은 단순한 진단이 아니라, 세일즈 담당자들의 잠재력을 발굴하는 강력한 도구였고, 이 책을 집필하게 된 결정적 계기가 되었습니다.

5. '약점 보완'에서 '강점 활용'로, 성공의 패러다임을 바꿔라

"당신의 약한 부분을 보완하세요."

이것이 지금까지 우리가 자주 들어온 조언이었습니다. 학교에서, 직장에서, 심지어 세일즈 교육에서도 마찬가지였죠. 말을 못한다면 스피치 학원에, 숫자에 약하다면 재무 교육에, 관계 형성이 어렵다면 인간관계 책을 읽으라고 했습니다. 하지만 세일즈 현장에서 저는 이 접근이 가진 한계를 발견했습니다.

이는 갤럽(Gallup®)의 연구에서도 분명히 드러납니다. 강점 기반 접근을 도입한 팀은 직원 참여도가 눈에 띄게 높아지고, 매출 역시 두 자릿수 이상 상승했습니다. 반면 약점을 보완하는 데 집중하는 방식은 직원들의 몰입을 오히려 저해할 수 있다는 결과가 나타났습니다. 왜 이런 차이가 생길까요? 사람은 자신이 잘하는 일을 할 때 에너지를 얻지만, 못하는 일을 억지로 하면 에너지가 소모되기 때문입니다. 특히 정서적 에너지가 중요한 세일즈 분야에서는 이러한 차이가 더욱 극명하게 드러납니다.

CliftonStrengths®는 인간의 재능을 34가지 테마로 구분합니다. 각 테마는 세일즈 현장에서 각기 다른 '무기'가 됩니다. 존재감(Significance®) 테마가 강한 사람은 고객 앞에서 자신감과 영향력을 발휘해 강렬한 인상을 남깁니다. 복구(Restorative™) 강점을 가진 사람은 고객의 문제를 빠르게 진단하고 실질적인 해결책을 제시합니다. 포용(Includer®) 테마가 강한 사람은 다양한 고객을 열린 마음으로 맞아들이며 신뢰를 쌓고, 집중(Focus®) 테마가 강한 사람은 목표를 흔들림 없이 추적해 중요한 계약을 끝까지 이끌어냅니다. 같은 '영업'이지만 강점에 따라 완전히 다른 방식으로 성공을 거두는 것입니다.

"그래도 기본기는 갖춰야 하는 거 아닌가요?"라는 질문이 있습니다. 물론입니다. 최소한의 커뮤니케이션이나 세일즈에 대한 스킬은 필요합니다. 하지만 핵심은 '어떤 방식으로' 그 기본기를 발휘하느냐입니다. 똑같이 제품을 설명하더라도, 커뮤니케이션(Communication®) 강점을 가진 사람은 스토리로 풀어내고, 체계(Discipline®) 강점을 가진 사람은 논리적 구조로 정리하며, 미래지향(Futuristic®) 강점을 가진 사람은 비전으로 제시합니다. 방법은 다르지만 모두 성공할 수 있습니다.

이 책은 '세일즈를 잘하는 단 하나의 정답'을 제시하지 않습니다. 대신, 독자가 스스로의 강점을 발견하고 그에 맞는 '자신만의 세일즈 방법'을 찾도록 돕습니다. 1부에서는 왜 강점이 세일즈의 성과를 바꾸는 핵심 요인인지, 그리고 CliftonStrengths® 강점 진단을 통해 어떻게 나만의 세일즈 DNA를 설계할 수 있는지를 다룹니다. 이어서 2부에서는 34가지 강점을 네 가지 영역으로 나누어, 각 강점 테마가 실제 세일즈 상황에서 어떻게 발현되고 활용될 수 있는지 안내합니다. 3부에서는 고객 발굴, 제안, 협상, 클로징, 관계 유지 등 세일즈 프로세스 전반을 따라가며 강점을 적용하는 방법을 단계별로 제시합니다. 마지막으로 4부에서는 개인을 넘어 팀 차원에서 강점을 활용하는 리더십 전략과 실제 조직의 변화 사례를 통해, 강점 기반 세일즈가 개인과 팀을 어떻게 성장시킬 수 있는지를 보여드릴 것입니다.

혹시 지금까지 '난 영업에 맞지 않는 사람'이라고 생각했다면, 잠시 그 생각을 멈춰보세요. 단지 아직 당신에게 맞는 영업 방식을 찾지 못했을 뿐입니다. 34가지 강점 테마 중 당신의 상위 5개만 찾아도 세일즈는 완전히 달라질 것입니다. 이제 함께 그 여정을 시작해봅시다.

2장. 당신의 잠재력을 깨우는 도구, CliftonStrengths® 강점 진단

1. 고객과의 연결: '나'부터 시작하세요.

고객의 요구는 점점 더 복잡하고 다양해지고 있습니다. 예전에는 제품이나 서비스의 우수성을 강조하는 것만으로도 고객의 마음을 얻을 수 있었지만, 이제는 고객이 직접 인터넷과 다양한 정보 채널을 통해 사전에 충분한 정보를 얻은 상태에서 영업 담당자를 만납니다. 이런 환경에서 고객이 원하는 것은 단지 제품 설명이나 단순한 정보가 아니라, 그들의 문제를 정확하게 이해하고, 의미 있는 가치를 제공할 수 있는 영업 담당자입니다.

이제 세일즈 성공의 핵심은 영업 담당자 개인이 고객과 어떤 방식으로 신뢰 관계를 맺고, 고객에게 맞춤화된 가치를 전달할 수 있는가에 달려있습니다. 그러나 고객과의 진정한 연결은 고객에만 초점을 맞추는 것이 아니라, 오히려 세일즈 담당자 본인의 강점을 먼저 명확히 인지하고 이를 적극적으로 활용하는 데서 시작됩니다. 자신이 잘하는 것에 집중할 때, 고객과의 관계는 더욱 깊어지고 진정성이 살아나기 때문입니다.

세일즈 담당자는 더 이상 약점을 메우는 데 많은 시간을 쓰는 대신, 자신의 강점을 발견하고 이를 활용해 고객의 기대를 뛰어넘는 가치를 제공하는 것이 중요합니다. 같은 세일즈 목표라도 각자의 강점에 따라 접근법은 달라질 수 있으며, 자신에게 가장 잘 맞는 방식으로 고객과 연결될 때, 고객은 영업 담당자를 진심으로 신뢰하고 존중하게 됩니다.

이러한 강점 중심의 접근법을 실제로 적용했을 때 어떤 변화가 일어나는지, 제가 직접 코칭하고 경험한 사례를 통해 함께 살펴보겠습니다.

제가 코칭했던 IT 솔루션 회사의 세일즈 담당자인 김O연 님의 Top 5 강점은 개별화(Individualization®), 책임(Responsibility®), 발상(Ideation®), 최상화(Maximizer®), 성취(Achiever®) 강점을 가지고 있었습니다. 그는 특히 개별화(Individualization®)와 책임(Responsibility®) 강점을 활용하여 고객 각각의 특성과 요구사항을 철저히 분석하고, 고객 맞춤형 솔루션을 제안했습니다. 이를 통해 고객의 신뢰를 빠르게 얻었고, 고객들도 자신이 특별하게 대우받는다는 느낌을 받아 만족도가 매우 높았습니다.

> **김O연 님이 개별화(Individualization®) 테마를 세일즈에 활용한 사례**
>
> "모든 고객을 똑같이 대하면 안 됩니다. 저는 각 고객이 어떤 성향인지, 무엇을 중요하게 생각하는지를 먼저 파악해요. A 고객은 데이터를 좋아하니 수치 중심으로, B 고객은 감정적이니 사례와 스토리 중심으로 접근하죠. 고객이 '이 사람은 나를 이해한다'고 느끼는 순간, 영업은 이미 반은 성공한 거예요."

또 다른 사례는 제조업 분야에서 공장자동화 기술영업 경험이 있는 양O승 님입니다. 그의 Top 5 강점은 최상화(Maximizer®), 발상(Ideation®), 사교성(Woo®), 커뮤니케이션(Communication®), 미래지향(Futuristic®)입니다. 양O승 님는 최상화(Maximizer®) 강점을 활용해 매우 세밀하고 정교한 미팅 자료와 도면을 만들어 고객들에게 강한 인상을 주었습니다. 또한 사교성(Woo®)과 커뮤니케이션(Communication®) 강점으로 고객과 친밀감을 빠르게 형성하고, 특히 고객이 실제 업무에서 어떤 도움을 원하는지 철저하게 파악하여 맞춤형 조언을 제공했습니다. 또한 미래지향(Futuristic®) 강점을 바탕으로 고객의 변화하는 니즈를 앞서 파악하여 실질적인 솔루션을 제안하고, 이를 통해 고객의 신뢰와 만족도를 높일 수 있었습니다.

> **양O승님이 최상화(Maximizer®) 테마를 세일즈에 활용한 사례**
>
> "미팅을 나가면 과장/부장급을 만나는데, 도면을 정말 자세하게 그려서 가져갑니다. 선 하나하나까지 색깔을 다르게 하고 주석도 꼼꼼히 달죠. PPT도 10장 만들고 9장은 버려요. 그래서 완벽한 1장만 가져갑니다."

또 다른 사례로, 물류 분야에서 중소기업 대표로 일하고 있는 김O빈 씨가 있습니다. 그녀는 배움(Learner®), 화합(Harmony®), 공정성(Consistency®), 커뮤니케이션(Communication®), 신념(Belief®) 강점을 가지고 있습니다. 김O빈 님은 특히 배움(Learner®) 강점을 활용하여 끊임없이 새로운 지식을 습득하고 발전을 추구하며, 이를 통해 고객에게 더욱 정확하고 신뢰성 있는 정보를 전달하였습니다. 또한 화합(Harmony®) 강점을 통해 고객과의 갈등과 마찰을 최소화하며 실질적이고 실용적인 문제 해결을 이끌어 냈습니다.

> **김O빈 님이 배움(Learner®) 테마를 세일즈에 활용한 사례**
>
> "물류업계는 정말 빨리 변해요. 새로운 규정, 새로운 시스템, 새로운 배송 방식이 계속 나오거든요. 저는 매일 아침 업계 뉴스를 보고, 주말엔 물류 관련 온라인 강의를 들어요. 고객이 '이런 건 어떻게 해야 하나요?'라고 물어볼 때 '잘 모르겠어요'라고 하면 그 순간 신뢰가 무너지거든요."
>
> "얼마 전 탄소중립 물류 규정이 바뀌었는데, 저는 미리 공부해뒀어요. 그래서 고객들한테 '이렇게 준비하시면 돼요'라고 바로 가이드를 줄 수 있었죠. 고객들이 '김 대표님은 정말 공부를 많이 하시네요. 안심하고 맡길 수 있겠어요'라고 할 때 제일 보람있어요."
>
> "배움이란 게 그냥 지식 쌓기가 아니라, 고객한테 더 좋은 서비스를 주려고 하는 거예요. 제가 하루 1시간 공부하는 게 결국 고객과 1년 관계를 만들어주거든요."

이처럼 다양한 강점을 활용하여 가치를 전달하는 방식은 세일즈 담당자 개개인의 성향과 고객의 기대를 효과적으로 연결하여 높은 성과를 달성할 수 있게 해줍니다. 고객들은 더 이상 일반적인 접근 방식이나 천편일률적인 제품 설명에 만족하지 않으며, 자신만의 특별한 가치를 느끼고자 합니다. 세일즈 담당자는 본인의 강점을 이해하고 고객의 니즈에 맞추어 가치를 전달할 수 있을 때 진정한 차별성을 발휘할 수 있습니다.

독자 여러분들도 이제 자신만의 강점을 명확히 이해하고, 이를 바탕으로 고객에게 더 큰 가치를 제공하는 방법을 익혀 나갈 것입니다. 이 새로운 패러다임을 이해하고 실천함으로써 독자 여러분의 세일즈 성과와 개인적인 만족감을 높이는 기회를 얻게 될 것입니다.

2. CliftonStrengths® 강점 진단이란?

1960년대, 심리학자 도널드 O. 클리프턴(Donald O. Clifton)은 인간의 잠재력에 대해 단순하지만 의미심장한 질문을 던졌습니다. 바로 "성공하는 사람들은 그렇지 않은 사람들과 무엇이 다를까?"라는 질문이었습니다. 작은 호기심에서 출발한 이 물음은 곧 갤럽(Gallup Inc.)과 함께한 수십 년간의 대규모 연구로 이어졌고, 전 세계 수백만 명을 인터뷰하고 데이터를 분석하는 인류 역사상 가장 방대한 행동 연구 중 하나로 발전했습니다.

이러한 연구를 통해 갤럽(Gallup®)이 발견한 놀라운 사실은 성공한 사람들이 자신의 약점을 보완하는 데 많은 시간을 들이지 않았다는 점입니다. 전통적으로 우리는 부족한 부분이나 잘하지 못하는 것에 집중하며 이를 보완하기 위해 많은 시간과 노력을 투자해왔습니다. 그러나 실제로 뛰어난 성과를 내는 사람들은 달랐습니다. 그들은 자신이 이미 잘하는 것, 즉 자신에게 자연스럽게 타고난 재능과 강점을 발견하고, 그것을 더욱 발전시키고 활용하는 데 대부분의 에너지와 시간을 쏟았습니다. 결국 갤럽(Gallup®)은 개인이 가진 재능을 발견하고 이를 강점으로 발전시키는 접근법이 진정한 성공의 열쇠라는 것을 증명했습니다.

갤럽(Gallup®)은 이런 발견을 더 명확하게 이해할 수 있도록 매우 간단하고 명료한 공식을 만들었습니다. 이 공식이 바로 '재능(Talent) × 투자(Investment) = 강점(Strength)'입니다. 여기서 '재능'이란 사람이 태어날 때부터 자연스럽게 가지고 있는 사고 방식이나 행동, 감정의 반복적인 패턴입니다. 어떤 사람은 처음부터 사람들과 쉽게 친해지고 어울리는 재능이 있고, 어떤 사람은 복잡한 문제를 신중히 분석하고 해결책을 찾는 재능을 가지고 있습니다. '투자'는 이런 재능에 지속적인 학습과 경험, 훈련을 통해 지식과 기술을 더하고, 시간을 들여 발전시키는 과정입니다. 이렇게 재능과 투자가 결합될 때, 비로소 특정 분야에서 뛰어난 성과를 일관되게 창출할 수 있는 '강점'으로 완성됩니다.

예를 들어, 누군가는 타인의 감정을 민감하게 인지하고 공감하는 재능을 가지고 있을 수 있습니다. 이런 재능을 가진 사람은 상담 심리학을 공부하거나 커뮤니케이션 기술을 연마하고, 수많은 고객과의 상담과 소통 경험을 통해 이 재능을 지속적으로 개발합니다. 그 결과 '공감(Empathy®)'이라는 강점을 가지게 되고, 이를 세일즈 현장에서 활용하면 고객이 말하지 않은 걱정이나 숨겨진 니즈까지 정확히 파악하여 깊은 신뢰와 확신을 얻는 탁월한 영업사원이 됩니다. 실제 세일즈에서는 고객의 진짜 필요를 파악하고 공감하는 능력이 매우 중요하기 때문에, 이런 강점을 가진 담당자는 고객들에게 특별히 신뢰받는 존재가 될 수 있습니다.

갤럽(Gallup®)은 오랜 연구를 통해 인간의 재능을 총 34가지의 명확한 테마로 구분하여 제시했습니다. 이는 사람들이 가지고 있는 수많은 재능을 체계적으로 이해하고, 이를 더 발전시켜 강점으로 만들기 쉽게 하기 위한 방법이었습니다. 이 34가지 강점 테마는 크게 실행력(Executing), 영향력(Influencing), 관계 구축(Relationship Building), 전략적 사고(Strategic Thinking)의 네 가지 영역으로 나뉘어 있습니다. 실행력 영역의 강점 테마는 일을 체계적으로 관리하고 목표를 반드시 이루어내는 능력이며, 영향력 영역의 강점 테마는 사람을 움직이고 설득하며 변화를 이끌어내는 힘입니다. 관계 구축 영역의 강점 테마는 고객과 깊고 진정한 관계를 형성하고 유지하는 역량이며, 전략적 사고 영역의 강점 테마는 문제를 깊이 분석하고 창의적인 해결책을 찾아내는 능력을 의미합니다.

CliftonStrengths® 강점 진단은 이 34가지 강점 테마 중 여러분이 가장 강력하게 가지고 있는 재능이 무엇인지 보여줍니다. 온라인으로 이루어지는 이 진단은 각각의 질문에 대해 짧은 시간 내에 직관적으로 답하도록 구성되어 있습니다. 이는 여러분이 깊이 고민하거나 생각하지 않고 본능적으로 자신을 나타낼 수 있도록 의도적으로 설계된 것입니다. 진단을 마치면 자신이 가진 강점 테마 중 가장 두드러지는 5가지(Top 5 테마)를 비롯하여, 전체 34가지 테마가 자신에게 어떤 순서로 나타나는지를 정확히 알 수 있습니다.

이렇게 얻은 결과는 단지 자신이 어떤 성격이나 성향을 가지고 있는지를 넘어, 실질적인 업무 현장에서 여러분이 가진 고유한 재능을 어떻게 발휘할 수 있는지 매우 구체적인 가이드라인을 제공합니다. 특히 세일즈와 같이 개인의 개성과 강점이 직접적인 성과로 연결되는 분야에서는 이 진단 결과가 더욱 중요합니다. 여러분은 이 진단을 통해 자신의 강점이 무엇인지 명확히 알고, 이를 세일즈 프로세스에서 효과적으로 활용할 수 있는 구체적인 방법을 발견하게 될 것입니다.

지금까지 수많은 사람들이 세일즈 업무를 하면서 "나는 세일즈에 어울리지 않는 성격이다"라거나 "내가 가진 성향으로는 좋은 영업 성과를 내기 어렵다"고 생각해왔습니다. 저는 세일즈 코치로서 이 점이 참 안타까웠습니다만, 강점 진단을 통해 여러분이 알게 될 진실은 이와는 완전히 다릅니다. 여러분이 가진 강점을 명확히 이해하고 적절하게 활용할 때,

세일즈는 단지 해야 하는 일이 아니라 자신만의 고유한 방식으로 탁월한 성과를 만들어내는 즐겁고 의미 있는 업무로 바뀌게 됩니다.

CliftonStrengths® 강점 진단을 통해 여러분이 가진 재능과 강점을 명확히 이해하고 이를 세일즈 현장에서 적극적으로 활용하는 것이야말로, 여러분의 세일즈 성과와 만족도를 극대화하는 가장 확실한 방법입니다. 바로 이 점에서 CliftonStrengths® 강점 진단은 단순한 진단 도구가 아니라, 세일즈 성공을 향한 첫걸음이며, 여러분만의 세일즈 스타일을 구축하는 데 가장 강력한 기반이 될 것입니다.

3. CliftonStrengths® 강점 진단은 어떻게 진행되는가?

CliftonStrengths® 강점 진단은 자신이 가진 타고난 재능을 인식하고, 이를 강점으로 발전시키는 출발점이 되는 진단 도구입니다. 단순히 성격을 분석하는 것을 넘어서, 개인이 자연스럽게 뛰어난 성과를 낼 수 있는 영역을 과학적으로 파악해줍니다.

이 진단의 가장 큰 목적은 자신이 가진 고유한 재능을 정확히 발견하고, 이를 일상과 업무에서 어떻게 활용할 수 있는지 구체적인 길을 제시하는 데 있습니다. 많은 사람들이 자신의 약점을 보완하는 데 시간과 에너지를 쏟지만, CliftonStrengths®는 오히려 강점을 극대화하는 것이 더 큰 성과와 만족을 가져다준다는 철학을 바탕으로 합니다.

응답자는 온라인으로 진행되는 진단에서 177개의 문항을 직관적으로 선택하게 되며, 각 문항에 대해 주어진 시간은 단 20초입니다. 이처럼 짧은 시간 제한을 두는 이유는 참여자가 지나치게 고민하거나 이상적인 답을 찾으려 하지 않고, 최대한 본능적이고 자연스러운 성향을 그대로 나타내도록 하기 위함입니다. 다시 말해, 진단 문항에 답하는 동안 참여자들은 자신이 어떻게 생각하고 느끼고 행동하는지 깊게 분석하기보다, 순간적으로 가장 본능적으로 떠오르는 반응을 선택하도록 유도됩니다.

진단에서 만날 수 있는 문항은 다음과 같은 형태로 구성됩니다.

"나는 빠르게 결정을 내린다" ↔ "나는 신중하게 결정을 내린다"

"나는 사람들을 설득하는 것을 즐긴다" ↔ "나는 사람들의 이야기를 경청하는 것을 즐긴다"

이러한 문항들은 참여자의 성격이나 능력을 평가하는 것이 아니라, 참여자의 자연스러운 사고 패턴과 행동 양식을 파악하기 위해 구성되어 있습니다. 각 문항에 빠르게 답하는 과정에서 참여자의 강점과 연관된 본질적인 특성들이 드러나게 됩니다.

진단이 끝나면, 개인이 가지고 있는 재능을 총 34가지 강점 테마 중 가장 강하게 나타나는 5가지 테마를 확인할 수 있게 됩니다. 이는 여러분이 가진 가장 대표적이고 자연스러운 강점이 무엇인지를 명확히 알려줍니다.

예컨대, 진단 결과에서 미래지향(Futuristic®) 테마가 높게 나타난 사람이라면, 다가올 가능성과 비전에서 영감을 얻고 이를 통해 다른 사람들에게 희망과 방향을 제시하는 데 탁월하다는 것을 의미합니다. 세일즈 현장에서는 장기적인 그림을 고객과 함께 그리며, 제품이나 서비스가 미래에 어떤 가치를 창출할 수 있는지를 설득력 있게 보여주어 신뢰를 얻는 데 강점을 발휘합니다.

또한 개별화(Individualization®) 테마가 강하게 나타난 사람이라면, 사람마다 다른 특성과 동기를 정밀하게 구분해 그에 맞춘 접근을 설계하는 능력이 두드러집니다. 세일즈 담당자로서 이 강점은 의사결정자, 최종 사용자, 구매 부서 등 각 페르소나별 가치 제안을 다르게 구성하고, 참고사례, 데모 시나리오, 파일럿 범위를 고객별로 맞춤화하여 초기 신뢰 형성과 전환을 가속하는 데 특히 유효합니다.

상위 5가지 테마 외에도 전체 34가지 테마에 대한 개인의 순위를 확인할 수 있습니다. 이를 통해 자신이 가지고 있는 전체 강점과 더불어 상대적으로 부족한 부분까지 명확히 파악할 수 있게 됩니다. 진단을 받은 사람들은 이를 바탕으로 자신이 어떤 상황에서 뛰어난 역량을 발휘하고, 어떤 상황에서는 다른 사람의 도움을 받을지 전략적으로 판단할 수 있습니다.

중요한 것은 CliftonStrengths® 강점 진단 결과가 단순히 '성격 유형'이나 '성향'을 정의하는 것이 아니라는 점입니다. 이 진단의 궁극적 목표는 참여자가 가진 고유한 재능을 업무와 실제 생활에서 강점으로 발전시키고 이를 통해 지속적이고 탁월한 성과를 낼 수 있도록 돕는 것입니다. 예를 들어, '심사숙고(Deliberative®)' 강점을 가진 영업 담당자라면, 고객과의 만남에서 철저한 사전 조사와 준비된 자료를 통해 신뢰감을 형성할 수 있습니다. 이는 영업 프로세스에서 고객의 의구심과 불확실성을 해소하는 데 큰 강점이 됩니다.

한편, '행동(Activator®)' 테마를 가진 사람이라면 빠른 실행력과 적극적인 대응으로 고객의 관심을 유지하고, 영업 기회를 빠르게 현실화하는 데 큰 강점이 있습니다. 이들은 망설이지 않고 신속하게 고객과 소통하고 결정적으로 움직이기 때문에 영업 성과로 바로 연결됩니다.

CliftonStrengths® 강점 진단은 이처럼 자신이 가진 강점을 정확히 인지하고, 세일즈라는 구체적인 업무 환경에서 그 강점을 어떻게 효과적으로 발휘할 수 있는지 구체적인 지침을 제공합니다. 이를 통해 참여자는 자신만의 세일즈 접근법과 스타일을 구축할 수 있으며, 전통적인 매뉴얼이나 기법을 뛰어넘어 가장 자연스럽고 효과적인 방식으로 업무를 수행할 수 있게 됩니다.

여러분이 CliftonStrengths® 강점 진단을 통해 얻게 될 가장 큰 가치는 자신이 가진 재능을 정확히 이해하고, 이를 실무에서 적극적으로 활용할 수 있는 구체적인 방향성을 명확히 파악할 수 있다는 점입니다. 특히 세일즈 업무와 같이 개인의 강점과 역량이 성과에 직접적으로 영향을 미치는 분야에서 이 진단은 더욱 강력한 효과를 발휘합니다.

여러분은 더 이상 다른 사람의 영업 방식을 따라 하거나, 맞지 않는 방법으로 세일즈를 수행할 필요가 없습니다. CliftonStrengths® 강점 진단을 통해 얻은 여러분만의 고유한 강점을 바탕으로 자신만의 세일즈 스타일과 전략을 만들어 나갈 수 있습니다. 바로 이것이 강점 기반 세일즈가 지닌 진정한 가치이며, 우리가 앞으로 이 책을 통해 더욱 구체적으로 안내하고자 하는 가장 중요한 방향성입니다.

4. 강점의 진단과 발견이 세일즈에 중요한 이유

세일즈는 단지 제품이나 서비스를 파는 단순한 행위가 아닙니다. 기본적으로 사람과 사람 사이의 상호작용이며, 매우 개인적이고 섬세한 업무입니다. 같은 제품, 같은 시장, 심지어 같은 고객을 대상으로 하더라도 개별 영업사원의 성향과 강점에 따라 접근 방식과 결과가 달라질 수밖에 없습니다. 바로 이 점이 세일즈가 다른 업무와 구별되는 가장 큰 특징이며, 개인의 강점을 정확히 파악하고 적극적으로 활용하는 것이 특히 중요한 이유입니다.

많은 사람들이 세일즈를 단지 기술적 접근으로 생각합니다. 전화 걸기, 고객과 만나기, 설득하기와 같은 기법만 잘 익히면 누구나 좋은 성과를 낼 수 있다고 생각하는 경우가 많습니다. 하지만 실제 현장에서 오랫동안 세일즈 컨설팅과 강점을 코칭하면서 발견한 사실은 전혀 달랐습니다. 아무리 세일즈 기술이 뛰어나고 오랜 경험을 가진 사람도, 자기 자신만의 강점을 정확히 모르고 이를 제대로 활용하지 못하면 지속적으로 높은 성과를 내기가 어렵습니다.

특히 최근 시장 환경이 빠르게 변화하고 고객들이 더욱 까다로워지면서, 세일즈는 갈수록 더 개인화된 접근을 요구하게 되었습니다. 고객들은 이제 자신의 문제를 정확히 이해하고 자신과 진정으로 소통할 수 있는 세일즈 담당자를 찾습니다. 이런 환경에서는 모든 사람이 같은 방식으로 세일즈를 하는 것은 효과적일 수 없습니다. 고객을 대할 때, 담당자 개개인의 강점을 정확히 이해하고 이를 적극 활용해야만 비로소 탁월한 성과를 낼 수 있습니다.

실제로, 갤럽(Gallup®)은 오랜 기간 다양한 직종에서 뛰어난 성과를 내는 사람들을 연구했습니다. 그 중 세일즈 분야에서 가장 흥미로운 발견이 있었습니다. 바로 세일즈 고성과자들은 자신의 강점을 정확히 이해하고 이를 전략적으로 활용하는 능력이 타 직종 고성과자들에 비해 더 두드러진다는 점이었습니다. 즉, 세일즈 분야의 성공은 타고난 재능과 성향을 어떻게 인지하고 활용하느냐에 따라 더욱 크게 좌우된다는 사실이었습니다.

세일즈라는 업무는 매 순간 고객과의 상호작용이 성과로 연결되는 분야입니다. 사교성(Woo®) 강점이 뛰어난 담당자는 낯선 고객과 첫 만남에서 친밀감을 빠르게 형성하여 고객의 마음을 쉽게 얻을 수 있습니다. 분석(Analytical®) 강점이 뛰어난 사람은 데이터를 기반으로 고객의 니즈를 철저히 파악하고 논리적으로 설득할 수 있습니다. 공감(Empathy®) 강점이 뛰어난 사람은 고객의 말뿐 아니라, 감정이나 표정에서 고객의 숨겨진 문제까지 정확히 파악하여 고객이 미처 인지하지 못한 니즈까지 충족시킬 수 있습니다. 이처럼 세일즈는 각자가 가진 강점에 따라 매번 다른 방식과 전략이 요구됩니다.

강점을 인지하고 활용하는 것은 개인적 성과에만 국한되지 않습니다. 실제로 세일즈 팀 단위에서도 강점 기반 접근법을 도입하면 매우 큰 변화가 일어납니다. 예를 들어, 성취(Achiever®)와 책임(Responsibility®) 강점이 강한 팀원이 꾸준히 실행력을 발휘하며 약속을 끝까지 지켜낸다면, 최상화(Maximizer®)와 미래지향(Futuristic®) 강점이 강한 팀원은 제안서나 솔루션을 한 단계 더 발전시켜 장기적인 비전을 제시할 수 있습니다.

또, 존재감(Significance®)을 가진 팀원이 발표와 협상에서 영향력을 발휘할 때, 화합(Harmony®)이나 포용(Includer®) 강점이 강한 팀원은 고객과의 관계를 안정적으로 다져줍니다. 이렇게 서로 다른 강점이 유기적으로 연결될 때, 개인의 역량을 뛰어넘어 팀 전체의 성과가 극대화됩니다.

세일즈 분야에서 CliftonStrengths® 강점 진단은 특별한 의미를 가집니다. 세일즈가 결국 고객이라는 '사람'을 상대하는 일이기 때문입니다. 사람들은 누구나 자신과 진정성 있게 소통하고, 자신을 잘 이해하고 공감해주는 사람과 거래하기를 원합니다. 따라서 세일즈 분야에서 뛰어난 성과를 내기 위해서는 단순히 영업 기법이나 기술을 뛰어넘어, 세일즈 담당자 자신이 가진 고유한 강점과 성향을 명확히 이해하고, 그것을 적극적으로 발휘하는 것이 필수적입니다.

여러분은 CliftonStrengths® 강점 진단을 통해 자신이 가진 고유한 강점 테마를 정확히 발견하고, 세일즈라는 업무 현장에서 이를 어떻게 구체적이고 효과적으로 활용할 수 있는지 명확한 방향성을 얻게 될 것입니다. 이제 더 이상 다른 사람의 방식을 무작정 따라 할 필요가 없습니다. 세일즈에서 여러분의 강점은 바로 여러분 자신만의 독특한 세일즈 방식을 만들어내는 강력한 기반이자 경쟁력이 될 것입니다.

5. CliftonStrengths® for Sales 리포트란?

CliftonStrengths® for Sales 리포트는 갤럽(Gallup®)이 기존 CliftonStrengths® 강점 진단을 바탕으로, 세일즈 직무에 특화해 개발한 보고서입니다. 기본 진단 방식은 동일하지만, 결과 리포트의 초점이 다릅니다. 일반 리포트가 개인의 Top 5 또는 전체 34개 강점 테마를 폭넓고 보편적으로 설명한다면, Sales 리포트는 Top 10 강점을 중심으로 그것을 실제 세일즈 상황에서 어떻게 활용해야 하는지를 매우 구체적이고 실무적인 행동 지침으로 제공합니다.

예를 들어, 일반 리포트에서 분석(Analytical®) 강점은 "데이터와 사실을 기반으로 사고한다"라고 설명되지만, Sales 리포트는 이 강점을 가진 담당자가 고객 미팅 전 데이터를 토대로 고객사의 문제와 니즈를 구조화해 보여줌으로써 설득력을 높이는 전략을 안내합니다. 또 최상화(Maximizer®) 강점은 "좋은 것을 탁월하게 만든다"라는 정의로 그치지 않고, 실제 세일즈 현장에서는 성과 가능성이 가장 큰 고객을 선별하고, 최고 수준의 제안과 프레젠테이션으로 고객의 확신을 얻는 실질적인 활용 방법을 제시합니다.

이처럼 CliftonStrengths® for Sales 리포트가 필요한 이유는 세일즈라는 업무의 특수성 때문입니다. 다른 많은 직무가 프로세스나 조직적 시스템에 더 크게 의존할 수 있는 반면, 세일즈는 본질적으로 사람과 사람 사이의 신뢰와 관계에 기반합니다. 결국 고객 앞에서 가장 중요한 도구는 제품이 아니라 바로 '나 자신'입니다.

세일즈 담당자는 고객을 설득하는 과정에서 매 순간 자신의 강점을 최대한 활용해야 하며, 수많은 거절과 실패 속에서도 빠르게 회복할 수 있는 내적 자원을 갖추어야 합니다. 자신의 강점을 분명히 아는 사람은 고객 앞에서 자연스러운 자신감을 보여주고, 자신만의 방식으로 관계를 맺으며, 고객의 니즈를 정확히 파악해 설득합니다. 반대로 강점을 알지 못한 채 남의 방식을 흉내 내려는 사람은 어색하고 불확실한 태도를 드러내고, 그 불확실성은 곧바로 고객에게 전해져 성과에도 부정적 영향을 미칩니다.

갤럽이 수많은 직무 중에서도 유독 세일즈 리포트를 별도로 만든 것도 이 때문입니다. 리더(Leaders)나 매니저(Managers)를 위한 보고서는 존재하지만, 특정 직무에 특화된 강점 리포트는 현재 세일즈(Sales)가 유일합니다. 이는 세일즈야말로 다른 어떤 분야보다도 개인의 성향과 강점이 성과에 직접적이고 압도적으로 작용한다는 사실을 갤럽이 인정한 결과입니다.

CliftonStrengths® for Sales 리포트는 세일즈 현장의 현실을 반영해, 잠재고객 발굴에서 시작해 첫 만남, 니즈 파악, 제안 작성, 협상과 클로징, 그리고 사후 관리에 이르기까지 세일즈 프로세스 전 단계를 아우르는 행동 가이드를 제공합니다. 각 단계마다 자신의 Top 10 강점을 어떻게 연결하고 활용해야 가장 효과적인지를 구체적으로 안내하기 때문에, 단순한 참고 자료를 넘어 실제 성과를 만들어내는 실질적 도구가 됩니다.

결국 이 리포트는 세일즈 담당자가 다른 사람의 방식을 억지로 흉내 내는 대신, 자신만의 고유한 강점을 기반으로 한 세일즈 스타일을 발견하고 강화하도록 돕습니다. 그 결과 고객과의 관계를 자신에게 가장 자연스러운 방식으로 구축하고, 반복되는 거절 속에서도 흔들리지 않으며, 지속적이고 탁월한 성과를 만들어낼 수 있습니다.

6. CliftonStrengths® 리포트와 CliftonStrengths® for Sales 리포트 차이

세일즈는 개인의 재능과 강점이 성과에 직접적으로 연결되는 특별한 직무입니다. 다른 많은 직무에서는 정해진 프로세스나 시스템을 통해 성과를 관리할 수 있지만, 세일즈는 본질적으로 고객과의 상호작용, 신뢰 구축, 설득이라는 개인적 역량에 크게 의존합니다. 그렇기 때문에 단순히 자신의 강점을 아는 것을 넘어, 현장에서 이를 어떻게 전략적으로 활용할 수 있는지에 대한 구체적인 지침이 필요합니다.

일반적인 CliftonStrengths® 리포트(CliftonStrengths® 34 Report 혹은 Top 5 Report 등)는 개인의 강점을 폭넓게 설명하고 각 강점 테마의 본질적 의미를 이해하도록 돕습니다. 예를 들어, 일반 리포트에서는 배움(Learner®) 강점을 '지속적으로 배우고 성장하는 과정을 즐기는 사람'으로 정의합니다. 이는 개인의 성향을 넓게 이해하는 데 큰 도움을 줍니다.

반면, CliftonStrengths® for Sales 리포트는 같은 테마라도 세일즈 현장에서 어떻게 구체적으로 활용할지를 안내합니다. 예를 들어, 배움(Learner®)이 강한 영업사원은 고객사의 산업 트렌드, 경쟁사 동향, 신기술을 빠르게 학습하여 고객 미팅에서 전문적인 인사이트를 제공하는 전략을 제시합니다. 단순히 '배움을 즐긴다'는 수준을 넘어, 이 강점을 바탕으로 고객의 신뢰를 얻고, 장기적 파트너로 자리매김하는 구체적인 실행 방안을 알려주는 것이죠.

즉, 일반 리포트가 강점의 본질을 이해하는 데 초점을 둔다면, 세일즈 리포트는 그 강점을 실제 영업 성과로 연결할 수 있는 맞춤형 매뉴얼을 제공한다는 점에서 차이가 있습니다.

이 두 리포트 간의 차이를 실제 사례로 비교해 보면 다음과 같습니다. 몇 가지 테마만 예를 들어보겠습니다.

강점 테마	일반 CliftonStrengths® 리포트 (34 Report, Top 5)	CliftonStrengths® for Sales 리포트
최상화 (Maximizer®)	좋은 것을 더욱 뛰어나게 만들어 탁월성을 추구합니다. 당신은 우수한 결과를 탁월한 수준으로 끌어올리는 데서 만족을 느낍니다.	세일즈 시간과 에너지를 가장 큰 매출 가능성이 있는 고객에게 집중하십시오. 최고 수준의 제안서와 자료를 준비하여 고객에게 깊은 신뢰와 확신을 제공하면, 구매 결정으로 이어질 것입니다.
사교성 (Woo®)	새로운 사람들과 쉽게 친해지고 관계 형성을 즐깁니다. 당신은 사람과 어울릴 때 에너지를 얻으며, 낯선 사람과의 만남에서 즐거움을 느낍니다.	고객 미팅 전에 고객의 관심과 흥미를 끌 수 있는 질문 목록을 준비하십시오. 당신의 친화력으로 고객과 빠르게 친밀감을 형성하여 신뢰를 얻고, 중요한 정보를 얻을 수 있습니다.

분석 (Analytical®)	데이터를 논리적으로 분석하여 근거와 이유를 찾는 것을 선호합니다. 당신은 객관적이고 합리적인 사고를 중시합니다.	고객의 구매 이력, 시장 데이터, 경쟁사 분석 자료를 철저히 준비하십시오. 미팅에서 이 분석을 명확히 전달하면 고객이 더 쉽게 구매 결정을 내리도록 설득할 수 있습니다.
절친(Relator®)	소수의 사람들과 깊고 진정한 관계를 형성하는 데서 만족을 얻습니다. 당신은 서로에게 진실한 신뢰를 바탕으로 의미 있는 관계를 만들어갑니다.	핵심 고객과 장기적으로 깊은 관계를 구축하십시오. 고객과 개인적 소통을 지속적으로 강화하면, 고객의 진정한 요구와 관심을 파악하여 장기적 비즈니스 파트너십을 구축할 수 있습니다.

이처럼 CliftonStrengths® for Sales 리포트는 세일즈 담당자가 자신이 가진 강점을 세일즈 프로세스 전반에서 어떻게 구체적이고 전략적으로 활용할 수 있는지에 대한 실질적인 액션 가이드를 제공합니다. 잠재고객 발굴부터 니즈 파악, 제안과 프레젠테이션, 협상과 클로징, 사후 관리까지 각 단계에서 개인의 강점을 명확한 전략으로 전환하여 즉시 활용할 수 있도록 지원합니다.

이제 여러분은 더 이상 일률적이고 일반적인 세일즈 방식을 무작정 따라 할 필요가 없습니다. CliftonStrengths® for Sales 리포트를 활용하면 자신의 독특한 강점을 세일즈 현장에서 가장 효과적이고 전략적으로 활용할 수 있는 구체적인 방법을 얻을 수 있을 것입니다. 이것이 바로 세일즈 담당자들이 CliftonStrengths® for Sales 리포트를 적극 활용해야 하는 이유입니다.

7. 누가 CliftonStrengths® for Sales를 사용해야 하는가?

CliftonStrengths® for Sales는 기본적으로 세일즈 업무를 수행하는 사람들을 위한 가장 최적화된 강점 진단 도구입니다. 특히 신입 영업사원은 자신에게 가장 적합한 영업 스타일과 전략을 빠르게 발견하고 실무에 바로 적용할 수 있습니다. 경력 영업 담당자라면 자신이 가진 강점을 새롭게 조명함으로써 성과가 정체된 상황에서도 명확한 돌파구를 찾을 수 있습니다. 또한 다른 직무에서 세일즈로 전환한 담당자 역시 개인 맞춤형 강점 전략을 통해 세일즈 업무에 신속하고 자신감 있게 적응할 수 있습니다. 영업팀을 관리하고 이끄는 리더나 매니저에게는 각 팀원의 강점을 기반으로 업무 배분과 팀 전략을 효과적으로 수립할 수 있는 매우 실질적인 지침이 되어줍니다.

그러나 CliftonStrengths® for Sales의 활용 범위는 세일즈 직무인 사람에게만 국한되지 않습니다. 스타트업 대표나 창업자와 같이 다양한 사람들과 끊임없이 협상하고 설득하며 파트너십을 구축해야 하는 사람들에게도 이 진단은 긍정적인 효과를 발휘합니다. 사업을 성장시키기 위해 투자자와의 협상, 파트너와의 전략적 관계 구축, 고객과의 신뢰 형성 등 여러 사람과의 지속적인 상호작용이 필수적이기 때문입니다.

또한 해외 시장과의 거래나 수출입 업무를 담당하는 무역 전문가, 해외 영업 담당자와 같은 국제 업무 담당자들도 이 진단을 통해 각자의 강점을 명확히 이해하고, 이를 바탕으로 다양한 문화권의 고객과 파트너들을 효과적으로 설득하고 소통할 수 있습니다. 자신이 가진 강점을 통해 협상력을 높이고 상대방과의 관계를 보다 깊고 안정적으로 유지할 수 있는 구체적인 전략과 실행 방법을 얻게 됩니다.

프리랜서나 1인 기업가, 독립적으로 고객을 확보하고 지속적으로 관리해야 하는 전문가들에게도 CliftonStrengths® for Sales 진단은 매우 유용합니다. 스스로 서비스를 소개하고 자신만의 가치를 고객에게 설득력 있게 전달해야 하는 업무의 특성상 개인의 강점을 정확히 파악하고 이를 실제로 활용할 수 있는 명확한 전략을 얻는다면, 더욱 효율적이고 탁월한 성과를 얻을 수 있습니다.

더 나아가 마케팅이나 비즈니스 개발 담당자, 컨설턴트, 프로젝트 매니저 등 사람들과의 소통과 협상, 조율이 잦은 직무를 수행하는 모든 분들도 이 진단을 적극적으로 활용할 수 있습니다. 업무 과정에서 타인과의 상호작용을 통해 목표를 이루고 성과를 만들어내야 하는 모든 이들은 자신이 가진 고유한 강점 테마를 세일즈적 관점에서 활용하여 더 나은 성과와 높은 만족감을 얻을 수 있습니다.

이처럼 CliftonStrengths® for Sales는 단지 세일즈 직무만을 위한 진단 도구가 아니라, 업무상 타인과의 상호작용과 설득, 협상과 관계 형성이 중요한 모든 사람들에게 실질적이고 효과적인 전략을 제공하는 강력한 진단 도구입니다. 업무나 직급, 분야를 넘어, 자신의 강점을 명확히 이해하고 이를 구체적인 업무 상황에서 효과적으로 활용하고자 하는 모든 전문가들에게 이 진단을 적극적으로 권장합니다.

3장. 나의 세일즈 DNA 완성하기: 34가지 강점의 전략적 활용법

1. 34가지 강점 테마 이해하기

CliftonStrengths® 강점 진단을 처음 접한 많은 사람들은 "34가지나 되는 강점을 언제 다 이해할 수 있을까?"라는 걱정과 함께 다소 부담을 느끼곤 합니다. 하지만 안심하세요. 이 34가지 강점 테마 각각은 분명한 핵심 키워드와 고유한 의미를 가지고 있기 때문에, 간략한 설명과 함께 핵심 키워드를 중심으로 이해하면 훨씬 빠르게 파악할 수 있습니다.

강점 테마는 단순히 개인의 성격이나 성향이 아닙니다. 우리가 반복적으로 나타내는 사고, 행동, 감정의 자연스러운 패턴을 의미하며, 이를 제대로 이해하고 개발할 때 탁월한 성과를 만들어낼 수 있습니다.

예를 들어, 전략(Strategic®) 테마는 단순히 아이디어가 많은 성격이 아니라, 여러 가능성 중에서 가장 효과적인 경로를 빠르게 찾아내고 방향을 제시하는 능력을 뜻합니다. 또한 책임(Responsibility®) 테마는 단순히 성실한 사람이 아니라, 자신이 맡은 일에 대해 강한 주인의식을 가지고 끝까지 완수하려는 태도를 의미합니다.

아래 표에 각 34개 강점 테마의 '핵심 키워드'가 함께 정리되어 있습니다. 여기서 '핵심 키워드'는 해당 강점이 지닌 가장 중요한 특성과 본질을 함축적으로 표현한 단어입니다. 이를 통해 각 강점 테마가 구체적으로 어떤 상황과 방식에서 가장 잘 드러나는지 빠르게 이해할 수 있습니다.

강점 테마	핵심 키워드
성취(Achiever®)	목표 달성, 생산성, 성취감
행동(Activator®)	실행력, 신속함, 추진력
적응(Adaptability®)	유연성, 상황 적응, 변화 수용
분석(Analytical®)	논리적 분석, 데이터 기반 사고
정리(Arranger®)	자원 조정, 효율성, 멀티태스킹
신념(Belief®)	핵심 가치, 목적 의식, 신뢰
주도력(Command®)	리더십, 결단력, 통제력
커뮤니케이션(Communication®)	표현력, 설득력, 명확한 전달
승부(Competition®)	경쟁심, 성과지향, 승리 욕구
연결성(Connectedness®)	통합적 사고, 전체적 시야, 연결성
공정성(Consistency®)	일관성, 공정함, 규칙 준수
회고(Context®)	과거 경험 활용, 역사적 맥락 이해
심사숙고(Deliberative®)	신중한 판단, 위험 관리, 준비 철저
개발(Developer®)	성장 촉진, 잠재력 발굴, 타인 지원
체계(Discipline®)	계획성, 구조화, 질서
공감(Empathy®)	감정이입, 이해력, 정서적 연결
집중(Focus®)	몰입, 목표지향, 우선순위

강점 테마	핵심 키워드
미래지향(Futuristic®)	비전 제시, 장기 목표 설정, 영감
화합(Harmony®)	합의점 찾기, 갈등 해소, 균형 유지
발상(Ideation®)	창의적 아이디어, 새로운 관점
포용(Includer®)	포용성, 소속감 부여, 사람 통합
개별화(Individualization®)	개인 맞춤 접근, 개성 이해
수집(Input®)	정보 수집, 지식 축적, 자료 활용
지적사고(Intellection®)	깊이 있는 사고, 성찰, 철학적 접근
배움(Learner®)	지속적 학습, 새로운 지식 습득
최상화(Maximizer®)	탁월성 추구, 강점 극대화, 최적화
긍정(Positivity®)	낙관주의, 긍정적 에너지, 격려
절친(Relator®)	깊은 관계, 친밀감 구축, 신뢰 형성
책임(Responsibility®)	약속 이행, 신뢰 구축, 주인의식
복구(Restorative™)	문제 해결, 개선, 극복
자기확신(Self-Assurance®)	자신감, 독립성, 결단력
존재감(Significance®)	영향력, 인정 욕구, 주목받음
전략(Strategic®)	전략적 판단, 옵션 발견, 경로 탐색
사교성(Woo®)	관계 형성, 네트워킹, 첫인상

 이러한 34가지 강점 테마는 각자가 가진 고유한 방식과 관점에서 특별한 가치를 창출합니다. 강점은 본래 우열을 따지는 개념이 아니며, 특정 강점이 다른 강점보다 더 뛰어나거나 가치 있다는 뜻도 아닙니다. 중요한

것은 자신에게 가장 자연스럽고 편안하게 나타나는 강점을 분명히 인식하고, 그것을 일상과 업무, 다양한 삶의 상황에서 효과적으로 활용하는 것입니다.

하지만 제가 강점 코칭을 하다 보면 의외로 많은 분들이 자신의 강점에 대해 선입견을 가지고 계신 경우가 있습니다. "내 강점은 너무 평범하다", "이건 오히려 단점 같아서 별로다"라며 스스로의 강점을 평가절하하거나 심지어 싫어하는 분들도 있습니다. 그러나 강점은 '좋다/나쁘다'로 구분되는 것이 아니라, 각자의 방식대로 의미와 가치를 만들어내는 자원입니다. 자신의 강점을 부정하는 순간, 가장 자연스럽게 발휘할 수 있는 에너지의 원천을 스스로 차단하는 셈이 됩니다. 강점은 크고 작음의 문제가 아니라, 어떻게 바라보고 어떻게 활용하느냐에 달려 있습니다.

각 테마는 그 자체로 고유한 핵심 키워드를 갖고 있으며, 이는 단순한 성격 묘사를 넘어 실질적인 의미를 담고 있습니다. 예를 들어, 성취(Achiever®) 테마의 키워드인 '목표 달성', '생산성', '성취감'은 단순히 바쁘게 일하는 성향이 아니라, 목표를 세우고 이를 완수하는 과정에서 에너지를 얻고 지속적인 동기를 확보한다는 의미를 내포합니다. 연결성(Connectedness®) 테마의 '통합적 사고', '전체적 시야'는 세상과 사람, 사건이 서로 긴밀히 연결되어 있다는 믿음과 이해를 보여줍니다. 주도력(Command®) 테마의 '리더십', '결단력', '통제력'은 타인을 단순히 지배하려는 성향이 아니라, 어려운 상황에서 명확한 의견과 방향성을 제시해 혼란을 해소하고 안정감을 주는 능력을 뜻합니다.

이처럼 34가지 강점 테마 각각은 그 고유한 키워드와 맥락을 통해, 자신에게 어떤 강점이 나타나고 있으며 그것이 구체적으로 어떤 의미와 가능성을 담고 있는지를 이해할 수 있게 합니다. 강점에 대한 올바른 이해와 인식이야말로, 스스로의 잠재력을 최대한 발휘할 수 있는 출발점이 되는 것입니다.

2. 강점 해석의 함정(pitfall)을 피하는 올바른 이해법

한편, 강점 테마를 명확히 이해하기 위해서는 각각의 강점을 살펴보는 것도 중요하지만 이 과정에서 흔히 빠지기 쉬운 함정이 있습니다. 단순히 테마의 키워드나 정의를 암기하는 데 그치거나, 특정 테마가 특정 직무나 상황에서 무조건 유리하다고 단정짓는 오류를 범하기 쉽기 때문입니다. 이러한 오류를 방지하고 강점 테마를 더욱 정확하고 깊이 있게 이해하기 위해서는 다음과 같은 핵심 원칙들을 염두에 둘 필요가 있습니다.

첫째, 강점은 '결과'가 아니라 '방식'입니다. 예컨대, 성취(Achiever®) 테마를 가졌다고 해서 늘 남들보다 더 많은 성과를 낸다는 의미는 아닙니다. 성취(Achiever®) 테마는 성과를 내기 위한 목표를 설정하고, 그 목표를 완수하는 과정 자체에서 에너지를 얻고 지속적으로 동기를 유지하는 사람의 방식을 나타내는 것입니다.

둘째, 강점은 상대적입니다. 동일한 강점 테마를 가진 사람이라도 그것이 드러나는 방식과 강도는 사람마다 크게 다를 수 있습니다. 예를 들어, 복구(Restorative™) 강점을 가진 사람 중 어떤 이는 고객 불만이나 서비스 장애와 같은 문제 상황에서 신속히 원인을 파악하고 해결책을 제시하는 데 탁월한 반면, 또 다른 이는 눈에 잘 보이지 않는 근본 원인을 차분히 분석하고 시스템적 개선을 통해 장기적인 문제 해결 능력을 발휘합니다.

셋째, 강점은 개별적으로 발휘되는 것보다 다른 강점과의 조합으로 더욱 강력하게 나타납니다. 단 하나의 강점만으로 모든 상황을 완벽하게 대처할 수는 없습니다. 두 개 이상의 강점 테마가 결합될 때, 각자의 강점이 서로를 보완하며 더욱 독특하고 탁월한 방식으로 발현됩니다. 예를 들어, 분석(Analytical®) 테마와 커뮤니케이션(Communication®) 테마가 함께 발휘되면, 복잡한 데이터를 단순히 해석하는 데 그치지 않고 이를 고객이 이해하기 쉽게 설명하며 설득력을 높일 수 있습니다.

마지막으로, 강점은 타고난 재능이지만 의식적인 노력과 개발을 통해 지속적으로 강화될 수 있습니다. 자신이 가진 강점을 정확히 이해하고, 이를 적극적으로 발전시키려는 노력을 기울일 때, 진정한 강점의 잠재력을 최대한으로 발휘할 수 있게 됩니다.

3. 나만의 세일즈 스타일 찾기: 강점의 4가지 영역 이해하기

세상에 완벽한 사람은 없습니다. 모든 사람이 모든 분야에 똑같이 뛰어날 수 없기 때문이죠. 갤럽(Gallup Inc.)은 수십 년간 수백만 명을 연구하며, 성공하는 사람들이 자신의 강점을 어떻게 활용해 탁월한 성과를 내는지 분석했습니다. 그 결과, 개인의 강점은 크게 네 가지 방식(영역)으로 나타난다는 것을 발견했습니다.

어떤 사람은 계획한 일을 끝까지 완수하는 실행력(Executing)으로 성과를 냅니다. 어떤 사람은 다른 사람을 설득하고 영향을 미치는 영향력(Influencing)으로 성과를 만듭니다. 또 어떤 사람은 타인과 깊은 관계를 맺고 신뢰를 쌓는 관계 구축(Relationship Building)으로 성과를 얻습니다. 마지막으로, 어떤 사람은 복잡한 문제를 깊이 분석하고 해결책을 제시하는 전략적 사고(Strategic Thinking)를 통해 성과를 달성합니다. 갤럽(Gallup®)은 인간의 재능과 강점을 이 4가지 영역(Domains)으로 정리한 것입니다.

실행력	영향력	대인관계 구축	전략적 사고
성취(Achiever)	행동(Activator)	적응(Adaptability)	분석(Analytical)
정리(Arranger)	주도력(Command)	연결성(Connectedness)	회고(Context)
신념(Belief)	커뮤니케이션(Communication)	개발(Developer)	미래지향(Futuristic)
공정성(Consistency)	승부(Competition)	공감(Empathy)	발상(Ideation)
심사숙고(Deliberative)	최상화(Maximizer)	화합(Harmony)	수집(Input)
체계(Discipline)	자기 확신(Self-Assurance)	포용(Includer)	지적사고(Intellection)
집중(Focus)	존재감(Significance)	개별화(Individualization)	배움(Learner)
책임(Responsibility)	사교성(Woo)	긍정(Positivity)	전략(Strategic)
복구(Restorative)		절친(Relator)	

CliftonStrengths®의 4가지 영역(Domains)

네 가지 강점 영역은 우리의 일상뿐 아니라, 비즈니스 현장에서도 뚜렷하게 나타납니다. 특히, 세일즈 업무는 사람과 사람이 직접적으로 상호작용하는 분야이기 때문에, 이 네 가지 영역을 깊이 이해하고 활용할 때 더욱 뛰어난 성과를 창출할 수 있습니다.

세일즈 현장에서 네 가지 영역을 이해하면 여러 가지 실질적인 이점을 얻을 수 있습니다.

첫째, 자신만의 세일즈 스타일을 명확히 발견할 수 있습니다. 모든 영업사원이 똑같은 방식으로 성공할 수는 없습니다. 실행력이 강한 사람은 철저한 준비와 약속 이행으로, 영향력이 강한 사람은 설득과 매력으로, 관계 구축이 강한 사람은 신뢰와 공감으로, 전략적 사고가 강한 사람은 분석과 통찰로 성공합니다. 자신이 어느 영역에 강점을 가지고 있는지 알면, 자신에게 가장 자연스럽고 효과적인 세일즈 방식을 찾을 수 있습니다.

둘째, 세일즈 프로세스에서 자신이 가장 빛날 수 있는 순간을 파악할 수 있습니다. 세일즈는 여러 단계로 이루어져 있고, 각 단계마다 필요한 역량이 다릅니다. 영향력이 강한 사람은 첫 만남과 프레젠테이션에서, 관계 구축이 강한 사람은 니즈 파악과 사후 관리에서, 전략적 사고가 강한 사람은 솔루션 설계에서, 실행력이 강한 사람은 계약 체결과 이행에서 각각 뛰어난 성과를 낼 수 있습니다.

셋째, 부족한 부분을 보완하는 전략을 세울 수 있습니다. 자신의 강점 영역을 알면 상대적으로 약한 부분도 명확해집니다. 이때 부족한 부분을 시스템이나 도구로 보완하거나, 다른 강점 영역을 가진 동료와 협업하는 전략을 세울 수 있습니다.

넷째, 고객에 따라 접근 방식을 조절할 수 있습니다. 고객도 각각 다른 성향을 가지고 있습니다. 논리적이고 분석적인 고객에게는 전략적 사고 영역의 강점을, 감정적이고 관계 중심적인 고객에게는 관계 구축 영역의 강점을 더 활용할 수 있습니다.

다섯째, 팀 내에서 자신의 역할을 명확히 할 수 있습니다. 세일즈 팀에서 각자의 강점 영역에 따라 역할을 분담하면 훨씬 효과적입니다. 영향력이 강한 사람이 고객 관심 끌기를, 관계 구축이 강한 사람이 니즈 파악을, 전략적 사고가 강한 사람이 솔루션 설계를, 실행력이 강한 사람이 프로젝트 관리를 담당하는 식입니다.

이제 세일즈 현장에서 각 강점 영역이 구체적으로 어떤 역할을 하는지 하나씩 살펴보겠습니다.

(1) 실행력(Executing): 목표를 달성하는 힘

실행력 영역에 속하는 강점 테마는 다음과 같습니다.

성취(Achiever®), 정리(Arranger®), 신념(Belief®), 공정성(Consistency®), 심사숙고(Deliberative®), 체계(Discipline®), 집중(Focus®), 책임(Responsibility®), 복구(Restorative™)

이 영역의 강점 테마는 주로 일을 끝까지 완수하는 힘을 가져다 줍니다. 이 강점을 가진 사람들은 약속한 것을 지키는 데 탁월하고, 복잡한 프로젝트나 다양한 업무를 체계적으로 관리하여 고객이 기대하는 결과를 확실히 만들어냅니다.

예를 들어, 성취(Achiever®) 테마를 가진 세일즈 담당자는 매일 달성해야 하는 업무 목표를 설정하여 높은 생산성을 유지합니다. 이들은 "할 일 목록에서 일을 완수해내면서 만족감을 얻고 바쁠 때 최고의 기량을 나타냅니다." 고객이 "다음 주까지 견적서를 보내주세요"라고 하면, 이들은 하루 만에 완벽한 견적서를 전달합니다. 그리고 그 다음 목표를 향해 다시 달려갑니다.

정리(Arranger®) 테마는 다수의 고객과 다양한 요구사항을 효율적으로 처리할 수 있도록 자원을 적절히 배분하는 능력을 제공합니다. 한 번에 20명의 고객을 관리하면서도 각각의 니즈와 상황을 정확히 파악하고, 자원을 효율적으로 배분하여 모든 고객에게 최적의 서비스를 제공합니다. 마치 숙련된 지휘자가 오케스트라의 모든 악기를 조화롭게 이끄는 것처럼 말입니다.

특히, 책임(Responsibility®) 테마는 고객과의 약속을 절대 어기지 않고 철저히 이행하는 신뢰감을 형성하는 데 결정적인 역할을 합니다. 이 강점을 가진 영업사원과 일해본 고객들은 입을 모아 말합니다. "그 사람만큼 믿을 만한 사람은 없다." 작은 약속 하나라도 어기지 않으려 하고, 만약 예상치 못한 문제가 생기면 미리 연락하여 대안을 제시합니다. 이런 신뢰는 곧 재구매와 추천으로 이어집니다.

세일즈에서 가장 기본이 되는 것은 무엇일까요? 바로 '신뢰'입니다. 그리고 신뢰의 기반은 약속을 지키는 것, 즉 실행력에서 나옵니다. 고객들은 말만 번지르르한 영업사원보다는 묵묵히 자신의 일을 해내는 영업사원을 더 신뢰합니다. 실행력 영역의 강점은 세일즈 현장에서 고객이 가장 중요하게 여기는 신뢰와 결과를 만들어내는 핵심적인 역할을 합니다.

(2) 영향력(Influencing): 사람을 움직이는 힘

영향력 영역에 속하는 강점 테마는 다음과 같습니다.

행동(Activator®), 주도력(Command®), 커뮤니케이션(Communication®), 승부(Competition®), 최상화(Maximizer®), 자기확신(Self-Assurance®), 존재감(Significance®), 사교성(Woo®)

이 영역의 강점은 주로 사람을 움직이고 설득하여 변화를 만들어내는 데 효과적입니다. 영향력 강점을 가진 사람들은 고객의 마음을 적극적으로 움직이고, 최종 결정을 유도하는 과정에서 큰 힘을 발휘합니다.

세일즈는 결국 '설득'의 예술입니다. 고객이 현재 상태에 만족하고 있다면, 그들을 변화로 이끌어야 합니다. 새로운 솔루션이 필요하다는 것을 깨닫게 하고, 구매 결정을 내릴 용기를 주어야 합니다. 이것이 바로 영향력 영역 강점들의 핵심 역할입니다.

예를 들어, 사교성(Woo®) 테마가 강한 사람은 처음 만나는 사람들과 함께 있을 때 최고의 기량을 발휘하며, 더 많은 사람을 만날수록 더 많은 비즈니스 인맥을 만들어냅니다. 2시간짜리 행사에서 30명의 새로운 사람들과 명함을 교환하고, 그 중 절반은 실제로 대화와 후속 만남으로 이어질 수 있습니다. 이들은 상대방의 마음을 열고, 짧은 만남 속에서도 긍정적인 인상을 남기는 타고난 능력을 가지고 있습니다. 단순히 많은 사람을 만나는 것을 넘어서, 만남을 시작점으로 바꾸는 힘이 있습니다.

커뮤니케이션(Communication®) 테마는 명확한 메시지 전달과 설득력 있는 표현으로 고객이 제품의 가치를 쉽게 이해하도록 합니다. "우리 솔루션의 API 호환성은…"이라고 시작하는 대신, "고객님의 기존 시스템과 우리 솔루션이 만나면, 마치 오랜 친구들이 재회하는 것처럼 자연스럽게 연결됩니다"라고 표현합니다. 고객은 기술을 이해한 것이 아니라 미래의 모습을 상상하게 됩니다.

승부(Competition®) 강점이 강한 영업사원은 경쟁 상황에서 오히려 더욱 빛납니다. 3파전 경쟁 PT에서 다른 업체들이 자신들의 장점만 나열할 때, 이들은 "왜 우리가 1등이어야 하는가"에 대한 명확한 논리와 열정을 보여줍니다. 고객들은 이런 확신에 감화됩니다.

영향력 영역의 강점은 고객의 마음을 움직여 실제 구매로 연결시키는 결정적 역할을 합니다. 특히 세일즈에서 영향력은 '거절'을 '수용'으로, '무관심'을 '관심'으로, '망설임'을 '결정'으로 바꾸는 마법 같은 힘을 발휘합니다.

(3) 관계 구축(Relationship Building) : 고객과 깊은 신뢰를 쌓는 힘

관계 구축 영역에 속하는 강점 테마는 다음과 같습니다.

적응(Adaptability®), 연결성(Connectedness®), 개발(Developer®), 공감(Empathy®), 화합(Harmony®), 포용(Includer®), 개별화(Individualization®), 긍정(Positivity®), 절친(Relator®)

이 영역의 강점 테마는 주로 고객과의 관계를 깊고 지속적으로 유지하며 장기적인 신뢰를 구축하는 데 탁월합니다. 관계 구축 강점을 가진 사람들은 고객을 진정한 파트너로 대하며, 고객의 요구를 깊이 이해하고 고객의 성공을 위해 끊임없이 지원합니다.

단순히 제품을 팔고 끝나는 시대는 지났습니다. 현대의 세일즈는 장기적인 관계와 파트너십을 기반으로 합니다. 고객은 제품을 사는 것이 아니라 '관계'를 삽니다. 신뢰할 수 있는 파트너, 자신의 성공을 진심으로 바라는 사람, 어려울 때 함께해줄 동반자를 찾고 있습니다.

예컨대, 공감(Empathy®) 테마는 고객이 말하지 않은 걱정이나 문제까지도 민감하게 알아차려 고객의 진짜 문제를 해결합니다. 고객이 "우리 상황이 좀 복잡해서…"라고 말을 흐릴 때, 이들은 이미 고객의 걱정을 읽고 있습니다. "내부 승인 과정이 복잡한가봐요?" 고객은 놀랍니다. "어떻게 우리 상황을 잘 아시죠?"

개별화(Individualization®) 강점 테마는 '맞춤형 세일즈'의 진수를 보여줍니다. 같은 제품을 팔아도 A 고객에게는 효율성을, B 고객에게는 혁신성을, C 고객에게는 안정성을 강조합니다. 왜냐하면 각 고객이 중요하게 여기는 가치가 다르다는 것을 정확히 파악하기 때문입니다.

절친(Relator®) 강점을 가진 영업사원의 고객들은 종종 이런 말을 합니다. "그 사람은 영업사원이 아니라 우리 회사 직원 같아." 이들은 소수의 고객과 깊은 관계를 맺고, 그 고객들의 비즈니스가 성공할 수 있도록 진심으로 지원합니다. 결과적으로 이들의 고객은 평생 고객이 됩니다.

관계 구축 영역의 강점은 장기적으로 안정된 비즈니스 파트너십을 구축하는 데 필수적인 역할을 합니다. 세일즈에서 관계 구축은 '고객 생애 가치(Customer Lifetime Value)'를 극대화하는 핵심 요소로, 한 번의 거래로 끝나는 것이 아니라 지속적인 재구매, 추가 구매, 그리고 추천으로 이어지는 선순환을 만들어냅니다.

(4) 전략적 사고(Strategic Thinking): 깊은 통찰로 문제를 해결하는 힘

전략적 사고 영역에 속하는 강점 테마는 다음과 같습니다.

분석(Analytical®), 회고(Context®), 미래지향(Futuristic®), 발상(Ideation®), 수집(Input®), 지적사고(Intellection®), 배움(Learner®), 전략(Strategic®)

이 영역의 강점 테마는 주로 복잡한 문제 상황을 깊이 이해하고, 창의적이고 효과적인 해결책을 찾는 데 탁월합니다. 전략적 사고 강점을 가진 세일즈 담당자는 고객이 제시하는 다양한 문제를 심층적으로 분석하고 미래지향적인 해결책을 제공합니다.

세일즈는 단순한 판매 행위가 아닙니다. 고객의 문제를 정확히 진단하고, 최적의 해결책을 제시하며, 미래의 변화까지 고려한 전략을 수립하는 고도의 지적 활동입니다. 고객들은 단순한 '판매원'이 아닌 '비즈니스 어드바이저'를 원합니다.

예를 들어, 분석(Analytical®) 강점을 가진 영업사원은 고객이 제공한 데이터에서 놀라운 통찰을 끌어냅니다. "고객님의 지난 3년 데이터를 보니, 3분기에 항상 특별한 패턴이 나타나네요. 이 부분을 개선하면 연간 15% 매출 증대가 가능할 것 같습니다." 고객은 자신들도 몰랐던 사실을 발견하게 됩니다.

미래지향(Futuristic®) 강점 테마는 고객에게 앞으로의 비전을 구체적으로 제시하여 고객의 마음을 사로잡습니다. 현재의 문제에 매몰되어 있던 고객에게 3년 후의 밝은 미래를 구체적으로 그려보여 줍니다. "고객님이 우리 솔루션을 도입하시면, 2027년에는 이런 모습이 될 것입니다…" 고객은 미래에 대한 확신을 갖게 됩니다.

발상(Ideation®) 강점을 가진 영업사원과 브레인스토밍을 하면 시간 가는 줄 모릅니다. 고객이 제시한 문제에 대해 10가지 창의적인 해결책을 제시하고, 각각의 장단점을 설명합니다. 고객은 "이런 방법도 있었구나" 라며 새로운 가능성을 발견합니다.

전략적 사고 영역의 강점은 세일즈 프로세스에서 고객의 문제를 실질적으로 해결하는 데 핵심적인 역할을 합니다. 현대의 세일즈 환경에서 전략적 사고는 점점 더 중요해지고 있으며, 고객의 본질적인 문제를 파악하고 창의적인 해결책을 제시하는 전략적 접근이 필요합니다.

4. 강점이 특정 영역에 집중된 것은 나쁜 것일까?

"제 강점이 실행력 영역에만 집중되어 있는데, 괜찮은 건가요?"

"다른 사람들은 강점이 균형적으로 잘 퍼져 있는데, 저는 한쪽으로 몰려 있어서 걱정돼요."

강점 코칭을 진행하다 보면 많은 사람들이 이런 비슷한 걱정을 털어놓습니다. 자신의 강점 분포를 보며 불안해하거나, 다른 사람과 비교하면서 더 초조해 하는 경우가 적지 않습니다. 그리고 강점을 자의적으로 해석하곤 합니다.

이러한 걱정의 밑바탕에는 네 가지 영역을 골고루 갖추는 것이 가장 이상적인 강점 구조라는 잘못된 믿음이 깔려 있습니다. 마치 영양소를 골고루 섭취해야 건강하다는 상식처럼, 강점도 고르게 분포되어야 완전한 사람이라고 생각하는 것이죠.

하지만 이는 강점의 본질을 제대로 이해하지 못한 데서 오는 착각입니다. 강점의 핵심은 균형 잡힌 분포가 아니라, 자신이 가진 고유한 특성을 정확히 알고 그것을 최대한 활용하는 데 있습니다. 실제로 가장 성공한 사람들을 살펴보면, 모든 것을 골고루 잘하는 사람보다는 특정 영역에서 남다른 탁월함을 보이는 사람들이 압도적으로 많습니다.

(1) 실행력 영역(Executing)에 '성취(Achiever®)', '책임(Responsibility®)', '체계(Discipline®)', '집중(Focus®)' 같은 강점이 집중된 사람은 단순히 '일을 잘하는' 수준을 넘어선 특별한 가치를 만들어냅니다. 이들은 목표를 향한 강박적 집중력과 완벽주의적 실행 능력이 결합되어, 고객이 '이 사람과 일하면 절대 실패하지 않는다'는 확신을 갖게 만듭니다.

복잡한 프로젝트일수록 이들의 진가가 발휘됩니다. 수백 개의 세부 사항을 놓치지 않고 관리하고, 모든 이해관계자와의 약속을 완벽히 이행하며, 예상치 못한 문제가 발생해도 체계적인 대응으로 위기를 기회로 바꿔냅니다. 이런 일관된 성과는 고객에게 '안전함'이라는 감정적 가치를 제공하며, 이는 어떤 마케팅 전략보다도 강력한 차별화 요소가 됩니다.

(2) 영향력 영역(Influencing)에 강점이 집중된 사람들은 단순한 설득을 넘어 '변화를 창조하는 촉매'가 됩니다. '사교성(Woo®)', '커뮤니케이션(Communication®)', '주도력(Command®)', '존재감(Significance®)' 등이 결합되면, 고객의 현상 유지 욕구를 깨뜨리고 새로운 가능성에 눈뜨게 하는 강력한 에너지를 발산합니다.

이들의 특별한 가치는 고객이 스스로도 몰랐던 잠재적 니즈를 일깨우는 데 있습니다. 업계의 흐름이나 트렌드를 포착하여, 이를 고객의 상황과 연결해 구체적인 비전과 실행의 그림을 보여줍니다. 고객은 이들과의 만남을 통해 단순히 제품을 구매하는 것이 아니라, 자신의 사업이나 조직이 한 단계 도약할 수 있는 기회를 얻게 됩니다. 이런 경험은 고객에게 '영감'과 '성장'이라는 감정적 가치를 선사합니다.

(3) 관계 구축 영역(Relationship Building) 에 강점이 집중된 사람들은 개별 거래를 넘어 '관계 생태계'를 구축합니다. '공감(Empathy®)', '개별화(Individualization®)', '절친(Relator®)', '화합(Harmony®)' 등이 결합되면, 각 고객을 깊이 있게 이해하고 그들만의 고유한 가치와 동기를 파악하는 탁월한 능력을 발휘합니다.

이들의 특별함은 단일 고객과의 관계가 자연스럽게 네트워크 전체로 확장되는 데 있습니다. 한 고객이 만족하면 그의 동료, 친구, 파트너들에게까지 자발적으로 추천이 이어집니다. 왜냐하면 고객들이 이들을 단순한 '공급업체'가 아닌 '진정한 조언자'로 인식하기 때문입니다. 이런 관계는 시간이 지날수록 더욱 견고해지며, 결국 '충성도'와 '소속감'이라는 감정적 가치를 만들어냅니다.

(4) 전략적 사고 영역(Strategic Thinking) 에 강점이 집중된 사람들은 복잡한 비즈니스 환경에서 '명확성'과 '방향성'을 제공하는 나침반 역할을 합니다. '전략(Strategic®)', '분석(Analytical®)', '미래지향(Futuristic®)', '발상(Ideation®)' 등이 결합되면, 표면적 현상 뒤의 본질적 문제를 꿰뚫어 보고, 장기적 관점에서 최적의 해결책을 설계하는 능력을 발휘합니다.

이들의 독특한 가치는 고객이 당면한 문제를 단편적으로 해결하는 것이 아니라, 전체적이고 체계적인 관점에서 접근한다는 데 있습니다. 현재의 문제가 어떤 맥락에서 발생했는지, 이를 해결했을 때 어떤 파급효과가 있을지, 미래에는 어떤 변화가 예상되는지까지 종합적으로 고려합니다. 고객은 이들과의 협업을 통해 단순한 문제 해결을 넘어 '지혜'와 '통찰'이라는 감정적 가치를 얻게 됩니다.

이처럼 강점 집중은 자연스럽게 자신만의 뚜렷한 세일즈 브랜드로 연결됩니다. 특정 강점에 깊이 몰두하다 보면 고객과 동료들은 당신을 '믿을 수 있는 실행 전문가', '변화를 만드는 영향력 리더', '깊은 신뢰를 구축하는 관계의 달인', 또는 '창의적이고 통찰력 있는 지략가'로 기억하게 됩니다.

이렇게 명확히 정의된 개인 브랜드는 치열한 경쟁 속에서도 고객의 선택을 받는 결정적인 이유가 됩니다. 고객이 특정한 니즈나 상황에 직면했을 때, 자연스럽게 당신을 떠올리게 되는 것입니다. "이런 복잡한 일은 김 과장에게 맡기면 확실해" 또는 "새로운 아이디어가 필요할 때는 박 대리가 최고야"라는 식으로 말이죠.

5. 강점이 특정 영역에 집중된 사람의 세일즈 전략

자신의 강점이 특정 영역에 집중된 사람은 자신의 성과 패턴을 정확히 파악하고 이를 적극적으로 관리할 수 있습니다. 예컨대, 관계 구축 영역에 강점이 집중된 사람은 장기 고객 관리에 탁월한 능력을 발휘하며, 영향력 영역에 강점이 집중된 사람은 혁신적 프로젝트나 새로운 시장 개척에서 뛰어난 성과를 냅니다.

이처럼 자신이 언제, 어디서 가장 효과적일지 정확히 알 수 있기에 세일즈 현장에서 더욱 예측 가능하고 안정적인 성과를 유지할 수 있습니다. 또한 자신의 강점이 발휘되는 기회를 적극적으로 찾아가거나 만들어낼 수도 있죠.

(1) 실행력 영역 집중형 – "완벽한 실행력으로 고객의 신뢰를 얻는다"

성취(Achiever®), 정리(Arranger®), 신념(Belief®), 공정성(Consistency®), 심사숙고(Deliberative®), 체계(Discipline®), 집중(Focus®), 책임(Responsibility®), 복구(Restorative™)

실행력 영역에 강점이 집중된 사람들은 '믿음직한 실행자'의 역할을 합니다. 이들의 핵심 전략은 완벽한 약속 이행을 통한 신뢰 구축입니다.

고객과의 모든 약속을 철저히 관리하고 완벽히 이행하여 깊은 신뢰를 구축합니다. 단순히 약속을 지키는 것을 넘어서, 고객이 기대하는 것보다 더 빠르고 정확하게 처리하여 '이 사람과 일하면 안심이다'라는 확신을 심어줍니다. 또한 체계화된 업무 프로세스와 명확한 목표 설정으로 예측 가능한 서비스와 일관된 품질을 제공하며, 철저한 성과 지표 관리와 데이터 분석으로 지속적으로 개선하고 성장합니다.

(2) 영향력 영역 집중형 – "고객의 마음을 움직이는 영향력 행사자"

행동(Activator®), 주도력(Command®), 커뮤니케이션(Communication®), 승부(Competition®), 최상화(Maximizer®), 자기확신(Self-Assurance®), 존재감(Significance®), 사교성(Woo®)

영향력 영역에 강점이 집중된 사람들은 '비전을 제시하는 리더'가 됩니다. 이들은 고객의 사고방식을 바꾸고 새로운 가능성을 열어주는 역할을 합니다.

업계 트렌드를 적극 활용하여 고객에게 새로운 가능성과 비전을 제시하고, 뛰어난 스토리텔링과 설득력으로 고객의 감성을 자극하여 마음을 움직입니다. 또한 고객 조직 내에 변화를 촉진시키고, 그 변화를 위한 구체적 로드맵을 제시하여 혁신을 이끌어냅니다. 논리적 설득보다는 감성적 공감을 통해 의사결정을 이끌어내는 것이 이들의 특기입니다.

(3) 관계 구축 영역 집중형 – "신뢰와 관계를 기반으로 장기적 성공을 만든다"

적응(Adaptability®), 연결성(Connectedness®), 개발(Developer®), 공감(Empathy®), 화합(Harmony®), 포용(Includer®), 개별화(Individualization®), 긍정(Positivity®), 절친(Relator®)

관계 구축 영역에 강점이 집중된 사람들은 '신뢰의 네트워크 구축자'가 됩니다. 이들은 장기적인 파트너십을 통해 성과를 만들어냅니다.

고객 조직의 개별 구성원을 깊이 이해하고 맞춤형 접근을 통해 신뢰를 쌓으며, 고객과의 인간적 유대감을 강화하여 단순한 비즈니스를 넘어 지속적인 파트너십을 형성합니다. 신뢰를 기반으로 자연스럽게 고객의 추천을 통해 비즈니스를 확장하는 것이 이들의 강점입니다. 비즈니스 관계를 넘어서 인간적인 유대감을 형성하고, 고객의 개인적 관심사나 가치관까지 이해하고 공감합니다.

(4) 전략적 사고 영역 집중형 – "창의적이고 전략적인 문제 해결 전문가"

분석(Analytical®), 회고(Context®), 미래지향(Futuristic®), 발상(Ideation®), 수집(Input®), 지적사고(Intellection®), 배움(Learner®), 전략(Strategic®)

전략적 사고 영역에 강점이 집중된 사람들은 '솔루션 아키텍트'의 역할을 합니다. 이들은 복잡한 문제를 해결하는 전문가가 됩니다.

고객의 문제를 심층 분석하고 근본적이고 장기적인 해결책을 제시하며, 여러 관점에서 상황을 종합적으로 분석하고 창의적인 접근법을 제시하여 고객의 기대를 뛰어넘습니다. 고객의 미래 비전을 함께 그리며 고객의 전략적 파트너로서 자리매김하는 것이 이들의 목표입니다. 고객도 모르는 잠재적 니즈를 발견하여 더 큰 가치를 제공하고, 현재 상황을 바탕으로 미래의 변화를 예측하여 고객이 미리 준비할 수 있도록 돕습니다.

6. 강점이 특정 영역에 집중될 때 주의해야 할 점

강점이 특정 영역에 몰려 있다고 해서 반드시 문제가 되는 것은 아니지만, 몇 가지 유의할 부분이 있습니다.

첫째, 부족한 부분을 인식해야 합니다. 특정 영역이 두드러지면 상대적으로 약한 영역에 대한 이해와 경험이 부족할 수 있습니다. 예를 들어, 실행력에만 강점이 집중된 사람은 새로운 기회를 발굴하거나 혁신적인 아이디어를 내는 데 한계를 느낄 수 있습니다. 관계 구축에 강점이 몰려 있는 경우에는 성과 지향적인 실행이 부족할 수 있습니다. 이럴 때는 의도적으로 다른 영역을 보완할 수 있는 동료와 협력하거나, 관련 시스템을 활용해 균형을 맞추는 것이 필요합니다.

둘째, 과도한 사용의 부작용을 주의해야 합니다. 강점은 충분히 활용될 때 탁월한 힘을 발휘하지만, 지나치게 사용되면 오히려 약점으로 보일 수 있습니다. 관계 구축에만 치중하면 결과 도출에 소홀해지고, 전략적 사고에만 의존하면 실행력이 떨어질 수 있습니다. 반대로 영향력에만 집중하면 관계를 세밀하게 다지는 과정에서 놓치는 부분이 생길 수 있습니다. 따라서 정기적으로 스스로를 점검하고, 강점을 언제 얼마나 사용해야 하는지 의식적으로 조절할 필요가 있습니다.

셋째, 균형을 설계해야 합니다. 강점이 특정 영역에 편중되어 있다는 사실 자체가 잘못된 것은 아닙니다. 오히려 그 편중이 나만의 고유한 차별성을 만들어줄 수 있습니다. 중요한 것은 부족한 영역을 억지로 키우기보다는, 필요할 때 다른 강점을 가진 동료와 협업해 보완하고 팀 차원에서 강점이 조화를 이루도록 하는 것입니다. 팀의 강점 지도를 활용하면 개인의 편중은 약점이 아니라, 집단 속에서 더욱 빛나는 자산이 될 수 있습니다.

결국 핵심은 자신이 가진 강점의 분포를 정확히 이해하고, 그 사용 강도를 의도적으로 관리하는 데 있습니다. 강점은 방향과 균형을 갖출 때 더 큰 힘을 발휘합니다. 편중을 두려워하기보다는, 그것이 가져올 수 있는 기회와 리스크를 모두 인식하고 현명하게 활용하는 태도가 필요합니다.

7. 세일즈에 불리한 강점이란 없다: 과소 평가된 10가지 강점의 재발견

"저는 공정성(Consistency®) 강점이 있는데, 이 테마는 규칙만 중시하고 융통성이 부족하다는 뜻 같아서 세일즈에 도움이 되는지 의문입니다."

"심사숙고(Deliberative®) 테마가 저의 강점인데, 저는 평소에도 생각이 많으니 세일즈에 적합하지 않은 것 같아요. 영업할 때는 빠른 판단이 중요하잖아요."

이런 질문들을 들을 때마다 안타까운 마음이 듭니다. 많은 사람들이 자신의 강점을 제대로 평가하지 못하고, 심지어 그것을 약점으로 여기며 스스로를 세일즈에 부적합한 사람이라고 단정짓기 때문입니다.

이는 완전히 잘못된 생각입니다. 세일즈 현장에서 진정으로 차별화를 만드는 것은 화려한 프레젠테이션 기술이나 적극적인 성격이 아닙니다. 오히려 남들이 간과하기 쉬운 강점 테마들이 고객에게 깊은 신뢰와 안정감을 주며, 장기적으로 더 큰 성과를 만들어내는 경우가 많습니다.

지금부터 소개할 10가지 강점 테마는 많은 사람들이 '세일즈에 불리하다'고 오해하는 대표적인 강점들입니다. 하지만 실제로는 이들이야말로 진정한 세일즈의 보석들입니다.

(1) 공정성(Consistency®) - 신뢰의 기준점을 만드는 힘

- **잘못된 선입견:** "공정함을 추구하면 특정 고객에게 특혜를 줄 수 없어서 세일즈에 불리하다."
- **실제 세일즈 활용법:** 공정성(Consistency®) 강점을 가진 사람은 모든 고객을 일관되게 대하는 원칙을 가지고 있습니다. 이는 고객들에게 '이 사람은 절대 거짓말하지 않는다', '누구에게나 같은 기준을 적용한다'는 강력한 신뢰감을 줍니다. 특히 B2B 세일즈에서 이 강점은 빛을 발합니다. 입찰 과정에서 투명하고 공정한 절차를 제안하고, 경쟁사와의 비교에서도 객관적인 기준을 제시합니다. 따라서 고객은 당신을 '편파적이지 않은 조언자'로 인식하게 되고, 이는 결국 더 큰 신뢰로 이어집니다. 또한 팀에서는 명확한 원칙과 공정한 역할 분담을 통해 불필요한 갈등을 예방하고, 모두가 동등한 기회를 가지고 성과에 집중할 수 있도록 합니다.

(2) 체계(Discipline®) - 예측 가능한 품질로 차별화하기

- **잘못된 선입견:** "너무 체계적이면 융통성이 없어 보여서 고객이 부담스러워한다."
- **실제 세일즈 활용법:** 체계(Discipline®) 강점은 고객에게 '예측 가능성'이라는 큰 가치를 제공합니다. 복잡한 프로젝트나 장기간의 계약에서 고객이 가장 두려워하는 것은 '예상치 못한 변수'입니다. 체계적인 영업사원은 모든 과정을 명확히 정의하고 단계별로 체크포인트를 설정하여 고객의 불안감을 해소합니다. 특히 제안서 작성, 프로젝트 진행, 사후 관리까지 모든 과정에서 일관된 품질을 유지합니다. 따라서 고객은 '이 사람과 일하면 절대 놓치는 것이 없다'는 확신을 갖게 되고, 이는 재계약과 추천으로 이어집니다. 또한 체계적인 데이터 관리를 통해 고객의 패턴을 파악하고 최적의 타이밍에 제안할 수 있습니다.

(3) 심사숙고(Deliberative®) - 신중함이 만드는 완벽한 솔루션

- **잘못된 선입견:** "결정이 느려서 빠른 세일즈 환경에 맞지 않는다."
- **실제 세일즈 활용법:** 심사숙고(Deliberative®) 강점은 '위험 관리 전문가'로서의 가치를 발휘합니다. 고객이 중요한 의사결정을 앞두고 있을 때, 성급한 결정으로 인한 리스크를 미리 파악하고 이를 예방하는 역할을 합니다. 특히 고액 딜이나 장기 계약에서 이 강점은 필수적입니다. 모든 가능한 시나리오를 검토하고, 잠재적 문제점을 사전에 식별하여 완벽한 솔루션을 제시합니다. 따라서 고객은 '이 사람이 추천하

는 것은 확실하다'는 믿음을 갖게 되고, 실제로 실패 확률이 현저히 낮아집니다. 신중한 검토 과정 자체가 고객에게는 '전문성'의 증거가 됩니다.

(4) 집중(Focus®) - 목표를 향한 일직선의 힘

- **잘못된 선입견:** "한 가지에만 집중하면 다양한 기회를 놓친다."
- **실제 세일즈 활용법:** 집중(Focus®) 강점은 '선택과 집중'을 통한 최대 효율을 만들어냅니다. 여러 고객을 동시에 관리할 때도 우선순위를 명확히 하고, 각 고객에게 집중할 때는 완전히 몰입합니다. 특히 업계의 특색이나 제품에 깊이 집중하여 해당 분야의 전문가로 인정받습니다. 따라서 고객은 '이 사람은 우리 업계를 정말 잘 안다'는 느낌을 받게 되고, 이는 신뢰도를 크게 높입니다. 또한 미팅 중에는 다른 일에 신경 쓰지 않고 오직 고객에게만 집중하는 모습이 고객에게 '나를 중요하게 여긴다'는 특별함을 느끼게 합니다.

(5) 복구(Restorative™) - 문제 해결의 전문가

- **잘못된 선입견:** "문제에만 관심이 있어서 긍정적인 영업 분위기를 만들지 못한다."
- **실제 세일즈 활용법:** 복구(Restorative™) 강점은 고객의 '문제 해결사'로서 독특한 포지션을 만들어냅니다. 고객이 현재 겪고 있는 문제점을 정확히 진단하고, 이를 해결할 수 있는 최적의 방안을 제시하는 능력

이 탁월합니다. 특히 기존 시스템이나 프로세스에 문제가 있는 고객에게는 '구원자' 같은 존재가 됩니다. 문제의 근본 원인을 파악하고 단계적 해결책을 제시하여 고객의 신뢰를 얻습니다. 또한 경쟁사 제품으로 인해 문제를 겪고 있는 고객들에게 '대안 제시자'로서 접근할 수 있으며, 이는 매우 강력한 세일즈 기회가 됩니다.

(6) 적응(Adaptability®) - 변화하는 상황의 마스터

- **잘못된 선입견:** "계획성이 없어 보여서 체계적인 세일즈 관리가 어렵다."
- **실제 세일즈 활용법:** 적응(Adaptability®) 강점은 예측 불가능한 세일즈 환경에서 '유연성의 전문가'가 됩니다. 고객의 갑작스러운 요구 변경이나 시장 상황 변화에 빠르게 대응하여 오히려 기회로 만들어냅니다. 특히 프로젝트 진행 중 변경사항이 많은 업종이나, 빠르게 변화하는 스타트업 고객들에게 매우 유용합니다. '이 사람은 어떤 상황에도 맞춰준다'는 신뢰를 받게 되고, 까다로운 고객들도 편안하게 협업할 수 있게 됩니다. 또한 경쟁사들이 대응하기 어려운 복잡한 요구사항에도 창의적으로 접근하여 독점 기회를 만들어냅니다.

(7) 연결성(Connectedness®) - 관계의 의미를 만드는 힘

- **잘못된 선입견:** "너무 철학적이고 추상적이어서 실무적인 세일즈에 도움이 안 된다."

- **실제 세일즈 활용법:** 연결성(Connectedness®) 강점은 단순한 거래를 '의미 있는 파트너십'으로 승화시킵니다. 고객과의 관계를 더 큰 맥락에서 이해하고, 양쪽 모두에게 도움이 되는 윈-윈 구조를 만들어냅니다. 특히 사회적 가치나 지속가능성을 중시하는 고객들에게 강력한 어필을 합니다. 단순히 제품을 파는 것이 아니라 '함께 더 나은 세상을 만든다'는 비전을 제시하여 고객의 마음을 움직입니다. 또한 서로 다른 고객들 간의 연결고리를 만들어 네트워크 효과를 창출하고, 이를 통해 새로운 비즈니스 기회를 발굴합니다.

(8) 회고(Context®) - 과거에서 찾는 미래의 해답

- **잘못된 선입견:** "과거에만 매달려서 혁신적인 제안을 하지 못한다."
- **실제 세일즈 활용법:** 회고(Context®) 강점은 '역사적 통찰력'을 바탕으로 한 깊이 있는 조언을 제공합니다. 고객의 과거 경험과 현재 상황을 연결하여 왜 특정 솔루션이 필요한지 설득력 있게 설명합니다. 특히 오랜 역사를 가진 기업이나 전통적인 업종의 고객들에게 강한 신뢰감을 줍니다. 업계의 변천사와 트렌드를 깊이 이해하고 있어 '이 사람은 우리 업계를 정말 잘 안다'는 평가를 받습니다. 또한 과거의 실패 사례를 분석하여 같은 실수를 반복하지 않는 솔루션을 제시하여 리스크를 최소화합니다.

(9) 지적사고(Intellection®) - 깊이 있는 사고의 힘

- **잘못된 선입견:** "너무 생각만 하고 행동이 느려서 실전에 약하다"
- **실제 세일즈 활용법:** 지적사고(Intellection®) 강점은 '사고의 깊이'를 통해 차별화된 가치를 제공합니다. 표면적인 요구사항 뒤에 숨어있는 진짜 니즈를 파악하고, 고객도 미처 생각하지 못한 관점을 제시합니다. 특히 복잡한 기술이나 솔루션을 고객이 이해하기 쉽게 설명하는 능력이 탁월합니다. 단순히 제품 기능을 나열하는 것이 아니라, 그것이 고객의 비즈니스에 어떤 의미를 갖는지 철학적이고 논리적으로 설명합니다. 이런 깊이 있는 접근은 의사결정권자들에게 강한 인상을 남기며, '전문성'의 상징이 됩니다.

(10) 배움(Learner®) - 지속적 성장의 동반자

- **잘못된 선입견:** "항상 배우려고만 해서 전문성이 부족해 보인다"
- **실제 세일즈 활용법:** 배움(Learner®) 강점은 '성장 파트너'로서의 독특한 포지션을 만들어냅니다. 고객의 업종과 비즈니스를 깊이 이해하려는 열정이 고객에게는 '진정성'으로 전달됩니다. 특히 새로운 기술이나 트렌드를 빠르게 습득하여 고객에게 최신 정보를 제공하는 '업계 정보의 허브' 역할을 합니다. 또한 고객과 함께 배우고 성장하는 모습을 보여주어 '동반 성장하는 파트너'라는 인식을 심어줍니다. 실수나 실패에서도 배움의 기회를 찾아 지속적으로 개선하는 모습이 고객에게 신뢰감을 줍니다.

결론: 당신의 강점은 이미 완벽하다

과소 평가된 10개의 강점 테마는 우리에게 다른 시각을 열어 줍니다. 세일즈에서 불리하게 작용하는 강점은 따로 존재하지 않습니다. 다만 각 강점이 어떤 방식으로 발휘되느냐에 따라 결과가 달라질 뿐입니다.

언뜻 보기에는 세일즈와 거리가 있어 보이는 강점들도 있습니다. 하지만 그 속에는 다른 사람들이 쉽게 따라 할 수 없는 차별성이 숨어 있습니다. 바로 그 차이가 당신만의 세일즈 스타일을 만들고, 고객에게 독창적인 가치를 전할 수 있는 기반이 됩니다.

이제 세일즈의 성공은 화려한 언변이나 공격적인 설득력에서만 나오지 않습니다. 고객은 자신을 이해해 주는 태도, 문제를 해결해 주는 전문성, 그리고 오래도록 신뢰할 수 있는 관계를 더 크게 평가합니다. 바로 이 지점에서 당신의 강점은 자연스럽게 힘을 발휘합니다.

당신이 가진 강점을 약점으로 오해할 필요는 없습니다. 그 강점들이 모여 고객과의 신뢰를 쌓고, 지속 가능한 성과를 만드는 원천이 되기 때문입니다. 세일즈는 누군가의 방식을 흉내 내는 일이 아니라, 자신만의 강점을 통해 고객의 마음을 얻는 과정입니다.

8. 강점 조합의 시너지로 성과 극대화하기

나의 강점 테마들은 서로 조합될 때 폭발적인 시너지를 발휘합니다. 우리는 이미 개별 강점이 세일즈 현장에서 어떻게 발현되는지 충분히 이해했습니다. 물론 하나의 강점만으로도 의미 있는 성과를 낼 수 있습니다. 하지만 실제 현장에서는 대부분 두 가지 이상의 강점이 서로 영향을 주고받으며, 훨씬 강력한 '나만의 세일즈 무기'를 만들어냅니다.

이는 단순히 두 강점을 나란히 사용하는 수준을 넘어, 서로가 서로를 보완하고 증폭시켜 완전히 새로운 차원의 영향력을 발휘하는 과정입니다. 이 조합의 힘을 제대로 이해하고 활용하는 순간, 단일 강점으로는 불가능했던 탁월하고 지속 가능한 성과를 창출할 수 있습니다.

나의 강점 테마의 조합은 세일즈 현장에서 다음과 같이 놀라운 효과를 만들어냅니다.

(1) 접근 방식의 다각화: 새로운 길이 열립니다

강점 조합은 단일 강점으로는 상상하기 어려운 새로운 접근법을 창조합니다. 예를 들어, 개별화(Individualization®) 와 배움(Learner®) 강점을 함께 가진 영업사원은 고객마다 다른 특성과 요구를 세심히 파악하면서도, 새로운 산업 지식과 시장 정보를 빠르게 습득해 즉각 맞춤형 솔루션을 제시합니다. 이들은 상황마다 전혀 다른 '맞춤형 접근법'을 만들어내며, 고객에게 "나만을 위한 제안"이라는 강력한 경험을 선사합니다.

그렇다면, 미래지향(Futuristic®) 과 책임(Responsibility®) 의 조합은 어떨까요? 생생하게 미래의 가능성을 그려내는 비전과 약속을 끝까지 지켜내는 신뢰감이 더해져, 고객에게 단순한 아이디어가 아닌 "실제로 실현될 미래"를 제시합니다. 비전 제시와 실행 책임이 완벽하게 결합되며, 고객은 장기적인 파트너십의 안정감과 확신을 동시에 얻게 됩니다.

(2) 약점은 보완하고, 강점은 증폭됩니다

강점들의 조합은 서로의 맹점을 자연스럽게 보완합니다. 신중함이 특징인 심사숙고(Deliberative®)는 자칫 행동의 타이밍을 놓칠 수 있지만, 여기에 추진력을 더하는 행동(Activator®)이 결합되면 어떻게 될까요? 신중함과 추진력이 만나면 '계산된 과감함'이 탄생하여, 위험요소를 철저히 검토한 후 최적의 순간에 놓치지 않고 과감하게 실행하는 독특한 세일즈 스타일을 만들어냅니다.

마찬가지로 복구(Restorative™)와 존재감(Significance®)의 조합은 문제 해결과 영향력을 동시에 발휘합니다. 복구(Restorative™) 강점을 가진 사람은 고객의 문제를 빠르게 진단하고 실질적인 해결책을 제시하는 데 탁월합니다. 여기에 존재감(Significance®) 강점이 더해지면, 단순한 문제 해결을 넘어 고객이 체감할 수 있는 임팩트와 가치를 만들어냅니다. 고객은 "이 팀은 문제를 해결하는 데 그치지 않고, 우리 비즈니스의 미래에도 중요한 변화를 가져올 수 있다"는 확신을 얻게 됩니다. 이처럼 실행과 설득, 안정과 영향력이 보완적으로 결합될 때 강점 시너지는 가장 강력한 힘을 발휘합니다.

(3) 어떤 고객이든 유연하게 사로잡습니다

세상에 똑같은 고객은 없습니다. 따라서 하나의 강점만으로는 다양한 고객의 니즈에 효과적으로 대응하기 어렵습니다. 하지만 여러 강점이 조합되어 있다면, 상황과 고객에 맞춰 최적의 카드를 꺼내 들 수 있습니다.

예를 들어, 포용(Includer®)과 분석(Analytical®) 테마를 함께 가진 사람은 소외감을 느끼는 고객에게는 포용적인 태도로 다가가 신뢰를 쌓고, 논리적 근거를 중시하는 고객에게는 데이터 기반의 분석력을 제시할 수 있습니다. 따뜻함과 논리 사이를 자유롭게 오가며 고객의 마음과 머리를 동시에 사로잡는 것이죠.

또한 자기확신(Self-Assurance®)과 심사숙고(Deliberative®)처럼 상반되어 보이는 조합은 대담한 확신 속에서도 위험을 꼼꼼히 점검하는 균형을 만들어냅니다. 덕분에 고객 앞에서는 흔들림 없이 자신감을 보여주면서도, 실제 실행 단계에서는 실수를 최소화해 신뢰를 두텁게 쌓을 수 있습니다.

(4) 성장의 속도를 가속시킵니다

하나의 강점을 발전시키는 데는 한계가 있을 수 있습니다. 하지만 두 개 이상의 강점이 유기적으로 작동하면 학습, 실행, 신뢰 구축 등 모든 면에서 성장의 가속도가 붙습니다. 배움(Learner®)과 책임(Responsibility®)을 함께 가진 사람은 새로운 지식을 빠르게 습득하는 능력에, 한번 뱉은 말은 반드시 지키는 신뢰성을 더합니다. 이는 고객에게 '끊임없이 성장하며 믿을 수 있는 전문가'라는 인식을 단시간에 심어줍니다.

이러한 강점은 특히 신제품을 론칭하거나 새로운 시장에 진출할 때 압도적인 장점이 됩니다. 모르는 것을 빠르게 배우면서도 고객과의 약속은 철저히 지키는 모습, 이것이 바로 '성장하는 신뢰'라는 독보적인 가치입니다.

9. 나만의 '강점 시너지'를 만드는 3단계 실천 전략

강점을 아는 것은 시작일 뿐, 진짜 마법은 그 강점을 '어떻게 사용하느냐'에 달려있습니다. 이제부터 간단한 3단계 안내를 통해, 이 강력한 조합을 당신의 손에 쥐어진 필살기로 만들어 보겠습니다. 한 단계씩 차근차근 따라오시면, 어느새 자신만의 세일즈 무기를 갖게 될 것입니다.

[1단계] 나만의 '성공 레시피' 발견하기: 강점 조합 패턴 파악

훌륭한 셰프가 자신만의 대표 요리를 위해 최고의 식재료 조합을 알고 있듯이, 우리도 자신의 강점 조합을 이해하는 과정이 필요합니다. 먼저 CliftonStrengths® 강점 진단 결과(CliftonStrengths® 34 리포트 또는 Top 5 리포트)를 펼쳐놓고, 당신의 핵심 재료가 무엇인지 살펴보세요.

여기서 가장 흥미로운 지점은, 나의 강점들이 서로 어떻게 짝을 이루며 시너지를 만들어내는지를 발견하는 것입니다. 같은 영역의 강점들이 만나 특정 분야의 전문가로 성장하게 해주기도 합니다. 예를 들어 같은 실행력 영역의 테마인 성취(Achiever®)와 집중(Focus®)이 결합하면 강력한 '목표 추진 엔진'을 장착한 사람으로 성장할 수 있습니다.

반대로 서로 다른 영역의 강점들이 조화를 이루면, 다재다능한 멀티 플레이어로서의 역량이 드러나기도 합니다. 예를 들어, 상위 5개 강점 안에 성취(Achiever®), 공감(Empathy®), 전략(Strategic®)이 함께 있다면 당신은 어떤 셰프일까요? 단순히 성과를 내는 사람이 아니라, '목표를 끝까지 완수하면서(성취), 고객의 마음을 깊이 이해하고(공감), 가장 효과적인 길을 찾아내는(전략)' 능력을 갖춘, 바로 '성과를 창출하는 공감형 성취자'라 정의할 수 있습니다. 이것이 곧 당신만의 세일즈 포지셔닝이 되는 것입니다.

[2단계] '나만의 전략 지도' 그리기: 세일즈 프로세스에 강점 대입

성공 레시피를 발견했다면, 이제 실제 요리(세일즈) 과정에 어떻게 적용할지 구체적인 계획을 세울 차례입니다. 나의 강점 조합을 세일즈 프로세스라는 '전략 지도' 위에 펼쳐보는 것입니다. 이를 통해 언제, 어떤 강점을 꺼내 들어야 가장 효과적인지 한눈에 파악하고, 전체 세일즈 흐름을 주도적으로 설계할 수 있습니다.

아래 표는 각 세일즈 단계에서 어떤 강점 조합이 시너지를 낼 수 있는지 보여주는 하나의 예시입니다. 물론 이 조합이 유일한 정답은 아닙니다. 중요한 것은 이 표를 참고하여 '자신만의 세일즈 각본'을 만드는 것입니다. 당신의 강점 프로필을 바탕으로, 각 단계에서 가장 강력한 시너지를 낼 수 있는 '나만의 필살기 조합'은 무엇일지 직접 채워보세요. 이 과정 자체가 당신의 영업 활동을 한 차원 높은 수준으로 끌어올리는 구체적인 전략이 될 것입니다.

세일즈 단계	강점 테마 조합	활용 효과
고객 발굴	사교성(Woo®) + 전략(Strategic®)	의미 있는 네트워킹으로 잠재고객을 발굴하고 기회로 연결한다
니즈 파악	공감(Empathy®) + 분석(Analytical®)	고객의 말과 데이터 뒤에 숨은 진짜 니즈를 파악한다
솔루션 제안	최상화(Maximizer®) + 커뮤니케이션(Communication®)	최고의 솔루션을 가장 설득력 있는 방식으로 전달한다
계약 성사	행동(Activator®) + 책임(Responsibility®)	빠른 실행력으로 계약을 주도하고, 그 결과까지 완벽하게 책임진다
사후 관리	절친(Relator®) + 개발(Developer®)	깊은 신뢰 관계를 기반으로 고객의 장기적인 성장을 돕는다

[3단계] '나만의 강점 시나리오' 완성하기: 강점의 흐름을 스토리로 만들기

전략 지도를 완성했다면 이제 그 지도를 실제 상황 속에서 살아 움직이는 이야기로 바꿔야 합니다. 강점은 각각 따로 떼어놓고 보면 성격 특성처럼 보일 수 있지만, 그것이 하나의 흐름으로 이어질 때 비로소 자신만의 독창적인 세일즈 방식이 됩니다.

가장 좋은 방법은 자신의 Top 5 강점을 하나의 이야기로 엮어보는 것입니다. 예를 들어, 어떤 사람의 Top 5가 수집(Input®), 공감(Empathy®), 전략(Strategic®), 책임(Responsibility®), 성취(Achiever®)라면, 다음과 같은 흐름이 가능합니다.

"나는 먼저 수집(Input®) 강점을 통해 고객과 시장에 대한 정보를 철저히 모아 만남을 준비한다. 고객을 직접 만나서는 공감(Empathy®) 강점으로 그의 상황과 감정에 깊이 이입하며 신뢰를 쌓는다. 대화 속에서 파악한 핵심 문제를 바탕으로 전략(Strategic®) 강점을 활용해 최적의 해결책을 구상해 제시한다. 이후에는 책임(Responsibility®) 강점을 발휘해 약속한 모든 것을 완벽히 이행하고, 마지막으로 성취(Achiever®) 강점을 통해 결과를 끝까지 완수한다."

이처럼 각 강점이 차례차례 연결되며 하나의 흐름을 만들면, 그것은 더 이상 단순한 강점 나열이 아니라 나만의 성공 스토리가 됩니다. 머릿속으로 이 시나리오를 그려보기만 해도 실제 현장에서의 성공 확률은 높아집니다. 왜냐하면 강점을 '떠올려야 하는 것'에서 '몸에 밴 반응'으로 전환시키는 훈련이 되기 때문입니다.

여기서 중요한 포인트는 억지로 멋진 문장을 만들 필요가 없다는 것입니다. 자신의 Top 5 강점이 자연스럽게 발휘되는 순간을 떠올리고, 그것이 어떤 순서로 흐르는지 기록하면 됩니다. 그렇게 만든 시나리오는 단순한 연습 도구가 아니라, 실제 영업 현장에서 나를 지탱해주는 가장 강력한 무기가 됩니다.

강점 조합 성공 사례: 김 팀장의 이야기

제가 코칭했던 제조업 B2B 영업팀의 김 팀장은 처음에는 자신의 강점을 제대로 활용하지 못하고 있었습니다. 고객 미팅 전에 수많은 자료를 준비했지만, 막상 대화에서는 단순히 데이터를 나열하는 데 그쳤습니다. 배우는 것에 열정이 있었지만 새로 습득한 지식을 영업 과정에 연결하지 못했습니다. 또한 고객의 상황을 구분해 접근할 수 있는 개별화(Individualization®) 강점이 있었지만, 실제로는 대부분의 고객에게 비슷한 방식으로 제안서를 작성하곤 했습니다.

코칭 과정에서 저는 그가 가진 분석(Analytical®), 배움(Learner®), 개별화(Individualization®) 강점이 따로따로 쓰일 때는 힘이 분산되지만, 서로 연결될 때 큰 시너지를 낼 수 있다는 점을 강조했습니다. 김 팀장은 이후 고객사에 들어가기 전 기술 환경을 꼼꼼히 분석하고(Analytical®), 그 과정에서 필요한 최신 기술 정보를 빠르게 학습해 자신의 언어로 정리했으며(Learner®), 그 자료를 바탕으로 각 기업의 상황에 맞는 맞춤형 솔루션을 제안하는 방식으로 접근하기 시작했습니다(Individualization®).

이러한 작은 변화가 누적되면서 성과가 달라졌습니다. 고객들은 "김 팀장은 우리 상황을 잘 이해하고 있다"는 인상을 받았고, 이전보다 신뢰가 쌓이면서 장기적인 계약으로 이어지는 경우가 많아졌습니다. 김 팀장 스스로도 강점을 개별적으로만 보던 시각에서 벗어나, 조합의 힘을 인식하게 되면서 영업 과정이 훨씬 자신감 있고 체계적으로 바뀌었다고 이야기했습니다.

결론: 누구도 복제할 수 없는 '나만의 세일즈 시그니처'를 완성하라

많은 사람들이 강점을 이야기할 때, "내 강점이 세일즈에 얼마나 도움이 될까?"라는 의문을 가집니다. 하지만 강점은 하나하나 따로 떼어낼 때보다 서로 결합될 때 훨씬 더 강력한 힘을 발휘합니다.

당신이 가진 두세 개의 강점이 조합되어 만들어내는 세일즈 스타일, 전략, 고객 경험은 오직 당신만이 만들어낼 수 있는 독창적인 결과물입니다. 같은 강점을 가진 사람이라도, 그것을 어떤 조합으로 활용하느냐에 따라 전혀 다른 방식으로 고객에게 가치를 전할 수 있습니다.

이제 강점을 개별적으로 보지 말고, '조합'의 관점에서 자신을 이해하고 전략을 설계해 보세요. 강점들이 서로를 어떻게 보완하고 증폭시키는지 관찰하고, 그 시너지를 의도적으로 활용하는 연습을 시작하는 것입니다. 그렇게 할 때, 누구도 복제할 수 없는 당신만의 세일즈 시그니처가 완성됩니다.

2부

강점 테마별 실전 세일즈 전략

4장. 실행력(Executing) 영역: 아이디어를 결과로 바꾸는 힘

"아이디어는 싸다. 실행이 전부다."

이 말은 세일즈 현장에서 특히 실감나는 표현입니다. 화려한 말과 멋진 전략만으로는 고객을 설득할 수 없습니다. 세일즈에서 진정한 경쟁자는 말만 번지르르한 사람이 아니라, 조용히 목표를 세우고 묵묵히 그 계획을 끝까지 밀어붙이는 사람입니다.

실행력(Executing) 영역에 속한 강점들은 바로 이런 유형의 사람들을 만들어냅니다. 이들은 늘 "어떻게 하면 이 일을 실제로 되게 만들 수 있을까?"라는 질문을 스스로에게 던집니다. 단순히 아이디어를 내는 수준에 머무르지 않고, 구체적인 계획을 세우고 그 계획을 현실로 옮겨 놓을 방법을 찾습니다.

고객들은 실행력이 부족한 영업사원을 금방 알아차립니다. 약속을 잘 지키지 못하거나, 계획을 말로만 떠들고 실제 행동으로 보여주지 못하면 신뢰를 잃기 마련입니다. 반대로, 실행력 영역의 강점이 강한 사람은 작은 약속 하나라도 철저히 지키고, 문제가 생기면 끝까지 책임지고 해결하려는 태도로 고객에게 깊은 인상을 남깁니다. 이런 태도는 말보다 훨씬 강력하게 신뢰를 쌓는 힘이 됩니다.

결국 실행력 영역의 강점을 가진 사람은 아이디어를 현실로 끌어내는 데 탁월합니다. 그들은 일을 단순히 '시작하는 것'에서 멈추지 않고, 반드시 마무리하며 결과를 만들어냅니다. 세일즈라는 치열한 현장에서 이런 사람들은 고객에게 "함께 일하면 믿을 수 있는 파트너"라는 확신을 주고, 그 신뢰는 장기적인 성과로 이어집니다.

1. 실행력 영역의 3가지 핵심 가치

(1) 행동으로 증명하는 신뢰

고객이 세일즈맨에게 갖는 궁극적인 질문은 "이 사람이 과연 약속을 지킬까?"입니다. 실행력 영역의 강점은 이 질문에 대해 말로 설명하는 대신 결과로 증명합니다. 이들은 '하겠다'는 말을 '했다'는 현실로 바꾸는 사람들입니다. 고객은 이들의 꾸준한 행동과 책임감 있는 마무리를 통해 '이 사람은 믿을 수 있다'는 견고한 신뢰를 쌓게 됩니다.

(2) 불확실성을 제거하는 안정감

비즈니스 리더는 예측 불가능한 상황을 가장 경계합니다. 실행력 영역의 강점은 이러한 불확실성을 제거하는 가장 확실한 백신입니다. 이들은 체계적인 프로세스와 일관성 있는 실행으로 변수를 통제하고 예측 가능한 결과를 만들어냅니다. 고객은 이들이 주는 안정감을 바탕으로 마음 놓고 장기적인 파트너십을 결정할 수 있습니다.

(3) 결국 '해내는 힘'과 지속성

아무리 뛰어난 아이디어와 전략도 '실행'이 없다면 결과로 이어질 수 없습니다. 실행력의 본질은 바로 어떤 상황에서든 결국 '해내는 힘'입니다. 이들은 목표를 일회성 성공이 아닌, 반복 가능한 시스템으로 구축하는 능력을 갖췄습니다. 이들이 만드는 성과는 반짝하는 이벤트가 아니라, 탄탄한 프로세스를 통해 쌓아 올린 '지속 가능한 실적의 역사'가 됩니다.

2. 실행력 영역에 속한 9가지 강점 테마 분석

(1) 성취(Achiever®)

"오늘 할 일을 끝내지 않으면 잠들 수 없습니다."

성취(Achiever®) 테마는 내면에 잠재된 강력한 '성과의 엔진'입니다. 이 테마가 강한 사람은 매일 무언가를 이뤄내야만 에너지를 얻고 만족감을 느낍니다. 이들에게 '생산성'은 선택이 아닌 필수이며, 하루를 마칠 때 눈에 보이는 결과물이 없으면 공허함을 느낄 정도로 성취에 대한 갈증이 깊습니다. 이 강력한 동력은 때로 방향을 잃을 수도 있지만, 언제나 그 사람과 함께하며 행동을 이끌어냅니다.

세일즈 현장에서 성취(Achiever®) 테마가 발현되는 방식
세일즈 현장에서 성취(Achiever®)는 '지치지 않는 실행력'으로 나타납니다. 다른 사람이 보기에는 벅찬 수의 콜이나 미팅도 이들은 거뜬히 해냅니다. 오히려 바쁘게 움직이지 않으면 무기력함을 느끼기 때문에, 스스로 매일의 목표를 설정하고 달성해 나가는 과정 자체를 즐깁니다. 특히 할 일 목록(To-do list)을 만들고 하나씩 지워나갈 때 가장 큰 만족감을 얻으며, 이러한 꾸준함은 단기적인 성과가 중요한 세일즈 사이클에서 엄청난 경쟁력이 됩니다.

성취(Achiever®) 테마가 함정이 될 때

하지만 이 강력한 성취 엔진은 때로 의도치 않은 함정이 되기도 합니다. 오직 '완수' 자체에만 집중한 나머지, 정작 중요한 고객과의 깊이 있는 관계 형성이나 제안의 질을 놓치는 우를 범할 수 있습니다. "오늘 할당량을 채웠는가?"가 유일한 척도가 되면, 양은 채웠지만 질이 떨어지는 '공허한 바쁨'에 빠지기 쉽습니다. 또한, 스스로를 끊임없이 번아웃으로 몰고 가거나, 주변 동료들에게 "저 사람은 왜 저렇게까지 해?"라는 압박감을 주기도 합니다.

성취(Achiever®)를 위한 세일즈 액션 플랜

성취(Achiever®) 테마의 핵심은 '목표를 잘게 쪼개 매일의 승리를 맛보는 것'입니다. 이 에너지를 세일즈 성과로 직결시키려면 다음 전략이 필요합니다.

- **'성과 중심의 할 일 목록' 만들기:** 기존의 할 일 목록을 점검하십시오. '자료 정리', '내부 보고' 같은 항목 대신, 'A급 고객에게 후속 콜 3건', '신규 리드 5건 발굴', '제안서 발송 후 확인 미팅 1건 잡기'와 같이 매출과 직접 연결되는 행동 목표로 목록을 재구성해야 합니다.

- **성취 로그(Achievement Log) 작성**: 매일 저녁, 단순히 '한 일'이 아니라 '오늘 내가 성사시킨 세일즈 성과 3가지'를 기록해 보십시오. CRM에 기록하고 시각적으로 확인하는 것은 이들에게 최고의 보상입니다.

성취(Achiever®) 강점 조합의 시너지 활용

- 집중(Focus®) 테마와 함께라면, 수많은 목표 중 가장 중요한 '단 하나의 목표'에 에너지를 쏟아부어 성과를 극대화합니다.
- 최상화(Maximizer®) 테마와 함께라면, 가장 성공 확률이 높은 A급 고객이나 기존 우수 고객에게 집중하여 최고의 효율을 이끌어냅니다.

[코칭 스토리] "바쁘기만 할 뿐, 성과가 없다고 생각했어요"

얼마 전 코칭했던 김 팀장은 높은 성취(Achiever®) 테마를 가졌지만, 정작 자신의 강점을 세일즈와는 무관하다고 생각했습니다. 그는 늘 누구보다 바빴습니다. 매일 수십 개의 할 일을 처리했지만, 정작 월말에 남는 것은 만족스럽지 못한 영업 실적과 허탈함 뿐이었습니다.

그는 저에게 이렇게 말했습니다. "저는 그냥 부지런한 사람일 뿐, 세일즈를 잘하는 건 다른 재능 같아요. 저에게 성취(Achiever®) 테마는 그냥 일 복 많이 타고난 건 아닐까요?"

저는 그의 '할 일 목록'을 함께 살펴보았습니다. 그곳에는 '내부 회의록 정리', '고객 데이터 백업' 등 중요하지만 직접적인 매출과는 거리가 먼 업무들이 가득했습니다. 그의 성취 엔진은 세일즈가 아닌, '사무 행정'을 향해 공회전하고 있었던 것입니다.

> 저는 김 팀장에게 한 가지 미션을 제안했습니다. "앞으로 한 달간, '오늘의 성취 목록' 최상단 3개를 무조건 '매출과 직결되는 활동'으로 채워보시죠." 우리는 그의 목표를 '계약 성사'에서 '계약을 향한 오늘의 진전'으로 재정의했습니다. 그의 새로운 성취 목록은: '의사 결정권자 컨택 시도', '반응 좋은 고객 대상 추가 제안', '휴면 고객 활성화 콜' 등으로 바뀌었습니다.
>
> 한 달 후, 김 팀장은 놀라운 변화를 보고했습니다. 매출이 오른 것은 물론, 처음으로 '내일에서 성취감을 느낀다'고 말했습니다. 그는 자신의 성취(Achiever®) 테마가 단순한 부지런함이 아니라, 성과를 향해 조준할 때 가장 강력한 세일즈 무기가 된다는 사실을 깨달았습니다. 그의 엔진은 마침내 세일즈라는 트랙 위에서 전속력으로 달리기 시작한 것입니다.

(2) 정리(Arranger®)

"모든 조각을 최적의 위치에 놓는 지휘자입니다."

정리(Arranger®) 테마는 복잡하게 얽힌 상황 속에서 모든 요소를 가장 효율적으로 배열하여 '최적의 합주'를 만들어내는 지휘자의 재능입니다. 이 테마가 강한 사람은 여러 변수를 동시에 고려하고 유연하게 조율하는 멀티태스킹에 능합니다. 이들에게 잘 짜인 계획은 그 자체로 하나의 아름다운 작품이며, 복잡성을 질서로 바꾸는 과정에서 큰 에너지를 얻습니다.

세일즈 현장에서 정리(Arranger®) 테마가 발현되는 방식

세일즈 현장에서 정리(Arranger®)는 '프로젝트 총괄 매니저'의 모습으로 나타납니다. 수많은 고객과의 각기 다른 논의 단계를 머릿속에 그리며 세일즈 파이프라인 전체를 능숙하게 관리합니다. 특히 고객의 복잡한 요구사항을 해결하기 위해 내부의 기술, 재무, 법무팀 등 다양한 이해관계자를 효과적으로 조율하여 '솔루션 팀'을 꾸리는 데 타의 추종을 불허합니다. 예상치 못한 변수가 발생했을 때 당황하지 않고, 마치 지휘자가 연주 파트를 바꾸듯 빠르게 대안을 제시하여 상황을 안정시키는 능력이 탁월합니다.

정리(Arranger®) 테마가 함정이 될 때

하지만 이 뛰어난 조율 능력은 때로 과유불급이 될 수 있습니다. 너무 많은 변수를 고려하고 완벽한 그림을 그리려다 계획이 지나치게 복잡해지거나, 상황에 맞춰 계획을 너무 자주 변경하여 팀원과 고객에게 오히려 혼란을 주기도 합니다. "더 나은 방법이 있을 거야"라며 세부적인 조율에만 몰두하다가, 정작 가장 중요한 '실행'의 타이밍을 놓치는 함정에 빠질 수 있습니다. 유연함이 '변덕'으로 비칠 수 있는 것입니다.

정리(Arranger®) 테마를 위한 세일즈 액션 플랜

정리(Arranger®) 테마의 핵심은 '복잡성을 통제하고 최적의 경로를 설계하는 것'입니다. 이 능력을 세일즈 성과로 연결하려면 다음 전략이 필요합니다.

- **'프로젝트 지휘자(Project Orchestrator)' 되기**: 당신의 역할을 '판매자'가 아닌 '프로젝트 지휘자'로 정의하십시오. 특히 여러 부서의 협력이 필요한 B2B 세일즈나 대형 프로젝트에서, 당신의 강점은 모든 자원을 조율하는 컨트롤 타워가 될 것입니다.
- **계획의 시각화**: 당신의 머릿속에 있는 복잡한 계획을 팀원이나 고객이 이해할 수 있도록 시각화하는 것이 중요합니다. 프로젝트 관리 툴

(Trello, Asana 등)이나 간단한 순서도를 활용해 '누가, 언제, 무엇을' 해야 하는지 명확히 공유하면 실행력이 배가됩니다.

정리(Arranger®) 강점 조합의 시너지 활용

- 전략(Strategic®) 테마와 함께라면, 단순히 눈앞의 조각들을 맞추는 것을 넘어 미래의 가능성까지 내다보는 '신의 한 수'를 둘 수 있습니다.
- 공감(Empathy®) 테마와 함께라면, 사람들의 감정과 성향까지 고려하여 조율하므로, 모두가 기꺼이 따르는 '인간미 넘치는 지휘자'가 될 수 있습니다.

[코칭 스토리] "정리(Arranger®) 테마는 결국 신뢰를 설계하는 힘이었습니다."

최 팀장은 정리(Arranger®) 테마가 높은 사람이었습니다. 프로젝트의 흐름을 꿰뚫어 보고, 여러 부서와 사람들의 일정을 조율하며 자연스럽게 일의 흐름을 만들어내는 능력이 있었습니다. 하지만 그는 자신을 세일즈맨이라고 생각하지 않았습니다. 고객을 설득하거나 계약을 따내는 일은 팀의 다른 구성원이 더 잘한다고 여겼고, 자신은 그저 뒤에서 '판을 맞춰주는' 조력자라고 느끼고 있었습니다.

코칭 초기에도 그는 세일즈 과정에서 자신의 역할이 제한적이라고 말했습니다. "제가 계약서를 받는 사람은 아니잖아요. 그냥 프로젝트 일정이나 조율하는 거죠." 그 말 속에는 '나는 고객 앞에서 돋보이지 않는다'는 인식과, 세일즈에서 어떤 의미 있는 기여를 하고 있는지에 대한 확신이 부족했습니다.

하지만 대형 B2B 프로젝트 하나가 위기를 맞으며 상황이 바뀌었습니다. 고객사는 기술력이나 가격에는 만족했지만, 프로젝트가 지나치게 복잡하다는 이유로 계약을 망설이고 있었습니다. 고객사의 IT팀, 재무팀, 현장 부서뿐 아니라, 당사 내부의 기술지원, 법무, 협력업체까지 얽힌 상황에서, 고객은 '과연 이 프로젝트가 제대로 관리될 수 있을까?'에 대한 불안감을 갖고 있었습니다.

> 리소스를 배치하고 이해관계자들의 업무를 조율하는 일은 최 팀장이 가장 잘 하는 일입니다. 누구보다 전체 구조를 명확하게 이해하고 있었고, 리스크와 병목 포인트를 예측하고, 그에 대한 대안을 이미 머릿속에 정리해 두고 있었습니다.
>
> 그는 고객과의 마지막 미팅에서 제품 중심의 프레젠테이션이 아니라, '프로젝트 운영'과 '실행 시나리오' 그리고 '리스크 관리'를 설명하는 내용을 발표했습니다. 전체 일정과 각 단계의 책임 주체, 예측 가능한 리스크와 대응 전략까지 포함된 계획이었습니다. 이는 고객사 내부에서도 쉽게 보기 어려운 수준의 정돈된 그림이었습니다.
>
> 그 미팅 이후, 계약은 자연스럽게 성사되었습니다. 화려한 언변이나 화끈한 협상보다, 오히려 고객이 불안해했던 신뢰의 문제를 짚어낸 접근이었기에 가능한 결과였습니다.
>
> 이 경험을 통해, 최 팀장은 코칭 이전에는 인식하지 못했던 자신의 강점이 세일즈 현장에서 실제로 얼마나 중요한 역할을 할 수 있는지 체감하게 되었습니다. 정리(Arranger®) 테마는 단순한 업무 조율 능력이 아니라, 복잡한 상황 속에서 실행의 청사진을 보여주고, 고객에게 '이 프로젝트는 잘 운영될 수 있겠구나'라는 신뢰를 형성하는 힘이었습니다.

(3) 신념(Belief®)

"명확한 가치관이 최고의 설득력입니다."

신념(Belief®) 테마는 흔들리지 않는 내적 가치관과 목적의식입니다. 이 테마가 강한 사람은 자신만의 분명한 신념과 원칙을 가지고 있으며, 그 기준에 따라 행동과 선택을 합니다. 이들에게 업무나 삶의 의미는 결코 단순한 돈벌이나 성과가 아니라, 자신의 가치관과 연결될 때 비로소 깊은 보람을 느낍니다. 약속과 신뢰를 매우 중요하게 여기며, 진정성 있는 태도와 일관된 모습을 통해 주변 사람들에게 강한 신뢰를 줍니다.

세일즈 현장에서 신념(Belief®) 테마가 발현되는 방식

세일즈 현장에서 신념(Belief®)은 '진정성 있고 신뢰할 수 있는 세일즈맨'으로 드러납니다. 이 테마가 강한 사람들은 고객에게 제품이나 서비스를 단순히 판매하는 것이 아니라, 자신이 가진 진실한 믿음과 가치를 전달하려고 합니다. 그들은 자신의 말과 행동에서 늘 일관성을 유지하며, 고객은 이로 인해 그들이 말하는 모든 것이 진심임을 느끼게 됩니다. 특히 장기적인 관계와 신뢰 구축이 중요한 B2B 세일즈 환경에서, 신념(Belief®) 테마를 가진 사람들은 고객에게 변하지 않는 믿음과 안정감을 주어 고객과의 지속적인 파트너십을 가능하게 합니다.

신념(Belief®) 테마가 함정이 될 때

하지만 강력한 신념은 때로 융통성 없는 고집으로 비칠 수 있습니다. 자신의 가치관과 일치하지 않는 업무나 요청을 받으면 거부감을 드러내거나 저항할 수 있으며, 시장 상황이나 조직의 필요에 따른 현실적 타협을 어려워할 수 있습니다. 이런 모습이 자칫 고객이나 팀 내에서 '너무 완고하다'거나 '유연성이 부족하다'는 평가를 받을 수 있으며, 세일즈 현장에서 필수적인 적응력과 유연한 협상력을 제한할 가능성이 있습니다.

신념(Belief®) 테마를 위한 세일즈 액션 플랜

신념(Belief®) 테마의 핵심은 '당신의 진정한 가치관과 원칙을 신뢰와 설득력의 기반으로 활용하는 것'입니다. 이를 위해 다음과 같은 전략을 권장합니다.

- **자신만의 '가치 기반 세일즈 스토리' 만들기:** 당신이 판매하는 제품이나 서비스가 왜 당신의 가치관과 일치하는지 명확하게 정의하고, 이를 바

탕으로 자신만의 진정성 있는 세일즈 스토리를 만드십시오. 고객과의 미팅이나 제안 과정에서 이 스토리를 자연스럽게 전달하면, 고객은 단순히 제품이 아니라 당신의 신념에 감화되어 구매를 결정하게 됩니다.

- **'세일즈 원칙 가이드라인' 설정하기**: 세일즈 업무에서 타협할 수 없는 기준과 핵심 원칙을 명확히 정하고, 이를 문서화해 스스로 점검하는 시간을 가지십시오. 이러한 원칙은 당신의 의사결정과 행동에 일관성을 부여하며, 고객과의 신뢰를 장기적으로 강화하는 중요한 기반이 됩니다.

신념(Belief®) 강점 조합의 시너지 활용

- 공감(Empathy®) 테마와 결합될 경우, 자신의 신념을 고객의 입장에서 더 깊이 이해하고 소통할 수 있게 되어 진정성 있는 설득력을 극대화할 수 있습니다.
- 책임(Responsibility®) 테마와 결합될 경우, 당신이 고객에게 한 약속을 반드시 지킨다는 신뢰감을 극대화해 더욱 강력한 고객 관계를 구축할 수 있습니다.

> **[코칭 스토리] "영업은 타협이 필수라는데, 제 원칙으로 가능할까요?"**
>
> 높은 신념(Belief®) 테마를 가진 박 팀장은 제게 고민을 털어놓았습니다.
>
> "영업은 타협이 필수라는데, 제 원칙주의가 자꾸 발목을 잡습니다. 쉽게 갈 수 있는 계약을 놓치기도 하고, 동료들은 저보고 융통성이 없다고 합니다. 고객이 원칙에 어긋나는 요구를 할 때마다 너무 힘든데, 제 신념을 지키면서 영업에서 성공할 수 있을까요?"
>
> 저는 그에게 "고객이 박 팀장님을 통해 얻는 최고의 가치는 무엇일까요?"라고 물었고, 그는 주저 없이 "신뢰"라고 답했습니다.

저는 제안했습니다. "그렇다면 그 신뢰를 무기로 삼으세요. 원칙을 타협의 대상으로 보며 스트레스받지 마시고, 오히려 고객의 가장 깊은 신뢰를 얻기 위한 가장 강력하고 차별화된 전략으로 사용해 보세요."

얼마 후, 그는 중요한 프로젝트의 최종 미팅에서 시험대에 올랐습니다. 의사결정권자인 임원이 배석한 가운데, 고객사 실무 담당자가 업계 관행이라며 납품 일정을 허위로 조정해달라는 편법을 제안해 온 것입니다. 경쟁사는 이미 동의했다는 암시와 함께였습니다.

박 팀장은 잠시의 갈등 끝에, 임원을 바라보며 단호하게 말했습니다. "저희는 단기적인 이익보다 고객과의 장기적인 신뢰를 더 중요하게 생각합니다. 제안주신 방법은 결국 고객님의 프로젝트에 더 큰 위험을 안겨줄 수 있습니다. 저희는 정직한 방법으로 이 프로젝트를 성공시킬 자신이 있습니다."

분위기는 싸늘해졌지만, 조용히 듣고 있던 임원이 입을 열었습니다.

"박 팀장님, 마음에 드는군요. 이런 프로젝트일수록 잔꾀를 부리는 사람이 아니라, 끝까지 믿을 수 있는 파트너가 필요합니다. 우리가 찾던 모습입니다. 그 정직한 방법으로 진행하시죠."

그 순간, 박 팀장은 자신의 신념이 협상의 걸림돌이 아니라, 오히려 의사결정권자의 마음을 움직이는 가장 강력한 무기임을 깨달았습니다. 그는 이후 '무슨 일이 있어도 믿을 수 있는 파트너'로 확고히 자리매김했고, 진정성 있는 신념이야말로 가장 뛰어난 세일즈 전략임을 실적으로 증명해냈습니다.

(4) 공정성(Consistency®)

"누구에게나 공평한 기준이 최고의 신뢰를 만듭니다."

공정성(Consistency®) 테마는 일관성 있는 기준과 원칙을 추구하며 모든 상황에서 균형 잡힌 태도를 유지하는 능력입니다. 이 테마를 가진 사람들은 공정한 기준을 설정하고 이를 모든 사람에게 공평하게 적용하는 것을 중요하게 여깁니다. 예외나 특혜를 최소화하며, 정해진 원칙과 프로세스를 명확히 준수함으로써 신뢰를 쌓고 안정성을 제공합니다.

이들에게 성공의 정의는 명확합니다. 모든 고객과 동료가 자신이 설정한 명확한 기준에 따라 공정한 대우를 받고 있다고 느끼게 하는 것입니다. 이들의 투명하고 명확한 원칙은 주변 사람들에게 신뢰를 주고, 조직과 고객 모두에게 일관된 예측 가능성을 제공합니다.

세일즈 현장에서 공정성(Consistency®) 테마가 발현되는 방식

세일즈 현장에서 공정성(Consistency®)은 흔들림 없는 신뢰와 일관성으로 고객에게 깊은 안정감을 줍니다. 이 테마가 강한 영업 담당자는 거래 과정에서 명확하고 투명한 기준을 고객에게 전달하며, 공정한 원칙에 따라 행동합니다. 고객은 이들의 공정한 태도에서 공평함을 느끼며, 자신이 부당한 대우를 받지 않을 것이라는 확신을 갖게 됩니다.

특히, 복잡한 B2B 계약이나 장기적인 파트너십이 필요한 프로젝트에서는 공정성(Consistency®) 테마가 더욱 빛을 발합니다. 거래 과정에서 모호하거나 불공정하다고 느낄 수 있는 모든 요소를 명확한 기준과 절차를 통해 제거하고, 고객이 의사결정 과정에서 편파성이나 부당성을 전혀 느끼지 않도록 합니다. 그 결과 고객은 이들과의 거래에 깊은 신뢰감을 느끼게 되고, 이는 장기적인 파트너십으로 발전합니다.

공정성(Consistency®) 테마가 함정이 될 때

공정성(Consistency®) 테마는 때때로 지나친 원칙주의로 나타나기도 합니다. 모든 상황을 동일한 잣대로 평가하려 하다 보면, 고객의 개별적인 상황이나 특별한 요청을 이해하지 못하거나 거절하는 일이 생길 수 있습니다. 이로 인해 상대방이 느끼는 융통성 부족이나 경직된 태도는 때로 세일즈의 성장을 제한하는 요소가 될 수 있습니다. 또한, 정해진 절차와 규칙을 너무 엄격하게 적용할 경우 급변하는 시장 상황이나 특별한 비즈니스 기회를 놓치는 위험도 있습니다.

공정성(Consistency®) 테마를 위한 세일즈 액션 플랜

공정성(Consistency®) 테마의 핵심은 '투명하고 일관된 기준을 신뢰의 기반으로 활용하는 것'입니다. 이를 위해 다음과 같은 전략을 권장합니다.

- **명확한 영업 기준 가이드라인 작성하기:** 세일즈 프로세스 전반에서 고객과 거래할 때 지켜야 할 자신만의 명확한 기준과 원칙을 문서로 정리하고 이를 고객과 공유하십시오. 가격 책정 원칙, 할인 정책, 거래 조건 등 모든 것을 투명하게 공개하여 고객이 예상치 못한 불공정함을 느끼지 않게 합니다.
- **고객과의 투명한 소통 강화하기:** 고객에게 어려운 요청이 들어올 경우, 기준을 바로 제시하고 왜 이러한 기준이 존재하는지를 솔직하고 투명

하게 설명하십시오. 고객은 당신의 원칙을 이해하고, 거래에 대한 불확실성과 불안감을 덜게 될 것입니다.

공정성(Consistency®) 강점 조합의 시너지 활용

- 공감(Empathy®) 테마와 함께라면, 명확한 기준을 유지하면서도 고객의 특별한 상황이나 요청에 대해 공감적 태도를 보일 수 있습니다. 고객은 원칙적이면서도 인간미 있는 영업 담당자로서 당신을 더욱 신뢰하게 됩니다.
- 체계(Discipline®) 테마와 함께라면, 일관된 원칙과 정교한 프로세스를 결합하여 거래 과정에서 실수나 편파성을 완벽히 방지할 수 있습니다. 고객은 당신의 거래가 투명하고 공정하다는 확신을 얻게 됩니다.

> **[코칭 스토리] "공정성(Consistency®)이 영업에는 방해가 되지 않을까요?"**
>
> IT 솔루션 업체에서 영업을 하는 이 차장은 높은 공정성(Consistency®) 테마를 가졌습니다. 그녀는 평소 일을 할 때 투명하고 일관된 기준을 적용하기 때문에, 명확한 가격 정책과 표준화된 계약서를 바탕으로 영업을 했습니다.
>
> 그런데 그녀의 이런 강점 때문에 대기업 프로젝트를 진행할 때마다 어려움을 느꼈습니다. 대기업 고객들은 자신들의 규모와 파트너십의 중요성을 내세우며, 표준 가격이 아닌 특별 할인이나 계약서의 예외 조항을 요구하는 경우가 많았기 때문입니다. 그럴 때마다 이 차장은 "한 곳에 예외를 두면, 제가 지켜온 공정함의 원칙이 무너집니다"라며 제안을 거절했고, 결국 큰 계약을 여러 번 놓쳤습니다.
>
> "저의 공정성(Consistency®) 테마가 일 처리 할 때 오히려 약점이 되는 것 같아요."
>
> 저는 그녀의 강점을 인정하며 질문을 던졌습니다. "차장님, 혹시 '모두에게 똑같은 규칙을 적용하는 것'만이 공정함의 유일한 정의일까요? '각자의 기여도나 상황에 맞게, 합리적으로 대우하는 것'도 또 다른 의미의 공정함이 아닐까요?"

그리고 비유를 들어 설명했습니다. "예를 들어, 1년에 100만 원을 쓰는 고객과 10억 원을 쓰는 고객에게 똑같은 혜택을 주는 것이 과연 '공정한' 것일까요? 어쩌면 진짜 공정함이란, 기여도가 다른 고객을 다르게 대우하되, 그 기준이 투명하고 일관되어서 누구나 납득할 수 있는 새로운 '시스템'을 만드는 것일지도 모릅니다."

그녀는 자신의 공정성(Consistency®) 강점이 '변화를 거부하는 힘'이 아니라, '더 공정한 시스템을 만드는 힘'이 될 수 있음을 인정했습니다.

그녀는 며칠 밤을 새워 기존의 단일 정책을 대체할 새로운 파트너십 프로그램을 설계했습니다. 고객의 연간 계약 규모와 파트너십 기간에 따라 '스탠다드', '프리미엄', '엔터프라이즈'의 세 가지 등급으로 나누고, 각 등급별로 누릴 수 있는 혜택과 할인율을 명확하게 규정했습니다. 특정 고객을 위한 '예외'가 아니라, 누구나 기준만 충족하면 혜택을 받을 수 있는 '새로운 규칙'을 만든 것입니다.

이후, 그녀는 가장 중요한 대기업 고객과의 미팅에서 자신 있게 새로운 정책을 소개했습니다.

"저희의 가격 체계는 합리적입니다. 귀사와 같은 중요한 파트너를 위해 새로운 '엔터프라이즈 등급'을 신설했습니다. 이후에도 계약 규모와 기간에 따라 얼마든지 가격을 조절할 수 있습니다."

고객사의 임원은 매우 만족스러워했습니다. 그들은 단순히 할인을 받는 것을 넘어, 자신들을 위해 체계적이고 합리적인 시스템을 고민해 준 그녀의 접근 방식에 더 큰 신뢰를 보냈습니다. 그녀는 마침내 그토록 원하던 대기업 프로젝트를 성공적으로 수주했습니다.

이 차장은 자신의 공정성(Consistency®) 강점이 유연성과 타협의 장애물이 아님을 깨달았습니다. 오히려 그것은 '더 높은 수준의 공정함'을 설계하고, 모두가 납득할 수 있는 예측 가능한 시스템을 만드는 가장 강력한 무기였습니다.

(5) 심사숙고(Deliberative®)

"최악의 시나리오까지 대비합니다."

심사숙고(Deliberative®) 테마는 행동에 앞서 모든 잠재적 위험과 장애물을 신중하게 식별하고 대비하려는, 내면에 장착된 정교한 '리스크 스캐너'입니다. 이 테마가 강한 사람은 성급한 결정을 경계하며, 세상이 예측 불가능한 위험으로 가득 차 있다고 느낍니다. 따라서 이들은 철저한 사전 분석과 계획을 통해 실패 확률을 최소화하며, 이 과정에서 안정감을 느낍니다.

세일즈 현장에서 심사숙고(Deliberative®) 테마가 발현되는 방식

세일즈 현장에서 심사숙고(Deliberative®)는 '위험 관리 전문가'의 모습으로 나타납니다. 이들은 "일단 해보자"라고 말하기 전에, 계약서의 독소조항은 없는지, 우리가 한 약속이 미래에 어떤 문제를 일으킬 수 있는지 꼼꼼하게 검토합니다. 특히 규제가 많거나 리스크에 민감한 금융, 의료, 법률 분야의 고객을 상대할 때, 이들의 신중함은 가볍게 약속을 남발하는 다른 세일즈맨과 확연히 비교됩니다. 고객은 이들의 사려 깊은 태도에서 '이 사람은 우리를 위험에 빠뜨리지 않을 것'이라는 깊은 신뢰를 얻으며, 이는 고부가가치 장기 계약의 핵심적인 성공 요인이 됩니다.

심사숙고(Deliberative®) 테마가 함정이 될 때

하지만 이 신중함이 지나치면 모든 위험 요소를 완전히 제거하기 전까지는 행동하지 않으려 하기 때문에, 정작 중요한 실행의 타이밍을 놓쳐 버릴 수 있습니다. 빠른 의사결정이 필요한 상황에서는 답답하고 부정적인 사람으로 비칠 수 있으며, 동료의 새로운 아이디어에 대해서도 잠재적 문제점부터 지적하기 때문에 팀의 사기를 꺾는다는 오해를 받기도 합니다. '신중함'이 '행동하지 못하는 걱정 인형'으로 비칠 위험이 있습니다.

심사숙고(Deliberative®) 테마를 위한 세일즈 액션 플랜

심사숙고(Deliberative®) 테마의 핵심은 '당신의 리스크 예측 능력을 고객의 신뢰를 얻는 전략적 자산으로 활용하는 것'입니다. 이를 위해 다음 전략이 필요합니다.

- **'선제적 리스크 브리핑' 하기:** 당신이 발견한 잠재적 리스크를 숨기지 말고, 해결책과 함께 고객에게 먼저 브리핑하십시오. "이 프로젝트를 진행할 때 이런 문제가 발생할 수 있는데, 저희는 이렇게 대비책을 세웠습니다"라는 당신의 말은, 당신을 단순한 판매자가 아닌 '신뢰할 수 있는 어드바이저'로 만들어 줄 것입니다.
- **'분석 마감일' 설정하기:** 분석에 너무 빠지지 않기 위해, 스스로에게 '분석 마감일'을 부여하십시오. "수요일 오후 5시까지 모든 리스크 분석을 마치고, 그 결과를 바탕으로 최종 결정을 내린다"와 같이, 당신의 신중함에 '기한'이라는 질서를 부여하는 것이 중요합니다.

심사숙고(Deliberative®) 강점 조합의 시너지 활용

- 행동(Activator®) 테마와 함께라면, 철저한 분석 후에 과감하게 행동을 개시하는 '현명한 실행가'가 될 수 있습니다. 이는 심사숙고(Deliberative®) 테마의 가장 이상적인 파트너십입니다.

- 자기확신(Self-Assurance®) 테마와 함께라면, 깊은 고민 끝에 내린 자신의 결정에 대해 흔들리지 않는 믿음을 갖고, 주변의 불안감이나 반대를 돌파해 나갈 수 있습니다.

> **[코칭 스토리] 가장 신중한 사람이, 가장 위대한 기회를 만들다**
>
> 사람들은 흔히 심사숙고(Deliberative®) 테마가 세일즈와는 정반대의 지점에 있다고 생각합니다. 세일즈는 속도, 긍정, 과감함이 미덕인 세계처럼 보이기 때문입니다. 제가 코칭했던 명 대리 역시, '신중함'이 자신의 발목을 잡는 약점이라고 생각하며 힘들어했습니다.
>
> 그녀가 속한 팀은 신제품 출시를 앞두고 '판매'에 열을 올리는 분위기였습니다. "일단 모든 잠재고객에게 연락해서, 무조건 많이 파는 게 중요하다"는 것이 팀의 목표였습니다.
>
> 하지만 명 대리는 신제품의 기술 사양을 꼼꼼히 검토한 후, 특정 구형 시스템을 사용하는 고객에게는 이 제품이 오히려 심각한 문제를 일으킬 수 있다는 잠재적 위험을 발견했습니다.
>
> 팀 회의에서 그녀가 이 문제를 조심스럽게 제기했을 때, 팀장의 반응은 냉담했습니다.
>
> "명 대리, 지금은 안 될 이유를 찾을 때가 아니야. 되는 방법을 찾아야지 자꾸 부정적으로 생각을 하면 어떻게 해?"
>
> 그녀는 '팀의 사기를 꺾는 부정적인 사람'으로 낙인찍히는 분위기 속에서 깊은 고민에 빠졌습니다. 코칭 세션에서 그녀는 제게 물었습니다.
>
> "제가 너무 부정적인 걸까요? 그냥 눈 딱 감고 팔아야 하는 걸까요?"
>
> 저는 그녀에게 심사숙고(Deliberative®) 테마의 가치를 되새겼습니다.
>
> "명 대리님, 리스크 관리도 중요합니다. 리스크를 줄이고 제대로 판매할 수 있도록 체크리스트를 만들어보세요. 신제품이라고 무작정 팔기만 하는 것이 능사는 아니죠."

> 그녀는 자신이 발견한 리스크를 바탕으로 '신제품 소개 고객 체크리스트'를 만들었습니다. 그리고 이 기준에 부합하는 소수의 고객들에게 집중하기 시작했습니다. 동료들이 수십 건의 계약을 성사시키며 환호하는 동안, 그녀는 단 몇 건의 계약만을 신중하게 진행했습니다.
>
> 얼마 후, 회사는 난리가 났습니다. 무턱대고 제품을 판매했던 고객사들로부터 시스템 오류와 호환성 문제에 대한 불만 전화가 빗발치기 시작했습니다.
>
> 바로 그때, 명 대리가 판매를 시도했던 단 몇 곳의 고객사로부터 연락이 오기 시작했습니다.
>
> "제품에 매우 만족합니다. 우리와 비슷한 다른 기업들에게도 적극적으로 추천하고 싶습니다."
>
> 그녀의 고객들은 신제품의 가장 강력한 성공 사례이자, 옹호자가 되어주었습니다.
>
> 결국 회사는 그녀가 만든 '신제품 출시 체크리스트'를 표준 영업 절차로 도입했습니다. 그녀의 심사숙고(Deliberative®) 테마는 세일즈의 속도를 늦추는 걸림돌이 아니었습니다. 오히려 성급한 판매가 불러올 재앙을 막고, 브랜드의 신뢰를 지키며, 가장 확실한 성공을 이끌어내는 강력하고 전략적인 세일즈 역량이었습니다.
>
> 때로는 '누구에게 팔 것인가'도 중요하지만, '누구에게 팔면 안되는가?"도 중요한 세일즈의 가치입니다. 심사숙고(Deliberative®) 테마는 그것을 가능하게 합니다.

(6) 체계(Discipline®)

"혼돈 속에서 질서를, 계획 속에서 안정을 찾습니다."

체계(Discipline®) 테마는 세상의 혼돈을 싫어하고, 예측 가능한 질서와 구조를 만들려는 강한 내적 욕구입니다. 이 테마가 강한 사람은 정해진 루틴과 시스템, 그리고 잘 짜인 계획 속에서 최고의 효율과 안정감을 느낍니다. 이들에게 마감 기한은 반드시 지켜야 할 약속이며, 모든 것을 제자리에 두려는 꼼꼼함과 정확성은 이들의 가장 큰 특징입니다.

세일즈 현장에서 체계(Discipline®) 테마가 발현되는 방식

세일즈 현장에서 체계(Discipline®)는 '완벽한 프로세스 관리자'의 모습으로 드러납니다. 고객 관리, 제안서 작성, 후속 조치에 이르기까지 모든 세일즈 단계를 자신만의 표준화된 절차에 따라 빈틈없이 수행합니다. 이들이 관리하는 CRM 데이터는 누락 없이 정확하며, 이를 바탕으로 한 파이프라인 예측은 매우 신뢰도가 높습니다. 특히 장기적이고 복잡한 세일즈 프로젝트에서, 이들의 꼼꼼함과 체계적인 접근 방식은 실수를 방지하고 프로젝트를 안정적으로 이끌어가는 핵심 동력이 됩니다. 고객은 이들의 일관성 있는 모습에서 프로페셔널리즘과 깊은 안정감을 느낍니다.

체계(Discipline®) 테마가 함정이 될 때

하지만 질서에 대한 강한 애착은 때로 '경직성'이라는 함정으로 이어질 수 있습니다. 예상치 못한 시장의 변화나 고객의 갑작스러운 요구에 유연하게 대처하는 데 어려움을 느끼며, "정해진 절차를 따라야 합니다"라며 변화에 저항하는 모습을 보일 수 있습니다. 규칙과 프로세스를 지키는 데 너무 집중한 나머지, 그 규칙이 존재하는 본질적인 이유(고객 만족, 성과 창출)를 잊어버리기도 합니다. 이런 모습은 동료들에게는 융통성 없는 사람으로, 고객에게는 상황에 맞춰주지 않는 답답한 상대로 비칠 수 있습니다.

체계(Discipline®) 테마를 위한 세일즈 액션 플랜

체계(Discipline®) 테마의 핵심은 '당신의 질서정연함을 신뢰도 높은 성과 시스템으로 전환하는 것'입니다. 이를 위해 다음 전략이 필요합니다.

- **자신만의 '세일즈 플레이북' 만들기:** 회사의 영업 프로세스를 따르는 것을 넘어, 각 단계별로 자신만의 상세한 실행 계획과 체크리스트를 담은 '플레이북'을 만들어 보십시오. '신규 고객 첫 컨택 시나리오', '제안서 제출 전 최종 검토 리스트' 등이 포함될 수 있습니다. 이는 당신의 탁월함을 시스템으로 만들어 꾸준한 성과를 보장합니다.
- **'주간 업무 정돈' 시간 확보:** 매주 금요일 오후 30분을 '주간 정돈 시간'으로 정해두십시오. 이번 주에 처리한 업무들을 CRM에 완벽하게 업데이트하고, 다음 주에 시작할 일들의 우선순위를 정리하는 것입니다. 이 시간은 당신의 질서에 대한 욕구를 충족시키고, 새로운 한 주를 혼선 없이 깔끔하게 시작하게 해줍니다.

체계(Discipline®) 강점 조합의 시너지 활용

- 적응(Adaptability®) 테마와 함께라면, 질서정연한 계획을 세우면서도 예상치 못한 변화에 유연하게 대처하는 '현명한 시스템'을 구축할 수 있습니다.
- 발상(Ideation®) 테마와 함께라면, 동료의 창의적이지만 흩어져 있는 아이디어들을 현실에서 구현 가능한 구체적인 실행 계획으로 바꾸어주는 최고의 파트너가 될 수 있습니다.

[코칭 스토리] "저는 세일즈맨이 아니라, 그냥 행정가라고 생각했어요."

표 대리는 높은 체계(Discipline®) 테마를 가졌지만, 스스로를 세일즈맨보다 행정가에 가깝다고 생각하며 자신감이 부족했습니다. 그녀는 고객 데이터 관리, 제안서의 완성도, 후속 조치 일정 준수 등에서는 완벽했지만, 화려한 언변으로 관계를 만드는 동료들을 보며 자신의 강점이 세일즈에서는 크게 중요하지 않다고 느꼈습니다. 그녀는 "저는 그냥 뒤에서 꼼꼼하게 챙기는 역할일 뿐, 진짜 계약을 따내는 건 다른 재능인 것 같아요"라고 말하곤 했습니다.

그러던 중, 대형 공공기관 입찰 프로젝트라는 큰 기회가 찾아왔습니다. 이 프로젝트는 단기적인 설득 능력보다, 수백 페이지에 달하는 서류의 완벽함, 복잡한 규정 준수, 그리고 수개월에 걸친 단계별 절차를 빈틈없이 이행하는 것이 무엇보다 중요한 일이었습니다. 많은 동료들이 서류 작업의 양과 복잡성에 부담을 느껴 선뜻 나서지 못했습니다.

그녀에게 기회가 왔고, 그녀는 프로젝트의 프로세스 관리를 총괄하기 시작했습니다. 모든 제출 서류의 체크리스트를 만들고, 마감일로부터 역산하여 상세한 일정표를 짰으며, 각 팀의 역할을 명확히 규정하여 전체 과정을 지휘했습니다. 동료들이 고객사와의 미팅과 발표 준비에 집중하는 동안, 그녀는 묵묵히 전체 과정의 '완성도'를 100%로 끌어올리는 역할을 했습니다.

결과는 대성공이었습니다. 회사는 그 대형 프로젝트를 수주했고, 모든 팀원이 표 대리의 공을 인정했습니다. 더 대단한 사실은, 일반적으로 어느 한 공공기관에서 입찰 수주를 하면 다른 공공기관의 입찰을 수주할 가능성이 높다는 겁니다. 공공기관은 특히 공공분야에서의 성공 사례를 중시하기 때문에 앞으로 더 큰 실적이 기대가 됩니다.

(7) 집중(Focus®)

"그래서, 가장 중요한 목표가 무엇이죠?"

집중(Focus®) 테마는 목표라는 명확한 목적지를 향해 흔들림 없이 나아가는 내면의 나침반이자 방향타입니다. 이 테마가 강한 사람은 자신의 길을 알고 있으며, 그 길에서 벗어나게 만드는 수많은 방해 요소를 본능적으로 걸러냅니다. 이들에게 목표가 없는 하루는 방향타를 잃고 표류하는 배와 같아서, 명확한 우선순위가 주어질 때 가장 높은 효율성과 안정감을 느낍니다.

세일즈 현장에서 집중(Focus®) 테마가 발현되는 방식

세일즈 현장에서 집중(Focus®)은 '탁월한 목표 달성 능력'으로 빛을 발합니다. 이들은 수많은 잠재고객 리스트 속에서 '반드시 잡아야 할 핵심 타겟'을 식별하고, 그 목표를 달성하기 위해 자원과 시간을 최적화하는 데 매우 능합니다. 회의가 옆길로 새거나 불필요한 논쟁이 생길 때, "우리가 오늘 논의해야 할 핵심은 이것입니다"라며 대화의 방향을 바로잡아 시간을 낭비하지 않습니다. 목표를 향한 이들의 끊임없는 전진은 동료들에게 방향성을 제시하고, 고객에게는 '이 사람은 허튼소리를 하지 않고, 핵심을 꿰뚫는구나'라는 프로페셔널한 인상을 줍니다.

집중(Focus®) 테마가 함정이 될 때

너무 강력하게 집중(Focus®) 테마 강점을 발현시킬 경우, 한번 설정한 목표에 너무 몰두한 나머지 예상치 못한 새로운 사업 기회나 시장의 중요한 변화를 놓쳐버릴 수 있습니다. 계획이 수정되어야 하는 명백한 상황에서도 "원래 목표를 고수해야 한다"며 융통성 없는 모습을 보이기도 합니다. 이로 인해 주변 사람들에게는 고집이 세거나, 당장의 목표 외에는 관심이 없는 이기적인 사람으로 비칠 수 있습니다.

집중(Focus®) 테마를 위한 세일즈 액션 플랜

집중(Focus®) 테마의 핵심은 '가장 가치 있는 목표에 당신의 강력한 에너지를 정확히 조준하는 것'입니다. 이를 위해 다음 전략이 필요합니다.

- **'주간 핵심 목표' 설정하기:** 매주 월요일 아침, "이번 주 나의 성공을 정의하는 단 하나의 목표는 무엇인가?"를 스스로에게 질문하고, 그 목표를 눈에 잘 보이는 곳에 적어두십시오. 이것이 일주일 동안 당신을 이끌어 줄 북극성이 될 것입니다.
- **최고의 성과를 위한 '골든 타임' 사수하기:** 사람에겐 누구나 두뇌 회전이 가장 빠르고 에너지가 넘치는 '골든 타임'이 있습니다. 당신의 골든 타임을 파악하고, 그 시간만큼은 '반응하는 시간'이 아닌 '창조하는 시간'으로 사수하십시오. 경쟁사를 압도할 전략을 짜거나 고객의 마음을 움직일 제안서를 쓰는 것처럼, 고도의 집중이 필요한 업무를 바로 이 시간에 하는 것입니다. 회의실로 자리를 옮기거나 헤드폰을 쓰는 등, 이 시간을 지키기 위한 자신만의 규칙을 만드세요.

집중(Focus®) 강점 조합의 시너지 활용

- 미래지향(Futuristic®) 테마와 함께라면, 눈앞의 단기 목표를 넘어, 모두에게 영감을 주는 원대한 비전을 향해 팀 전체를 집중시킬 수 있습니다.

- 분석(Analytical®) 테마와 함께라면, 감이나 직관이 아닌 명확한 데이터에 근거하여 '집중해야 할 목표'를 설정하므로, 당신의 노력이 헛되지 않고 성공 확률이 비약적으로 상승합니다.

[코칭 스토리] 시간이 없는 대표의 가장 강력한 무기, 집중(Focus®) 테마

양 대표는 제품 개발부터 투자, 인사까지 A to Z를 모두 책임져야 하는 스타트업의 대표였습니다. 그는 누구보다 영업의 중요성을 절감하고 있었지만, 현실은 녹록지 않았습니다.

그는 살아남기 위해 좋다는 영업과 마케팅 활동을 이것저것 시도하고 있었습니다. SNS 채널을 여러 개 만들고, 틈틈이 잠재고객에게 콜드 메일을 보내고, 가끔 네트워킹 행사에도 얼굴을 비췄죠. 하지만 모든 것이 '중구난방'이었습니다. 절대적인 시간이 부족하니 어떤 활동도 꾸준히 이어가지 못했고, 에너지만 소진될 뿐 의미 있는 성과는 보이지 않았습니다.

코칭 세션에서 그는 답답함을 토로했습니다.

"모든 걸 다 해야 할 것 같은데, 정작 아무것도 제대로 못 하고 있습니다. 이럴 바엔 차라리 영업을 포기해야 하나 싶습니다."

저는 그의 긴 활동 목록을 본 뒤, 이렇게 질문했습니다.

"대표님, 지금 이 모든 것을 다 할 수는 없습니다. 대표님의 가장 큰 제약인 '시간 부족'을 인정하고, 딱 한 가지만 선택해야 한다면, 어떤 것이 지속 가능하고 장기적인 성과를 가져올 수 있을까요? 꾸준히 할 수 있는 대표님만의 무기는 무엇입니까?"

그는 입을 열었습니다.

"다른 건 몰라도… 저는 글쓰기는 조금 자신이 있습니다. 꾸준히 글을 써서 저희의 전문성을 알리는 '콘텐츠 마케팅'이라면, 어떻게든 시간을 내서 할 수 있을 것 같습니다."

> 그 순간, 저는 그의 눈에서 집중(Focus®) 테마의 가능성을 보았습니다. 해답은 그 자신에게 있었던 것입니다. 저는 그의 대답을 강력하게 지지하며 조언을 덧붙였습니다.
>
> "바로 그거죠. 대표님의 집중(Focus®) 테마는 이럴 때 가장 강력한 힘을 발휘합니다. 여러 가지를 얕게 시도하며 에너지를 낭비하는 대신, '콘텐츠'라는 단 하나의 무기를 선택하고, 그 무기를 날카롭게 가는 데 모든 집중력을 쏟아붓는 것입니다. 이제부터 콘텐츠 포스팅을 '세일즈 루틴'으로 만들어 보시죠."
>
> 그 후 양 대표는 다른 활동을 과감히 정리하고, 자신의 집중(Focus®) 테마 강점을 오롯이 '콘텐츠를 포스팅하는 루틴'에 쏟아부었습니다. 매주 특정 시간을 확보해 전문가 수준의 블로그를 발행했고, 매일 아침 15분씩 링크드인 친구를 만들어 인맥을 쌓아갔습니다.
>
> 결과적으로 그의 깊이 있는 글을 본 고객사가 먼저 연락을 해왔고, 4,000명이 넘는 링크드인 인맥 속에서 대형 유통 채널과의 연결고리도 만들어졌습니다. 그의 집중(Focus®) 테마는 단순히 한 가지 일에 몰두하는 능력이 아니라, 수많은 선택지 가운데 자신의 상황에 가장 적합한 단 하나의 길을 찾아내고, 그 길을 꾸준히 실행해 결국 성공의 시스템을 만들어내는 전략적 재능임을 보여주었습니다.

(8) 책임(Responsibility®)

"맡겨주시면, 끝까지 책임집니다."

책임(Responsibility®) 테마는 한번 하겠다고 말한 것에 대한 절대적인 주인의식입니다. 이 테마가 강한 사람에게 '약속'은 깨뜨릴 수 없는 신성한 계약과도 같습니다. 이들은 자신의 이름이 걸린 일에 대해선 어떤 일이 있어도 결과를 만들어 내려 하며, 성패에 대한 심리적 소유권이 매우 강합니다. 정직함, 성실함, 그리고 신뢰성은 이들의 가장 빛나는 상징입니다.

세일즈 현장에서 책임(Responsibility®) 테마가 발현되는 방식

세일즈 현장에서 책임(Responsibility®)은 '절대적인 고객 신뢰'의 원천이 됩니다. "자료를 보내드리겠습니다"라는 사소한 약속부터, "문제가 생기면 해결해 드리겠습니다"라는 중요한 약속까지, 이들은 뱉은 말을 반드시 지킵니다. 제품이나 서비스에 문제가 발생했을 때, 남 탓을 하거나 회피하지 않고 자신의 일처럼 나서서 해결하는 모습을 보여줍니다. 이러한 태도는 고객에게 '이 사람에게 맡기면 끝까지 나를 저버리지 않을 것'이라는 깊은 확신을 심어주며, 이는 일회성 거래를 넘어 장기적인 파트너십을 구축하는 가장 단단한 기반이 됩니다.

책임(Responsibility®) 테마가 함정이 될 때

하지만 이런 책임감은 양날의 검이 될 수 있습니다. 다른 사람의 부탁을 거절하지 못하고 자신의 능력을 넘어서는 일까지 "네, 제가 하겠습니다"라고 답하며 과도한 부담을 짊어지기 쉽습니다. 이들은 '다른 사람에게 맡기면 내 기준만큼 완벽하게 하지 못할 것'이라는 생각에 일을 위임하는 것을 극도로 어려워하며, 결국 모든 짐을 혼자 지고 번아웃에 빠지기도 합니다. 더 큰 문제는, 너무 많은 약속을 한 나머지 결국 일부를 지키지 못하게 되어, 가장 소중히 여기는 '신뢰'에 스스로 흠집을 내는 역설적인 상황에 처하는 것입니다.

책임(Responsibility®) 테마를 위한 세일즈 액션 플랜

책임(Responsibility®) 테마의 핵심은 '당신의 신뢰도를 전략적으로 관리하고 가시적인 자산으로 만드는 것'입니다. 이를 위해 다음 전략이 필요합니다.

- **'일정 및 약속 체크리스트' 관리:** 고객과의 모든 약속(전화, 이메일, 자료 전달 등)을 CRM이나 일정 관리 툴을 활용하여 꼼꼼히 기록하고 추적하십시오. 이는 당신의 신뢰 자산을 관리하고, 어떤 약속도 놓치지 않게 하는 안전 장치가 됩니다.
- **책임감 있게 'NO'라고 말하기 연습하기:** 모든 것에 'Yes'라고 답하는 것이 책임감의 전부가 아님을 인지해야 합니다. "그 부분은 제가 확실히 책임질 수 있는지 확인하고, 내일 오전까지 정확히 다시 말씀드리겠습니다"와 같이, 약속의 무게를 아는 신중한 태도를 보이십시오. 이는 당신의 'Yes'의 가치를 더욱 높여줍니다.

책임(Responsibility®) 강점 조합의 시너지 활용

- 심사숙고(Deliberative®) 테마와 함께라면, 약속하기 전에 잠재적 리스크를 신중하게 검토하여 '반드시 지킬 수 있는 약속'만 하게 되어 신뢰도가 더욱 굳건해집니다.
- 정리(Arranger®) 테마와 함께라면, 자신이 약속한 일들을 완수하기 위해 다른 사람의 도움을 효과적으로 조율하고 위임하는 능력이 생겨, 혼자 모든 짐을 지는 함정에서 벗어날 수 있습니다.

[코칭 스토리] 저는 사냥꾼이 아니라, 농부 같은 세일즈맨입니다

제가 코칭했던 김 차장은 책임(Responsibility®) 테마가 매우 높은 세일즈맨이었습니다. 그는 스스로를 '사냥꾼(hunter)'보다는 '농부(farmer)'에 가깝다고 생각했습니다. 가끔은 새로운 고객을 발굴하여 단기간에 계약을 따내는 동료들을 보며, 자신은 이미 계약한 고객들을 돌보고 작은 문제를 해결하는 데 너무 많은 시간을 쓰는 것 같다고 느꼈습니다. 그는 "저는 새로운 사냥감을 쫓기보다, 이미 제 밭에 있는 작물들이 잘 자라는지 돌보는 게 더 마음이 쓰입니다. 이게 세일즈맨으로서 큰 장점인지는 잘 모르겠습니다"라고 말하곤 했습니다.

그러던 중, 조직 개편으로 그는 회사에서 가장 까다로운 고객사로 알려진 A기업을 담당하게 되었습니다. A기업은 분명 큰 고객사였지만, 계약 이후 크고 작은 문제들이 계속 방치된 상태였습니다. 전임 담당자들은 계약에만 성공했을 뿐, 후속 처리에 대해서는 책임을 지지 않고 기술 지원팀에 일을 떠넘기기 일쑤였습니다. A기업의 불만과 불신은 극에 달해 있었고, 계약 해지만을 기다리는 시한폭탄 같은 상황이었습니다.

김 차장이 처음 A기업을 방문했을 때, 돌아온 것은 냉담한 반응뿐이었습니다. A기업의 담당자는 그동안 방치되었던 문제들의 목록을 던지듯 보여주며 "또 담당자가 바뀌었군요. 이 문제들은 언제 해결해 줄 겁니까?"라고 쏘아붙였습니다.

그 순간 김 차장의 책임(Responsibility®) 테마가 발동했습니다. 그는 이 상황을 전임자의 탓으로 돌리거나 변명하지 않았습니다. 그는 고객에게 이렇게 말했습니다. "제가 담당자가 된 이상, 이 목록에 있는 모든 문제들은 이제부터 제 책임입니다. 새로운 것을 제안 드리기 전에, 과거의 깨진 약속들부터 바로잡겠습니다."

그는 A기업에 새로운 상품을 팔려고 하지 않았습니다. 대신, 과거로부터 방치된 문제들을 해결하는 '신뢰 회복 프로젝트'에 집중했습니다. 그는 기술팀과 매일 소통하며 문제 해결 과정을 꼼꼼히 챙겼고, 아주 사소한 진전이라도 즉시 A기업 담당자에게 공유했습니다. 그는 '영업사원'이 아니라, 고객의 문제를 자신의 문제처럼 해결해나가는 '파트너'가 되어주었습니다.

> 몇 달간의 끈질긴 노력 끝에, A기업 담당자의 목소리에서 냉소와 불신이 사라졌습니다. 오히려 예전보다 관계가 더 좋아졌고, 추가 판매까지 이어졌습니다.
>
> 사실, 세일즈를 하다보면 신규 고객을 유치하는 것도 중요하지만 기존 고객을 유지하는 게 더 중요할 수 있습니다. 특히 조직의 중요 직책을 맡게 되면 고객사와 신뢰를 쌓고 관계를 개선하고 유지하는 것이 더 중요해 집니다. 정리(Arranger®) 테마는 세일즈 매니저로서도 훌륭한 강점입니다.

(9) 복구(Restorative™)

"문제 뒤에 숨겨진 진정한 가치를 찾아내는 해결사"

복구(Restorative™) 테마는 문제를 본능적으로 발견하고 해결하는 것에서 큰 만족감을 얻는 재능입니다. 이 강점을 가진 사람들은 단순히 문제가 나타났을 때 당황하거나 회피하지 않고, 오히려 적극적으로 문제를 파고들어 그것의 근본 원인을 찾아 해결하는 데 에너지를 쏟습니다. 이들에게 문제는 골칫거리가 아니라 자신이 빛날 수 있는 기회이며, 문제 해결 과정 자체에서 깊은 보람과 의미를 발견합니다.

일상이나 업무에서 다른 사람들이 회피하고 싶어하는 상황에도 이들은 주저하지 않고 나서서 문제를 진단하고 명확한 해결책을 제시합니다. 이러한 능력은 주변 사람들에게 안정감과 신뢰감을 주고, 조직의 위기 상황에서도 가장 믿을 만한 해결자로 자리매김하게 만듭니다.

세일즈 현장에서 복구(Restorative™) 테마가 발현되는 방식

세일즈 현장에서 복구(Restorative™) 테마는 '고객의 문제를 확실히 해결하는 신뢰받는 컨설턴트'로서 가치를 발휘합니다. 세일즈가 단순히 제품을 판매하는 것을 넘어 고객의 복잡하고 근본적인 문제를 찾아 해결책을 제시하는 것이라는 점을 고려하면, 복구(Restorative™) 테마는 매우 중요한 강점입니다.

이 테마를 가진 세일즈 담당자는 고객이 문제 상황에 부딪혔을 때 더욱 진가를 발휘합니다. 제품이나 서비스에 문제가 발생하거나, 고객의 기존 공급업체가 약속을 지키지 못했을 때, 복구(Restorative™) 테마는 문제의 본질을 빠르게 파악하고 실질적인 대안을 제시하여 고객의 신뢰를 단번에 회복합니다. 고객은 이 담당자를 단지 세일즈맨이 아니라, 자신이 가진 문제를 끝까지 책임지고 해결해주는 든든한 파트너로 인식하게 됩니다.

또한 복구(Restorative™) 테마는 잠재고객 발굴 단계에서도 독특한 이점을 제공합니다. 경쟁사의 제품이나 서비스로 인해 고질적인 문제를 겪고 있는 고객사를 찾아내어, 그 문제에 딱 맞는 솔루션을 제시하는 방식으로 시장에서 새로운 세일즈 기회를 적극적으로 발굴할 수 있습니다.

복구(Restorative™) 테마가 함정이 될 때

그러나 복구(Restorative™) 테마를 가진 사람은 문제에 지나치게 집중하는 경향 때문에 때로 긍정적이고 가능성 있는 상황보다는 문제 자체에만 몰입할 수 있습니다. 때로는 문제 해결에 과도한 에너지를 쏟아 부어, 긴급성이 낮거나 해결될 가능성이 낮은 문제에도 집착하여 시간을 낭비할 위험이 있습니다. 또한, 너무 문제 지향적 접근을 강조하면 고객이나 동료가 긍정적이고 낙관적인 접근법이나 창의적이고 새로운 시도를 하기 어려워질 수 있습니다.

이러한 접근법은 자칫 고객이 제품이나 서비스를 문제 중심적인 관점에서만 보게 만들 수도 있어, 오히려 세일즈에 부정적인 영향을 줄 수도 있습니다.

복구(Restorative™) 테마를 위한 세일즈 액션 플랜

복구(Restorative™) 테마의 강점을 효과적으로 활용하기 위한 전략은 다음과 같습니다:

- **'문제 해결 스페셜리스트(Problem-Solving Specialist)'로 포지셔닝하기:** 고객과의 첫 만남이나 제안 단계에서 자신을 문제를 완벽하게 해결해줄 '솔루션 컨설턴트'로 소개하고, 고객이 겪고 있는 문제에 대한 명확한 진단과 구체적인 해결 방안을 제시하십시오. 이를 통해 고객은 자신이 가진 문제를 진정으로 이해하고 해결할 수 있는 담당자로 당신을 인식하게 됩니다.
- **문제 해결 포트폴리오 구축하기:** 과거 고객이 겪은 문제와 해결 방법, 성공 사례를 명확하게 정리한 '문제 해결 포트폴리오'를 구축하십시오. 이를 고객과의 미팅에서 공유하면, 고객은 당신의 능력과 신뢰성을 즉각적으로 느끼게 되고, 보다 빠르게 계약으로 연결될 수 있습니다.

복구(Restorative™) 강점 조합의 시너지 활용

- 분석(Analytical®) 테마와 함께라면, 문제를 진단할 때 철저한 데이터 분석과 객관적인 검토를 통해 더욱 정확한 해결책을 제시할 수 있습니다.
- 공감(Empathy®) 테마와 함께라면, 고객의 문제를 공감적이고 인간적으로 접근하여 문제 해결 이상의 감정적 신뢰를 얻을 수 있습니다.

> **[코칭 스토리] "문제 해결만 잘한다고 영업을 할 수 있을까요?"**
>
> 강 과장은 문제를 빠르게 발견하고 명확히 해결하는 뛰어난 능력 덕분에 기술 지원이나 서비스 관리 업무에서는 높은 평가를 받았습니다. 하지만 그는 스스로를 세일즈맨으로 생각하지 않고, "저는 그냥 문제 해결을 담당하는 사람입니다. 고객에게 적극적으로 무언가를 파는 건 제 성격과 잘 맞지 않아요."라고 생각했습니다. 자신이 가진 복구(Restorative™) 테마는 영업보다 지원 업무에 더 적합하다고 여긴 것입니다.
>
> 어느 날 그가 담당하는 지역의 기존 고객사 한 곳에서 큰 문제가 났습니다. 경쟁사 제품을 사용하던 고객이 심각한 기술적 문제로 큰 손실을 입었고, 여러 번의 시도에도 문제를 해결하지 못해 극도의 스트레스 상태에 빠져 있었습니다.
>
> 그때 저는 강 과장에게 이렇게 말했습니다.
>
> "이 고객은 지금 근본적인 문제를 해결할 사람을 찾고 있습니다. 과장님이 가진 복구(Restorative™) 테마가 바로 이 고객에게 가장 필요한 가치입니다."
>
> 강 과장은 미팅 전 문제의 근본 원인을 분석했고, 고객의 기술 담당자들과 직접 만나 구체적인 현황과 자료를 수집했습니다. 이를 바탕으로 문제를 해결할 단계별 전략과 세부 조치를 담은 제안서를 준비했습니다.
>
> 미팅 당일, 강 과장은 경쟁사가 놓친 근본적인 원인을 명확히 설명했습니다. 그는 고객에게 "이 문제는 지금 당장 저희 제품으로 교체하는 것이 아니라, 단계별로 진행하면 문제를 효과적으로 해결할 수 있습니다"라며 솔직하고 투명한 계획을 제시했습니다.

고객의 기술담당 임원은 미팅 후 강 과장에게 이렇게 말했습니다. "저희가 정말 원했던 것은 단순한 제품 교체가 아니라, 문제를 정확히 진단하고 끝까지 해결해줄 수 있는 신뢰할 만한 회사였습니다. 과장님의 제안은 정말 본질적인 해결책인 것 같습니다."

이 일을 통해 강 과장은 자신의 복구(Restorative™) 테마가 세일즈에서 큰 힘이 된다는 사실을 깨달았습니다. 문제 해결 능력이 바로 고객의 마음을 가장 강력하게 움직이는 세일즈 전략이었음을 확인한 것입니다. 그는 이후로 자신의 강점을 적극적으로 활용해 고객들에게 실질적이고 명확한 가치를 제공하며, 점점 더 많은 고객의 신뢰를 받게 되었습니다.

이제 강 과장은 자신을 더 이상 단순한 문제 해결 지원자가 아니라, 문제를 완벽히 해결함으로써 고객을 설득하고 새로운 기회를 만들어내는 진정한 의미의 세일즈맨으로 자신 있게 정의합니다.

5장. 영향력(Influencing) 영역 강점 테마: 메시지를 세상에 퍼뜨리는 힘

"사람들은 논리로 구매를 정당화하지만, 감정으로 구매를 결정한다."

세일즈 현장에서 자주 들을 수 있는 이 말은 영향력(Influencing) 영역의 강점이 왜 중요한지를 잘 보여줍니다. 고객이 어떤 제품이나 서비스를 선택할 때, 표면적으로는 조건과 수치를 따지는 것 같지만 실제로는 '이 사람과 함께하면 믿을 수 있다'는 확신이 결정적 역할을 합니다.

세일즈에서 진짜 무기는 화려한 프레젠테이션도, 완벽한 제품 스펙도 아닙니다. 결국 사람의 마음을 움직이고, 신뢰를 바탕으로 관계를 만들어 가며, 행동의 변화를 이끌어내는 사람이 성과를 만들어냅니다. 영향력 영역의 강점은 바로 이런 능력을 보여주는 영역입니다.

이 영역이 강한 사람들은 자신의 의견을 자신감 있게 표현하고, 다른 사람들의 주목을 이끌어내며, 중요한 메시지를 전달할 때 주저하지 않습니다. 팀 안에서는 분위기를 주도하며 에너지를 불어넣고, 고객 앞에서는 확신과 열정을 전달해 신뢰를 얻게 됩니다. 단순히 제품을 파는 것이 아니라, 고객이 그 사람을 통해 새로운 가능성을 보고 결정을 내리게 하는 힘이 바로 영향력입니다.

고객은 결국 제품이 아니라 사람을 통해 마음이 움직입니다. 진정성 있는 태도로 관계를 맺고, 고객이 말하지 않은 니즈까지 읽어내며, 그 변화의 순간을 자연스럽게 이끌어내는 사람, 그것이 영향력 강점을 가진 세일즈맨의 모습입니다.

1. 영향력 영역의 3가지 핵심 가치

(1) 고객의 마음을 움직이는 힘

영향력 강점의 본질은 상대방의 감정과 생각에 영향을 미쳐, 고객 스스로 변화를 결정하게 하는 것입니다. 이들은 뛰어난 소통 능력과 공감을 통해 고객이 진정 원하는 것이 무엇인지 빠르게 파악합니다. 고객이 가진 문제를 효과적으로 공감하게 하고, 그 해결책이 고객의 마음에 직접적으로 와닿도록 감성적으로 접근합니다. 결국 고객은 이들의 말과 표현에 자연스럽게 설득되어 변화와 구매를 결심합니다.

(2) 구매 결정의 촉진자 역할

영향력 강점은 고객이 결정을 내리는 중요한 순간에 가장 강력한 힘을 발휘합니다. 흔히 세일즈 프로세스가 막바지에 이를 때 고객은 결정을 미루거나 망설이게 됩니다. 이때 영향력 강점의 소유자는 고객에게 결정의 확신을 심어주는 결정적인 메시지를 전달합니다. 고객의 망설임을 공감하며 불안을 제거하고, 명확한 결정을 내리도록 이끌어냅니다. 그 결과, 구매 결정을 빠르게 마무리하고 확실한 결과를 만들어냅니다.

(3) 적극적이고 긍정적인 태도

영향력 강점이 높은 사람은 기본적으로 긍정적이고 적극적인 태도를 가지고 있습니다. 이 긍정적인 에너지는 고객과의 대화 과정에서 전염성이 강합니다. 이들의 적극성은 고객이 지니고 있는 부정적인 생각이나 의심을 잠재우고, 긍정적인 방향으로 고객의 마음을 열게 만듭니다. 고객은 이들의 에너지와 확신 넘치는 태도에 이끌려 구매를 결정하는 경우가 많습니다.

2. 영향력 영역에 속한 8가지 강점 테마 분석

(1) 행동(Activator®)

"생각은 이제 그만, 지금 시작할 시간입니다."

행동(Activator®) 테마는 생각을 즉시 행동으로 옮기려는 강한 욕구를 가진 재능입니다. 이 테마가 강한 사람은 "언제 시작할 수 있죠?"라는 질문을 가장 중요하게 생각하며, 논의나 분석보다는 실제적인 행동을 통해 배우고 전진합니다. 이들은 변화를 위한 촉매제 역할을 하며, 다른 사람들이 주저하고 있을 때 과감하게 첫걸음을 내디뎌 프로젝트에 생명력을 불어넣습니다.

이들에게 행동 없는 논의는 답답함 그 자체이며, 무언가 시작될 때 가장 큰 에너지를 느낍니다. 이들은 타고난 실행가로서, 때로는 불완전하더라도 우선 시작해서 부딪히고 배우며 길을 찾아 나가는 것을 선호합니다. 이들의 존재는 조직이나 팀이 생각의 늪에 빠져 관성에 젖는 것을 막아주는 강력한 동력이 됩니다.

세일즈 현장에서 행동(Activator®) 테마가 발현되는 방식

세일즈 현장에서 행동(Activator®) 강점은 프로세스를 가속화하고 실질적인 결과를 만들어내는 데 결정적인 힘을 발휘합니다. 이 강점을 가진 세일즈 담당자는 논의가 길어지거나 고객이 결정을 망설일 때, "그렇다면 이 아이디어를 테스트해볼 작은 파일럿 프로젝트부터 시작해보는 건 어떨까요?"와 같이 구체적인 다음 단계를 제시하여 상황을 진전시킵니다.

이들은 고객과의 미팅을 단순히 '좋은 대화'로 끝내지 않고, 즉각적인 후속 조치나 구체적인 실행 계획으로 연결합니다. 이들의 빠른 실행력과 결단력은 고객에게 '이 사람은 말을 행동으로 증명하는구나'라는 강한 신뢰를 심어줍니다. 특히, 판매 주기가 길어지거나 프로젝트가 정체될 위기에 처했을 때, 이들의 행동 촉구 능력은 거래를 성사시키는 중요한 추진력이 됩니다.

행동(Activator®) 테마가 함정이 될 때

하지만 행동(Activator®) 강점은 때로 충분한 정보 수집이나 계획 없이 성급하게 움직이는 함정에 빠질 수 있습니다. 빨리 시작하려는 의욕이 너무 앞선 나머지, 고객의 진짜 니즈를 깊이 경청하기 전에 섣불리 해결책을 제시할 수 있습니다. 이는 고객에게 '내 말을 제대로 듣지 않고 자기 생각만 밀어붙인다'는 인상을 주어 신뢰를 잃는 원인이 되기도 합니다.

또한, 신중한 성향의 고객에게는 이들의 빠른 속도가 부담스럽거나 심지어 '푸시'하는 것처럼 느껴질 수 있습니다. 모든 것을 너무 빨리 시작하려는 성향 때문에, 여러 프로젝트를 동시에 벌여놓고 제대로 마무리하지 못하는 결과를 낳을 수도 있습니다. 철저한 분석 없이 행동부터 앞선 탓에 실수를 저지르거나, 나중에 더 큰 문제에 부딪혀 시간과 비용을 낭비하는 우를 범하기도 합니다.

행동(Activator®) 테마를 위한 세일즈 액션 플랜

행동 테마의 핵심은 당신의 강력한 실행력을 '올바른 방향'으로 이끄는 것입니다. 이를 위해 다음 전략을 활용하십시오.

- **의도적인 '생각의 공간' 만들기:** 행동에 나서기 전에 스스로에게 "내가 지금 고객의 문제를 정확히 이해했는가?" 혹은 "이 행동을 하기 전에 반드시 확인해야 할 정보는 무엇인가?"와 같은 질문을 던지는 시간을 의도적으로 가지십시오.
- **행동을 이끌어내는 질문하기:** 고객에게 무조건 "시작합시다!"라고 말하기보다, 고객 스스로 행동의 필요성을 느끼게 하는 질문을 활용하십시오. "이 문제를 해결하기 위해 우리가 지금 당장 취할 수 있는 가장

작지만 의미 있는 첫 단계는 무엇일까요?"와 같이 질문하여 고객의 참여를 유도하십시오.
- **신중한 파트너와 협력하기:** 당신의 실행력에 제동을 걸어주고 방향을 제시해 줄 신중한 동료, 가령 분석(Analytical®), 심사숙고(Deliberative®) 테마가 강한 사람과 파트너가 되십시오. 당신의 '액셀'에 그들의 '브레이크'와 '핸들'이 더해질 때, 가장 빠르고 안전하게 목표에 도달할 수 있습니다.

행동(Activator®) 강점 조합의 시너지 활용

- 전략(Strategic®) 테마와 함께라면, 여러 선택지 중에서 가장 효과적인 길을 빠르게 찾아내어 행동으로 옮길 수 있습니다. 이는 단순히 '빨리 시작하는 것'을 넘어 '승리할 수 있는 싸움을 시작하는' 강력한 통찰력으로 발전합니다.
- 신념(Belief®) 테마와 함께라면, 자신의 신념과 가치를 실현하기 위한 강력한 추진력으로 행동(Activator®) 테마를 사용할 수 있습니다. 이들의 행동에는 목적과 열정이 담겨 있어 사람들을 움직이는 강력한 설득력을 갖게 됩니다.

> **[코칭 스토리] "왜 나만 바쁘고 힘들까?"**
>
> 박 과장은 회사에서 '일 잘하는 사람'으로 유명했습니다. 항상 첫 번째로 출근해서 마지막에 퇴근하며, 어떤 업무든 빠르고 정확하게 처리했습니다. 하지만 고민이 있었습니다.
>
> "제가 아무리 계획을 세우고 방향을 제시해도, 팀원들이 능동적으로 따라오지 않아요. 결국 제가 직접 나서서 해결해야 합니다."

어느 날, 중요한 프로젝트 마감을 앞두고 팀원 몇 명의 작업이 지연되었습니다. 박 과장은 즉시 행동에 나섰습니다.

"제가 직접 확인하겠습니다."

몇 개월 후, 팀원들은 문제가 생겼을 때 박 과장에게 즉시 도움을 요청하는 대신, 먼저 스스로 해결해보려고 노력했습니다. 박 과장의 행동력은 여전히 강력했지만, 이제는 모든 일을 직접 처리하는 것이 아니라 팀원들이 스스로 행동할 수 있는 환경을 만드는 데 사용되고 있었습니다.

그는 팀원들의 작업을 하나하나 점검하고, 부족한 부분은 자신이 직접 보완했습니다. 밤늦게까지 남아서 다른 팀원이 해야 할 일까지 대신 처리했습니다. 프로젝트는 성공했지만, 박 과장은 지쳐 있었습니다. 더 큰 문제는 팀원들이 점점 더 의존적이 되어간다는 것이었습니다. "어차피 박 과장님이 다 해주실 테니까"라는 분위기가 퍼져 있었습니다.

코칭에서 저는 물었습니다.

"과장님께서 열심히 일하시는 목적이 무엇인가요?"

"팀이 성과를 내고, 팀원들이 성장하는 것입니다."

"지금의 방식이 그 목적에 도움이 되고 있나요?"

박 과장은 잠시 생각했습니다.

"솔직히... 성과는 나오지만 팀원들이 성장하고 있는지는 의문입니다."

"행동력이 강한 분들은 때로 다른 사람들이 배울 기회를 빼앗을 수 있어요. 한 발 뒤로 물러서서 팀원들이 스스로 해결할 여백을 만들어주면 어떨까요?"

다음 프로젝트에서 박 과장은 새로운 접근을 시도했습니다. 팀원이 작업에 어려움을 겪을 때, 평소라면 바로 대신 해결했을 것입니다.

> "김 대리, 지금 어떤 부분에서 막히고 있나요? 본인은 어떤 방법으로 해결해보고 싶으신가요?" 먼저 팀원의 생각을 듣고, 바로 답을 주는 대신 질문을 통해 스스로 해결책을 찾도록 도왔습니다.
>
> 처음에는 답답했습니다. 자신이 직접 하면 30분이면 끝날 일을 팀원이 2시간 동안 씨름하는 것을 지켜보는 것이 쉽지 않았습니다.
>
> 하지만 김 대리가 문제를 해결한 후 말했습니다.
>
> "직접 해보니까 이런 방식도 있다는 걸 알게 됐어요. 당장은 느리더라도 다음번에는 더 빨리 할 수 있을 것 같습니다."

(2) 주도력(Command®)

"상황을 이끌고, 결정을 만들어내는 타고난 리더십입니다."

주도력(Command®) 테마는 상황을 주도하고 통제하려는 타고난 욕구입니다. 이 테마가 강한 사람은 애매한 상황이나 우유부단한 분위기를 견디지 못하고, 자연스럽게 나서서 방향을 제시하고 결정을 이끌어냅니다. 이들은 결코 지켜보기만 하지 않고 직접 나서서 상황을 파악하고 문제를 해결하며 사람들을 이끌어 나가는 것에서 진정한 에너지를 얻습니다.

이들은 단순히 권위적이거나 지배적인 것이 아닙니다. 이들의 주도적인 면은 책임감에서 나옵니다. 이들은 상황이 잘못되거나 방향을 잃었을 때 '누군가는 나서야 한다'는 사명감을 느끼며, 그 누군가가 바로 자신이어야 한다고 생각합니다. 이들은 갈등을 피하지 않고 정면으로 마주하며,

어려운 결정도 주저하지 않고 내립니다. 때로는 냉정해 보일 수 있지만, 그들의 근본적인 동기는 모든 사람이 더 나은 결과를 얻기 위함입니다.

세일즈 현장에서 주도력(Command®) 테마가 발현되는 방식

세일즈 현장에서 주도력(Command®) 강점은 특히 복잡하고 어려운 협상 상황에서 큰 힘을 발휘합니다. 이 강점을 가진 세일즈 담당자는 고객이 우유부단하거나 결정을 미루고 있을 때, 상황을 명확하게 정리하고 구체적인 다음 단계를 제시합니다. 이들은 "그럼 이렇게 해보시죠"라는 확신에 찬 제안으로 고객의 마음속 혼란을 해결해줍니다.

고객사 내부에 의견 대립이나 갈등이 있을 때도 이들의 주도력(Command®) 테마가 빛을 발합니다. 여러 이해관계자들 사이에서 중재자 역할을 하며, 각자의 입장을 정리하고 공통된 목표를 향한 합의점을 찾아냅니다. 고객들은 이런 상황에서 이들의 강한 리더십과 결정력에 의존하게 되며, 자연스럽게 신뢰를 보내게 됩니다.

또한 대형 프로젝트나 중요한 계약에서 발생하는 복잡한 이슈들을 체계적으로 정리하고, 우선순위를 명확히 하여 고객이 명확한 판단을 내릴 수 있도록 돕습니다. "중요한 것은 이 세 가지입니다. 첫 번째부터 차례대로 해결해나가면 됩니다"와 같은 명확한 가이드라인을 제시하여 고객의 결정 부담을 줄여줍니다.

주도력(Command®) 테마가 함정이 될 때

하지만 주도력(Command®) 강점은 때로 지나치게 강압적이거나 일방적으로 보일 수 있는 함정에 빠질 수 있습니다. 상황을 주도하려는 욕구가 너무 강해서 고객의 의견을 충분히 듣지 않고 자신의 방식을 밀어붙이는 경우가 있습니다. 이런 경우 고객은 '이 사람은 나의 상황을 제대로 이해하지 못하고 자기 방식만 고집한다'는 인상을 받을 수 있습니다.

또한 고객이 신중하게 검토하고 싶어할 때도 빠른 결정을 압박하여 오히려 고객을 부담스럽게 만들 수 있습니다. "지금 결정하지 않으면 기회를 놓칠 수 있습니다"라는 식의 압박은 때로 고객으로 하여금 거부감을 느끼게 만들 수 있습니다. 특히 관계를 중시하는 고객이나 합의를 통한 의사결정을 선호하는 조직에서는 이런 강한 주도성이 역효과를 낼 수 있습니다.

갈등 상황에서도 너무 직설적이거나 날카로운 표현을 사용하여 상대방의 감정을 상하게 만들 수 있으며, 이는 장기적인 관계 형성에 악영향을 미칠 수 있습니다.

주도력(Command®) 테마를 위한 세일즈 액션 플랜

주도력(Command®) 테마의 핵심은 당신의 리더십을 고객의 성공을 위한 가이드로 활용하는 것입니다. 이를 위해 다음 전략을 활용하십시오.

- **질문을 통해 협력적으로 주도하기:** 직접적인 지시나 제안보다는 전략적 질문을 통해 고객 스스로 올바른 결론에 도달하도록 이끌어주십시오. "이 상황에서 가장 우선적으로 해결해야 할 문제가 무엇이라고 생각하시나요?"와 같은 질문으로 고객의 사고를 체계화하고 방향을 제시할 수 있습니다. 이렇게 하면 고객은 강요받는다는 느낌 없이 자연스럽게 당신의 리드를 따르게 됩니다.

- **단계별 의사결정 프로세스 제안하기:** 복잡한 상황을 작은 단위의 결정들로 나누어 제시하십시오. "오늘은 방향성에 대해서만 합의하고, 다음 주에 구체적인 방법을 논의해보는 건 어떨까요?"와 같이 부담 없는 단계별 접근을 제안합니다. 이렇게 하면 고객은 큰 결정에 대한 부담감 없이 한 걸음씩 나아갈 수 있습니다.
- **고객의 리더십 지원하기:** 고객사의 의사결정권자나 핵심 인물의 리더십을 인정하고 그들이 더 좋은 결정을 내릴 수 있도록 지원하는 역할에 집중하십시오. "대표님의 판단이 옳습니다. 제가 그 방향으로 구체적인 실행 방안을 준비해보겠습니다"와 같이 상대방의 주도권을 존중하면서도 실질적인 도움을 제공합니다.

주도력(Command®) 강점 조합의 시너지 활용

- 책임(Responsibility®) 테마와 함께라면, 고객의 성공에 대한 강한 책임감을 바탕으로 한 확신 있는 리더십을 발휘할 수 있어, 고객의 신뢰를 더욱 깊게 얻을 수 있습니다.
- 전략적 사고(Strategic®) 테마와 함께라면, 장기적 관점에서의 전략적 방향성과 단기적 실행력을 결합하여 고객에게 종합적인 솔루션을 제시할 수 있습니다.

> **[코칭 스토리] "중요한 결정을 미룰 때, 저는 고객의 확신을 이끌어냅니다."**
>
> IT 소프트웨어 회사의 정 과장은 명확하고 결단력 있는 소통 방식을 가진 세일즈맨이었습니다. 그의 이런 단도직입적인 스타일은 때로 호불호가 갈렸지만, 불확실한 상황에서 방향을 제시하는 그의 주도력(Command®)은 단연 돋보이는 강점이었습니다.

몇 달째 중요한 신규 시스템 도입을 망설이던 한 대기업 프로젝트가 있었습니다. 여러 부서의 이해관계가 얽혀 누구도 선뜻 총대를 메지 못하는 상황, 즉 '리더십의 공백'이 문제의 핵심이었습니다. 경쟁사들은 고객의 눈치만 보며 소극적으로 기다리고 있었지만, 정 과장은 이 교착 상태를 깨야만 프로젝트를 이길 수 있다고 판단했습니다.

그는 고객사 결정권자들이 모인 회의에서, 먼저 그들의 고민을 존중하며 입을 열었습니다.

"각 부서의 우려 사항들을 모두 들었습니다. 충분히 합리적이고 중요한 고민들이라고 생각합니다. 하지만 제가 외부에서 객관적으로 보았을 때, 현재 가장 큰 리스크는 잘못된 선택이 아니라 '아무것도 선택하지 않는 것' 그 자체일 수 있습니다. 이 정체된 시간 동안 우리가 놓치고 있는 기회비용이 바로 눈에 보이지 않는 가장 큰 손실입니다."

고객사가 가지고 있는 '실패에 대한 막연한 두려움'을 덜어줄 제안을 던졌습니다.

"물론 큰 결정을 내리기 부담스러우실 겁니다. 그래서 저희는 전체가 아닌, 가장 핵심적인 1단계 실행 계획을 먼저 제안합니다. 이 작은 성공을 먼저 눈으로 확인하신 후, 다음 단계를 결정하셔도 좋습니다. 만일 1단계를 보시고 만족스럽지 못할 경우 언제든 취소하셔도 좋습니다. 저희가 확실히 책임지겠습니다."

그 한마디에 길었던 교착 상태가 깨지고 프로젝트는 급물살을 타게 되었습니다.

이후 성공적으로 프로젝트를 마친 고객사 담당자는 이렇게 말했습니다.

"총대를 매 주셔서 고맙습니다. 저희 내부에 몸을 사리는 문화가 있어서요."

주도력(Command®) 테마는 상대를 압박하는 힘이 아니라, 안개 속에 갇힌 고객을 가장 안전한 길로 이끄는 등대와 같습니다.

(3) 커뮤니케이션(Communication®)

"당신의 메시지를 강력한 스토리로 만들어 전달합니다."

커뮤니케이션(Communication®) 테마는 뛰어난 말과 글, 즉 자신의 생각을 상대방이 명확히 이해하고 공감할 수 있도록 효과적으로 전달하는 재능입니다. 이 테마가 강한 사람은 사람들을 끌어당기는 탁월한 표현력과, 복잡한 메시지를 쉽게 이해할 수 있는 매력적인 이야기로 바꾸는 능력을 가지고 있습니다. 이들에게 세상은 늘 전달할 가치가 있는 이야기로 가득 차 있으며, 자신이 가진 아이디어와 메시지를 상대에게 설득력 있게 전달하는 과정 자체에서 큰 보람을 느낍니다.

커뮤니케이션(Communication®) 테마를 가진 사람들은 자신을 자연스럽게 표현하며, 언제나 자신의 이야기에 사람들을 몰입하게 만드는 특별한 매력을 지니고 있습니다. 이들의 가장 큰 무기는 상대의 관심을 사로잡고 메시지를 효과적으로 각인시키는 강력한 스토리텔링 능력입니다.

세일즈 현장에서 커뮤니케이션(Communication®) 테마가 발현되는 방식

세일즈 현장에서 커뮤니케이션(Communication®) 테마는 가장 탁월한 설득가이자 이야기꾼으로서 가치를 발휘합니다. 이 강점을 가진 영업사원은 복잡하고 딱딱한 제품 정보를 단순히 전달하는 것이 아니라, 고객이 공감할 수 있는 흥미로운 스토리로 만들어 전달합니다. 기술적이고 전문적인 내용이라도 이들은 늘 듣는 사람이 쉽고 재미있게 이해할 수 있도록 이야기로 풀어내는 데 특별한 재능을 가지고 있습니다.

고객이 이들의 이야기를 듣고 나면 제품의 특성과 이점이 훨씬 명확해질 뿐만 아니라, 그 제품이 고객의 삶이나 비즈니스에 어떤 의미를 주는지 더 깊이 공감하게 됩니다. 특히 프레젠테이션이나 중요한 미팅에서, 이들은 자신만의 이야기를 통해 고객의 마음을 움직이고 더 깊은 신뢰를 얻어냅니다. 이들이 주는 생생한 표현력과 명확한 메시지는 고객이 의사결정을 더 쉽게 할 수 있게 도와줍니다.

커뮤니케이션(Communication®) 테마가 함정이 될 때

그러나 이 뛰어난 커뮤니케이션 능력은 때때로 지나친 말의 양과 과도한 표현력으로 인해 본래의 메시지를 흐리게 할 수 있습니다. 말이 너무 많거나 불필요하게 꾸미는 이야기는 상대방의 집중력을 떨어뜨리고 메시지의 핵심을 놓치게 만들 수 있습니다. 때로는 말의 화려함이 진실성과 전문성을 떨어뜨리는 인상을 줄 수도 있으며, 고객에게 과장된 약속이나 기대를 주어 신뢰를 잃을 위험도 있습니다.

또한 이들은 종종 말을 너무 좋아한 나머지 고객의 이야기를 경청하는 시간을 놓칠 수 있습니다. 자신의 메시지 전달에 집중한 나머지 고객의 진짜 니즈와 고민을 파악하지 못할 경우도 있습니다.

커뮤니케이션(Communication®) 테마를 위한 세일즈 액션 플랜

커뮤니케이션(Communication®) 테마의 핵심은 '메시지를 명확하고 임팩트 있게 전달하는 것'입니다. 이를 위해 다음 전략이 필요합니다.

- **고객 사례 스토리북 제작:** 자신이 판매하는 제품이나 서비스에 대한 주요 고객 성공 사례와 활용 예시를 이야기 형태로 명확히 준비하십시오.

고객에게 제품을 설명할 때 이 생생한 사례들을 통해 제품의 가치를 더욱 쉽게 전달할 수 있습니다.
- **'60초 핵심 메시지' 연습:** 모든 제품이나 제안에 대해 60초 이내에 핵심 메시지를 전달할 수 있도록 훈련하십시오. 간결한 핵심 메시지는 고객의 기억에 쉽게 남아 의사결정을 돕습니다.

커뮤니케이션(Communication®) 강점 조합의 시너지 활용

사교성(Woo®) 테마와 함께라면, 첫 만남에서부터 상대의 관심을 빠르게 끌고 신뢰를 형성할 수 있어 더 강력한 관계 구축을 가능하게 합니다.

개별화(Individualization®) 테마와 함께라면, 고객 개개인의 특성과 니즈에 맞추어 이야기를 맞춤형으로 전달할 수 있어 더욱 큰 설득력을 발휘합니다.

[코칭 스토리] "제가 말만 번지르르한 사람일까요?"

제가 코칭했던 윤 대리는 고객과의 미팅이나 프레젠테이션에서 뛰어난 언변과 매력적인 이야기를 풀어내는 능력이 있었습니다. 그러나 그는 자주 자책하곤 했습니다.

"제가 너무 말을 많이 해서 고객들이 오히려 부담을 느끼는 건 아닐까요? 때로는 고객의 이야기를 충분히 듣지 않고 저 혼자 말만 하는 것 같아요. 제가 말만 잘하는 영업사원으로 인식되면 어떻게 하죠?"

윤 대리의 고민을 들은 저는 그에게 질문했습니다.

"윤 대리님이 고객과 대화할 때, 주로 어떤 내용을 전달하고 싶으신가요?"

그는 바로 답했습니다.

"저는 제가 판매하는 제품이 고객에게 얼마나 가치 있는지, 왜 그들에게 꼭 필요한지 제대로 이해시켜 주고 싶어요."

저는 다시 제안했습니다.

"그렇다면 윤 대리님의 강점인 커뮤니케이션(Communication®) 테마를 단순히 말의 양이 아니라, 고객에게 깊이 공감하고 그들의 입장에서 제품의 가치를 명확하게 이해시키는 데 초점을 맞춰보시면 어떨까요? 제품의 가치뿐 아니라, 그 가치가 고객의 실제 문제를 어떻게 해결할 수 있는지 구체적이고 짧은 사례 중심의 스토리를 준비해 보세요."

윤 대리는 코칭 이후 프레젠테이션 방식에 변화를 주었습니다. 그는 고객을 만나기 전에 그 고객의 주요 문제점과 관심사를 철저히 분석한 뒤, 해당 고객이 공감할 수 있는 짧고 명확한 성공 스토리를 준비했습니다. 미팅이나 제안서 발표 자리에서, 그는 단순히 제품 설명을 늘어놓는 대신, 고객이 공감할 수 있는 실제 사례를 바탕으로 짧고 임팩트 있는 이야기를 전달했습니다.

특히 한 주요 고객 미팅에서 윤 대리는 고객이 이전 공급업체와 겪었던 문제를 사전에 파악해두었고, 그 문제를 해결할 수 있었던 성공 사례를 명확하고 간결한 이야기로 풀어냈습니다. 그 이야기를 들은 고객은 윤 대리에게 말했습니다.

"윤 대리님, 저는 정말 수많은 영업사원을 만났지만, 윤 대리님처럼 제품을 이해하기 쉽고 간결하게 설명해준 사람은 처음입니다. 앞으로도 우리 회사의 주요 프로젝트는 윤 대리님께 맡기고 싶습니다."

이 경험을 통해 윤 대리는 자신의 커뮤니케이션(Communication®) 강점이 단순한 말솜씨가 아니라, 고객의 입장에서 가치를 명확히 이해시키고 설득하는 강력한 무기라는 사실을 깨달았습니다. 이후로 그는 단순히 말을 많이 하는 것이 아니라, 간결하고 명확한 핵심 메시지를 통해 고객의 마음을 진심으로 움직이는 최고의 세일즈맨으로 자리매김했습니다.

(4) 승부(Competition®)

"경쟁에서 이기는 것이 최고의 동력입니다."

승부(Competition®) 테마는 타인과의 경쟁을 통해 스스로를 끊임없이 자극하고 동기를 부여받는 강점입니다. 이 테마를 가진 사람들은 경쟁 상황에서 최고의 에너지를 발휘하며, 단순히 참여하는 것만으로는 만족하지 않습니다. 승리해야만 자신의 가치를 인정받고 성취감을 얻습니다. 이들에게 경쟁은 두려운 것이 아니라 오히려 흥미롭고 도전적인 기회입니다.

승부(Competition®) 테마를 가진 사람들은 자신과 경쟁 상대의 성과를 항상 비교하며, 누구보다 성과와 순위에 민감하게 반응합니다. 경쟁 상대가 강할수록 더 강력한 동기부여가 되고, 자신의 한계를 넘어서고자 하는 강렬한 욕구를 갖습니다. 이들이 가진 승부욕은 조직 내에서도 자극제가 되어, 동료들과 함께 전체 팀의 성과를 끌어올리는 촉매 역할을 합니다.

세일즈 현장에서 승부(Competition®) 테마가 발현되는 방식

세일즈 현장에서 승부(Competition®) 테마는 '가장 강력한 목표 달성 엔진'이 됩니다. 이 테마를 가진 영업사원은 경쟁 상황이나 목표 설정이 명확할수록 더 큰 성과를 만들어냅니다. 특히 세일즈처럼 실적과 목표가 명확하게 드러나는 업무에서 탁월한 성과를 보이며, 자신이 속한 팀이나 회사 내에서 '매출 1위', '성과 우수자'와 같은 타이틀을 얻는 데서 깊은 보람을 느낍니다.

이들의 경쟁적 본능은 고객과의 협상에서도 긍정적으로 작용합니다. 고객이 다른 경쟁사와의 비교를 꺼내거나 도전적인 상황을 제시하면, 이들은 오히려 더 열정적으로 대응하고, 고객에게 왜 자신이 최선인지 적극적으로 증명하려 합니다. 경쟁에서 승리하기 위해 고객에게 제공하는 제품과 서비스의 질을 높이고, 협상에서 가장 설득력 있는 논리와 전략을 준비합니다. 결과적으로 고객은 이들이 제안하는 가치와 열정에 깊은 신뢰와 매력을 느끼게 됩니다.

승부(Competition®) 테마가 함정이 될 때

하지만 강력한 승부욕은 때때로 지나친 경쟁심과 결과 지상주의로 나타날 수 있습니다. 경쟁에서 이기는 데만 초점을 맞춘 나머지, 때로는 고객과의 진정한 관계나 협력적이고 장기적인 파트너십을 소홀히 할 수 있습니다. 경쟁 상대보다 더 나은 제안을 만들기 위해 현실성 없는 약속을 하거나, 무리한 할인 제안 등으로 회사의 수익성에 문제를 일으킬 가능성도 있습니다.

또한 승부욕이 너무 강할 경우, 자신과 비교하여 경쟁력이 떨어지는 동료들을 무시하거나, 팀 내 분위기를 지나치게 경쟁적으로 만들어 협력과 협업을 어렵게 만들 수도 있습니다. 지나친 승부욕이 장기적으로는 고객과 팀의 신뢰와 협력적 관계를 약화시키는 역효과를 낼 수 있는 것입니다.

승부(Competition®) 테마를 위한 세일즈 액션 플랜

승부(Competition®) 테마의 핵심은 '경쟁심을 전략적으로 활용하여 성과를 극대화하는 것'입니다. 이를 위해 다음 전략을 활용하십시오.

- **비교할 대상을 설정하고 목표를 수치화하기:** 세일즈에서 반드시 이기고 싶은 경쟁 대상을 구체적으로 설정하고, 명확한 목표 수치를 정해 이를 시각화하십시오. 목표 수치를 매일 눈으로 확인하고 달성 상황을 모니터링하는 것은 당신의 경쟁심을 더욱 강하게 자극하여 성과를 높일 수 있습니다.
- **성과를 정기적으로 공유하고 축하하기:** 경쟁에서 이겼을 때 그 성과를 팀과 적극적으로 공유하고 축하하십시오. 성과 달성을 인정받고 축하받는 경험은 당신의 경쟁심을 더욱 긍정적이고 지속 가능한 방향으로 유지할 수 있게 해줍니다.

승부(Competition®) 강점 조합의 시너지 활용

- 최상화(Maximizer®) 테마와 함께라면, 경쟁에서 단순히 이기는 것을 넘어, 가장 우수하고 탁월한 결과를 만들어내는 데 집중할 수 있습니다. 경쟁을 질적으로 높은 성과를 창출하는 수단으로 활용하여 더 뛰어난 성과를 만들어낼 수 있습니다.
- 성취(Achiever®) 테마와 함께라면, 끊임없이 목표를 세우고, 그 목표를 성취함으로써 경쟁에서 이기는 능력을 더욱 강화합니다. 목표 달성과 경쟁 승리를 연계하여 지속적인 에너지와 성과를 낼 수 있습니다.

> **[코칭 스토리] "저는 경쟁심 때문에 동료들과 멀어진 것 같습니다."**
>
> 제가 코칭했던 영업팀의 신 과장은 승부(Competition®) 테마가 매우 강한 사람이었습니다. 그는 팀 내에서 가장 뛰어난 성과를 내는 것을 가장 큰 자부심으로 여겼고, 실제로 매 분기 우수한 실적을 거두며 회사의 인정도 받았습니다. 그러나 그가 저와 처음 만났을 때의 표정은 어두웠습니다.

"저는 경쟁에서 이기는 게 늘 즐겁고, 목표를 이루는 성취감도 큽니다. 하지만 요즘 동료들이 저와 거리를 두는 게 느껴집니다. 동료들과 협업하는 게 어렵고, 오히려 서로 방해가 되는 분위기가 되어버렸어요. 결국 성과도 더 이상 오르지 않고 있습니다. 제 경쟁심이 팀을 망가뜨리는 것 같습니다."

저는 그의 고민을 듣고 질문했습니다. "신 과장님께서 생각하시는 경쟁은 혼자서만 이기는 경쟁인가요, 아니면 함께 성과를 내며 서로를 성장시키는 경쟁인가요?"

그는 고민하더니 말했습니다. "사실 지금까지는 제 성과만 생각했던 것 같아요. 팀원들의 성과나 성장보다는 저 혼자 높은 성과를 내는 데에만 너무 집중했습니다."

저는 그에게 이렇게 제안했습니다. "과장님의 승부욕은 분명 강력한 무기입니다. 하지만 그 경쟁심을 다른 방향으로 활용해 보는 건 어떨까요? 예를 들어, 동료들과 경쟁을 하되, 서로를 이기려는 경쟁이 아니라 팀 전체가 더 높은 목표를 함께 달성하도록 서로를 이끄는 협력적 경쟁을 만들어 보는 겁니다."

그는 이 제안을 진지하게 받아들였고, 이후 팀원들과 함께 '팀 목표 달성'을 위한 건강한 경쟁 구조를 만들었습니다. 주간 미팅에서 서로의 성과를 공유하고, 팀 전체 목표를 달성하기 위해 서로가 어떻게 도와줄 수 있는지를 함께 고민했습니다. 자신이 가진 고객 발굴이나 협상 노하우를 동료들에게 적극적으로 공유하기 시작했고, 동료가 어려움을 겪는 부분을 발견하면 먼저 다가가 도움을 주었습니다.

이런 변화는 빠르게 팀 분위기를 바꾸었습니다. 동료들은 이제 신 과장을 경쟁자가 아니라 든든한 동료이자 모범으로 바라보기 시작했고, 그와 함께 하는 협업에 더욱 적극적으로 나섰습니다. 결과적으로 신 과장과 그의 팀은 이전보다 훨씬 뛰어난 성과를 만들어냈고, 회사에서도 최고의 협력 팀으로 평가받게 되었습니다.

신 과장은 이 경험을 통해 자신의 경쟁심이 단순히 개인적 승리를 위한 도구가 아니라, 팀의 전체 성과를 극대화하는 가장 강력한 무기임을 깨달았습니다. 경쟁을 서로에게 긍정적인 영향을 주고 함께 성과를 만들어내는 전략으로 전환했을 때, 그는 개인적 성과뿐 아니라 팀의 성과와 신뢰까지도 함께 얻을 수 있게 된 것입니다.

(5) 최상화(Maximizer®)

"좋은 것을 최고로 만드는 것, 그것이 진짜 성공입니다."

최상화(Maximizer®) 테마는 이미 잘하는 것을 더욱 뛰어나게 만들고자 하는 타고난 욕구입니다. 이 테마가 강한 사람은 평범함에 만족하지 않고, 항상 '더 나은 것'을 추구합니다. 이들에게 '충분히 좋다'는 표현은 존재하지 않습니다. 대신 '어떻게 하면 더 좋게 만들 수 있을까?'라는 질문이 그들의 일상을 지배합니다. 마치 조각가가 작품을 완성하기 전까지 끝없이 다듬고 또 다듬는 것처럼, 이들은 모든 것을 최고의 수준으로 끌어올리려는 강한 내적 동기를 가지고 있습니다.

이들은 단순히 완벽주의자가 아닙니다. 완벽주의자가 실수나 결함을 없애는 데 집중한다면, 최상화(Maximizer®) 테마를 가진 사람은 이미 잘하는 영역을 더욱 탁월하게 만드는 데 집중합니다. 이들은 강점을 발견하고 그것을 극대화하는 데서 진정한 만족감을 느끼며, 자신뿐만 아니라 팀, 조직, 그리고 고객까지도 더 높은 수준으로 끌어올리려고 합니다. 이들의 눈에는 항상 '개선의 여지'가 보이고, 그 가능성을 현실로 만들어내는 것이 그들의 가장 큰 기쁨입니다.

세일즈 현장에서 최상화(Maximizer®) 테마가 발현되는 방식

세일즈 현장에서 최상화(Maximizer®) 강점은 고객에게 단순한 제품이나 서비스가 아닌 '최적화된 솔루션'을 제공하는 데 큰 힘을 발휘합니다. 이 강점을 가진 세일즈 담당자는 고객의 현재 상황을 분석하고, 어떻게 하면 더 나은 결과를 만들어낼 수 있는지에 대한 구체적이고 실질적인 제안을 합니다. 이들은 고객이 미처 생각하지 못했던 개선점을 발견해내고, 그것을 해결할 수 있는 방법을 제시함으로써 고객에게 '진짜 가치'를 전달합니다.

고객과의 상담 과정에서도 이들의 최상화(Maximizer®) 강점은 빛을 발합니다. 단순히 제품의 기능을 나열하는 것이 아니라, 고객의 비즈니스나 상황에서 어떤 부분이 더 좋아질 수 있는지를 구체적으로 보여줍니다. 예를 들어, "이 시스템을 도입하시면 현재 처리 시간을 30% 단축시킬 수 있고, 동시에 오류율도 15% 줄일 수 있습니다"와 같은 구체적이고 측정 가능한 개선 효과를 제시합니다. 이런 접근은 고객으로 하여금 단순한 구매가 아닌 '성장과 발전'을 위한 투자라는 확신을 갖게 만듭니다.

최상화(Maximizer®) 테마가 함정이 될 때

하지만 최상화(Maximizer®) 강점은 때로 지나친 완벽 추구로 인해 결정과 실행을 지연시키는 함정에 빠질 수 있습니다. '더 좋은 방법이 있을 것이다'라는 생각에 사로잡혀 끝없이 개선안을 찾다가 정작 중요한 계약 체결 시기를 놓치는 경우가 있습니다. 또한 고객에게 너무 많은 옵션이나 개선 방안을 제시하다가 오히려 고객을 혼란스럽게 만들거나, 결정 피로감을 유발할 수도 있습니다.

때로는 현재 고객의 상황이 '충분히 좋은' 수준임에도 불구하고, 계속해서 더 많은 개선이 필요하다고 주장하여 고객에게 부담을 주기도 합니다. 이런 경우 고객은 '이 사람은 끝없이 더 비싼 옵션을 팔려고 한다'는 의심을 품게 될 수 있습니다. 또한 자신의 높은 기준을 다른 사람들에게도 똑같이 적용하려다가, 팀원이나 고객과의 관계에서 마찰을 일으킬 수도 있습니다.

최상화(Maximizer®) 테마를 위한 세일즈 액션 플랜

최상화(Maximizer®) 테마의 핵심은 당신의 개선 능력을 고객의 성공으로 연결하는 것입니다. 이를 위해 다음 전략을 활용하십시오.

- **단계별 개선 로드맵 제시하기:** 고객에게 한 번에 모든 개선사항을 제시하기보다는, 우선순위에 따른 단계별 개선 계획을 수립하여 제시합니다. "1단계에서는 이런 부분을 개선하고, 그 결과가 안정화되면 2단계에서는..." 식으로 체계적인 접근을 보여주십시오. 이렇게 하면 고객은 부담스럽지 않으면서도 지속적인 발전 가능성을 확신할 수 있습니다.
- **개선 효과의 정량적 측정 지표 제공하기:** 당신이 제안하는 개선사항이 가져올 구체적인 효과를 숫자로 보여주십시오. ROI, 시간 단축, 비용 절감, 품질 향상 등을 구체적인 수치로 제시하여 고객이 개선의 가치를 명확하게 인식할 수 있도록 합니다. 또한 개선 후 성과 측정 방법도 함께 제안하여 지속적인 최적화가 가능함을 보여주십시오.
- **고객의 강점 발견하고 극대화하기:** 고객의 현재 시스템이나 프로세스에서 이미 잘 작동하고 있는 부분을 먼저 찾아내고 인정해주십시오. 그 다음에 그 강점을 더욱 극대화할 수 있는 방법을 제안합니다. 이런 접근은 고객으로 하여금 당신이 단순히 팔려는 사람이 아니라, 그들의 성공을 진심으로 원하는 파트너라는 신뢰를 갖게 만듭니다.

최상화(Maximizer®) 강점 조합의 시너지 활용

- 전략(Strategic®) 테마와 함께라면, 장기적 관점에서 고객의 비즈니스 성장을 위한 종합적인 개선 전략을 수립하고 제시할 수 있습니다.
- 분석(Analytical®) 테마가 있다면, 데이터를 기반으로 한 정확한 현상 분석과 개선 방안을 제시하여 더욱 설득력 있는 제안을 만들 수 있습니다.

> **[코칭 스토리] "완벽한 제안서가 오히려 독이 될 수도 있나요?"**
>
> 박 과장은 회사에서 '디테일의 달인'으로 불리는 사람이었습니다. 그의 최상화(Maximizer®) 강점은 모든 제안서를 예술 작품 수준으로 만들어내는 원동력이었습니다. 경쟁사들이 몇 장짜리 간단한 제안서를 제출할 때, 박 과장의 제안서는 항상 두껍고 상세했습니다.
>
> 하지만 박 과장에게는 고민이 있었습니다.
>
> "저는 항상 최고의 제안을 하려고 합니다. 고객의 상황을 면밀히 분석하고, 밤낮으로 고민해요. 그런데 이상하게도 제가 공들여 만든 완벽한 제안서를 받은 고객들이 오히려 부담스러워하는 것 같아요. '너무 복잡하다', '단계적으로 생각해보겠다'는 반응이 많고, 결국 간단한 솔루션을 제안한 경쟁사를 선택합니다."
>
> 중요한 신규 고객사 프로젝트에서 그의 고민이 현실이 되었습니다. 3개월간 분석한 박 과장은 고객사의 업무 효율성을 획기적으로 개선할 종합적인 솔루션을 준비했습니다. 40페이지가 넘는 제안서에는 현재 시스템 문제점부터 3단계 개선 방안, 예상 효과, 추가 발전 가능성까지 모든 것이 담겨 있었습니다.
>
> 1시간 30분에 걸친 발표가 끝난 후, 고객사 대표는 말했습니다. "박 과장님, 정말 치밀하고 훌륭한 분석이네요. 하지만 저희 입장에서는 좀... 부담스럽습니다. 지금 당장 해결해야 할 문제는 간단한 건데, 이렇게 큰 프로젝트를 시작하기에는 무리가 있을 것 같습니다."

결국 그 프로젝트는 훨씬 간단하지만 즉시 실행 가능한 솔루션을 제안한 경쟁사에게 돌아갔습니다. 박 과장은 깊은 좌절감에 빠졌습니다.

코칭에서 저는 말했습니다. "과장님의 최상화(Maximizer®) 강점은 분명 특별한 재능입니다. 하지만 모든 고객이 지금 당장 '최고'를 원하는 것은 아닙니다. 때로는 '지금 당장 필요한 좋은 것'을 먼저 제공하고, 그 다음에 '더 좋은 것'으로 발전시켜 나가는 것이 현명할 수 있어요. 완벽한 비전을 단계별로 나누어 제시해보는 건 어떨까요?"

다음 프로젝트에서 박 과장은 접근 방식을 바꿨습니다. "대표님, 현재 가장 시급한 문제부터 해결해보시죠. 1단계로 이 부분만 개선해도 즉시 30%의 효율 향상을 보실 수 있습니다. 비용도 부담스럽지 않고, 2주면 구축 가능합니다. 시스템이 안정화되면, 그때 추가로 더 큰 개선 방안들을 논의해볼 수 있어요."

그는 완벽한 비전을 한 번에 쏟아내는 대신, 고객이 소화할 수 있는 만큼씩 단계별로 제시했습니다. 고객은 1단계 제안에 부담 없이 동의했고, 그 결과가 좋자 자연스럽게 2단계, 3단계에도 관심을 보이기 시작했습니다. 박 과장의 전달 방식이 바뀌면서 고객들은 그를 '부담스러운 완벽주의자'가 아닌 '신뢰할 수 있는 성장 파트너'로 인식하게 되었습니다.

(6) 자기확신(Self-Assurance®)

"내 안의 확신이 가장 강력한 나침반입니다."

자기확신(Self-Assurance®) 테마는 자신의 능력과 판단에 대한 강한 믿음을 가진 재능입니다. 이 테마가 강한 사람은 내면에 자리한 확고한 나침반을 따르며, 불확실한 상황 속에서도 자신의 결정을 신뢰하고 앞으로 나아갑니다. 이들은 다른 사람의 의견에 쉽게 흔들리지 않으며, 압박이 심한 상황에서도 내면의 안정감을 유지하는 능력이 탁월합니다.

이들에게는 모든 정보가 완벽하지 않더라도 결정을 내릴 수 있는 용기가 있으며, 그 결정의 결과를 책임지고 관리할 수 있다는 믿음이 있습니다. 이러한 내면의 힘은 주변 사람들에게 안정감을 주고, 혼란스러운 상황 속에서 나아갈 방향을 제시하는 등대와 같은 역할을 합니다.

세일즈 현장에서 자기확신(Self-Assurance®) 테마가 발현되는 방식

세일즈 현장에서 자기확신(Self-Assurance®) 강점은 특히 어렵고 중요한 순간에 빛을 발합니다. 이 강점을 가진 세일즈 담당자는 고객의 거절이나 어려운 반대 의견에 직면했을 때, 이를 개인적인 공격으로 받아들이지 않고 침착하고 자신감 있게 대응합니다. 이들의 흔들리지 않는 태도는 고객에게 오히려 신뢰감을 줍니다.

고액의 계약이나 첨예한 협상 테이블에서 이들의 내면적 안정감은 빛을 발합니다. 이들이 보여주는 확신은 중요한 결정을 앞두고 불안해하는 고객에게 "이 사람을 믿고 가도 되겠다"라는 심리적 안정감을 전달합니다. 또한, 시장에 처음 출시된 신제품이나 검증되지 않은 솔루션을 판매할 때, 제품의 효용성에 대한 이들의 개인적인 확신은 고객이 가진 의심의 장벽을 넘어서게 하는 강력한 다리가 되어 줍니다.

자기확신(Self-Assurance®) 테마가 함정이 될 때

하지만 자기확신(Self-Assurance®) 강점은 때로 '오만함'이나 '독선'이라는 위험한 함정에 빠질 수 있습니다. 자신의 판단에 대한 믿음이 너무 강한 나머지, 고객의 합리적인 우려나 동료의 진심 어린 조언을 무시하는 경향을 보일 수 있습니다. "제가 잘 압니다. 제 말을 믿으세요."라는 태도는 자칫 고객의 의견을 묵살하는 것처럼 비춰져 관계를 해칠 수 있습니다.

또한, 자신의 직감을 과신한 나머지, 세부적인 정보를 확인하거나 철저히 준비하는 과정을 소홀히 할 수도 있습니다. 이는 고객의 날카로운 질문에 제대로 답변하지 못해 전문가로서의 신뢰도를 떨어뜨리는 결과를 낳습니다. 이들의 확신이 '근거 없는 고집'으로 비치는 순간, 고객은 마음의 문을 닫아버립니다.

자기확신(Self-Assurance®) 테마를 위한 세일즈 액션 플랜

자기확신(Self-Assurance®) 테마의 핵심은 당신의 신뢰감을 주는 확신을 '소통 가능한 전문성'으로 전환하는 것입니다. 이를 위해 다음 전략을 활용하십시오.

- **'호기심 어린 확신'을 가지십시오**: 당신의 직감과 판단을 믿되, 항상 "혹시 내가 놓치고 있는 부분은 없을까?"라고 질문하며 다른 의견을 적극적으로 구하십시오. 당신의 확신을 증명하기 위해서가 아니라, 더 단단하게 만들기 위해 외부 정보를 활용하는 것입니다.
- **확신의 근거를 공유하십시오**: 고객에게 "저는 확신합니다"라고 선언하는 데서 그치지 말고, "제가 이렇게 확신하는 이유는 이러이러한 데이터와 과거 성공 사례에 기반하기 때문입니다"라고 구체적인 근거를 제시하십시오. 이는 당신의 확신을 아집이 아닌 통찰력으로 보이게 합니다.
- **반대 의견을 위한 안전지대를 만드십시오**: 미팅 중에 의도적으로 "이 계획의 가장 큰 리스크는 무엇이라고 생각하십니까?" 또는 "이 제안에 반대하는 입장에서 본다면 어떤 우려가 있을까요?"와 같이 질문하십시오. 이는 당신의 자신감이 다른 의견을 수용할 만큼 충분히 강하다는 것을 보여주는 가장 확실한 증거가 됩니다.

자기확신(Self-Assurance®) 강점 조합의 시너지 활용

- 분석(Analytical®) 테마와 함께라면, 데이터에 기반한 논리적 근거와 내면의 확고한 믿음이 결합됩니다. 이는 "제가 옳다고 생각합니다"를 넘어, "데이터가 옳다고 말하며, 제 모든 경험이 그것을 증명합니다"라는, 반박하기 어려운 전문가의 확신을 만들어냅니다.
- 공감(Empathy®) 테마와 함께라면, 자기확신(Self-Assurance®) 테마의 날카로운 모서리를 부드럽게 만들 수 있습니다. 자신의 길에 대한 확신을 가지는 동시에, 고객이 느끼는 불안과 우려를 깊이 이해하고 공감해 줄 수 있습니다. "제안에 대한 저의 확신은 변함없습니다. 하지만 대표님께서 왜 걱정하시는지 충분히 이해됩니다. 그 부분부터 함께 이야기 나눠볼까요?"

[코칭 스토리] "고객은 결국 가장 확신 있는 사람을 따라갑니다."

김 과장은 데이터 분석 솔루션을 판매하는 소프트웨어 기업에서 일하는 영업 담당자입니다. 그는 자기확신(Self-Assurance®) 테마가 강한 사람으로, 어떤 상황에서도 흔들리지 않는 자신감을 보였습니다. 하지만 때로는 동료들이 그를 두고 "너무 자신만만하다", "좀 더 겸손하게 접근해야 한다"고 걱정하기도 했습니다.

어느 날, 회사는 중요한 고객사인 대형 금융사의 신규 데이터 분석 시스템 프로젝트를 맡게 되었습니다. 고객사는 이미 여러 업체의 제안을 받은 상태였고, 각 솔루션의 장단점 때문에 결정이 지연되고 있었습니다. 경쟁 업체들은 고객사의 의견을 듣고 제안을 여러 번 수정하며 주춤거리고 있었습니다.

김 과장은 이 상황에서 전혀 다른 접근을 선택했습니다. 그는 고객사의 IT부서장과 미팅을 하면서 다음과 같이 말했습니다.

"팀장님, 솔직히 말씀드리겠습니다. 저희 솔루션은 경쟁사의 솔루션과 다르게 모든 기능을 다 갖추고 있지는 않습니다. 하지만 저희가 제안드리는 방식은 현재 금융권에서 이미 검증된 가장 안정적이고 성공적인 방식입니다. 고객사와 비슷한 환경에서 실제로 효과가 검증된 사례가 있습니다. 저는 저희 제안이 고객사 상황에 가장 적합하다고 확신합니다."

그의 자신감 있고 확고한 태도에 IT부서장은 잠시 고민하는 모습을 보였습니다. 김 과장은 기다리지 않고 말을 이어갔습니다.

"다른 업체의 제안을 여러 번 듣다 보면 점점 확신이 흔들리게 됩니다. 하지만 중요한 건 고객사 내부에서 이미 결정하신 방향성입니다. 저희는 그 방향성을 실현할 수 있는 가장 신뢰할 수 있는 파트너라고 확신합니다."

강력한 자기확신(Self-Assurance®) 테마로 김 과장은 그 자리에 참석한 고객사의 의사결정권자들에게 큰 인상을 남겼습니다. 결국 고객사는 김 과장의 회사 솔루션을 채택하기로 결정했습니다.

계약 체결 후 고객사는 이렇게 말했습니다.

"모든 업체들이 비슷한 말을 하고, 우리 의견에 따라 말을 자주 바꾸었습니다. 하지만 김 과장님만이 확고한 기준과 자신감을 가지고 있었습니다. 저희가 가장 필요했던 것은 확신을 가지고 우리와 함께 나아갈 수 있는 파트너였습니다."

김 과장은 이 경험을 통해 자신의 자기확신(Self-Assurance®) 강점이 고객에게 '지나친 자신감'으로 비치는 것이 아니라, 중요한 결정을 앞둔 고객에게 결정적 순간에 가장 신뢰할 수 있는 확신을 제공하는 강력한 강점이라는 것을 깨달았습니다. 이후 그는 자신의 자기확신(Self-Assurance®) 테마를 적극적으로 활용해 많은 고객들의 결정을 이끌어내며 꾸준히 높은 세일즈 성과를 만들어가게 되었습니다.

(7) 존재감(Significance®)

"내가 하는 일이 누군가에게 의미 있는 영향을 주길 원합니다."

존재감(Significance®) 테마는 자신의 일과 존재가 타인에게 중요한 의미와 가치를 제공하고 있음을 확인받고 싶어하는 강점입니다. 이 테마를 가진 사람들은 자신이 중요한 사람이며, 자신의 공헌과 성과가 주변에 확실한 변화를 일으키고 있음을 인지할 때 가장 큰 만족감을 느낍니다. 주목받는 것 자체가 목적이 아니라, 자신이 의미 있는 영향력을 발휘하고 있음을 확인할 때 가장 큰 성취감을 느끼는 것입니다.

존재감(Significance®) 테마를 가진 사람들은 스스로를 높은 기준과 야망을 가진 사람으로 정의합니다. 이들은 중요한 프로젝트나 영향력 있는 고객을 담당할 때 최고의 성과를 보이며, 다른 사람들로부터 인정과 존경을 받을 때 더욱 큰 동기와 활력을 얻습니다. 이들에게 성공이란 단지 개인의 명성이나 성취를 넘어, 자신이 이루는 결과가 주변 사람들에게 유의미한 변화를 가져오는 것을 의미합니다.

세일즈 현장에서 존재감(Significance®) 테마가 발현되는 방식

세일즈 현장에서 존재감(Significance®) 테마는 '영향력 있는 세일즈 리더'의 모습으로 드러납니다. 이 테마를 가진 세일즈 담당자는 크고 의미 있는 프로젝트나 높은 지위의 고객을 상대할 때 탁월한 능력을 발휘합니다. 이들은 단순히 제품이나 서비스를 판매하는 것이 아니라, 고객의 조직이나 비즈니스에 실질적으로 중요한 변화를 일으키고 싶어 합니다. 고객이 자신과의 거래를 통해 얼마나 의미 있는 결과를 얻었는지 구체적으로 확인하는 것이 이들에게 가장 큰 보상이며, 이러한 성과가 고객과 시장에서 인정을 받을 때 더 큰 동기를 얻습니다.

특히 존재감(Significance®) 테마를 가진 영업사원은 고객과의 협상 과정에서 자신의 전문성과 영향력을 적극적으로 어필하며, 고객이 느끼는 신뢰를 극대화합니다. 고객이 진정으로 중요한 결정을 내릴 때 이들을 찾게 되며, 이들의 제안과 조언은 고객에게 강력한 신뢰와 설득력을 제공합니다. 고객은 이들과의 거래가 조직 내에서 의미 있는 성과로 연결될 것임을 확신하고, 그 결과는 장기적인 신뢰 관계와 지속적인 거래로 이어집니다.

존재감(Significance®) 테마가 함정이 될 때

존재감(Significance®) 테마가 지나치게 발현되면 주변 사람들에게 자기 중심적이거나 과시적인 모습으로 비칠 수 있습니다. 자신이 중요하게 인정받고 싶은 욕구가 강해 때로는 본의 아니게 자신을 부각시키거나, 다른 사람의 공로를 제대로 인정하지 못하는 상황이 발생할 수 있습니다. 특히 팀의 성과나 협업보다는 개인의 영향력과 인정을 받는 데 지나치게 집중할 경우, 동료들과의 협력 관계가 약화될 위험도 존재합니다.

또한 존재감(Significance®) 테마가 강한 사람은 남들의 평가와 인정에 지나치게 예민할 수 있습니다. 자신에 대한 인정과 칭찬이 부족하다고 느끼면 급격히 동기와 자신감을 잃고 업무 수행에 어려움을 겪을 수 있으며, 고객의 평가에 지나치게 민감하게 반응하여 스트레스를 받을 가능성도 있습니다.

존재감(Significance®) 테마를 위한 세일즈 액션 플랜

존재감(Significance®) 테마의 핵심은 자신의 영향력과 가치를 전략적으로 관리하여 고객에게 중요한 변화를 만들어내는 것입니다. 이를 위한 다음 전략을 권장합니다.

- **'의미 있는 성과 포트폴리오' 관리하기:** 당신의 성과와 고객에게 미친 긍정적 영향을 구체적으로 기록하고, 주요 고객에게 제공했던 가치와 성과를 데이터와 스토리 형태로 정리하여 공유하십시오. 이를 통해 고객은 당신의 전문성과 존재감을 명확히 인지하고, 당신과의 거래가 그들의 조직에 얼마나 중요한 영향을 줄 수 있는지 확인할 수 있습니다.
- **임원급 고객과의 관계 관리:** 당신의 존재감(Significance®) 테마는 특히 높은 지위의 고객이나 중요한 프로젝트에서 더 큰 에너지를 얻습니다. 중요한 고객과의 관계를 관리할 때는 정기적인 미팅과 성과 보고를 통해 당신의 공헌과 영향력을 고객이 명확히 인식하도록 관리하십시오. 또한 고객사의 고위층과 정기적인 관계를 형성하고 관리하여 당신의 영향력을 더 폭넓게 확장할 수 있도록 하십시오.

존재감(Significance®) 강점 조합의 시너지 활용

- 커뮤니케이션(Communication®) 테마와 함께라면, 자신의 전문성과 성과를 더 효과적이고 매력적인 언어와 스토리로 표현하여 고객과 동료들에게 강력한 설득력을 제공합니다.
- 최상화(Maximizer®) 테마와 함께라면, 의미 있는 프로젝트나 고객을 선택하고 집중하여, 자신이 제공하는 가치와 영향력을 최대한으로 끌어올려 고객과 회사 모두에게 더 큰 성과를 만들어낼 수 있습니다.

[코칭 스토리] "때로는 침묵으로 신뢰를 얻죠."

B2B 솔루션 영업팀의 김 과장은 화려한 언변이나 특유의 친화력으로 승부하는 타입은 아니었지만, 조용하면서도 깊은 '존재감(Significance®)'이라는 특별한 무기가 있었습니다.

수십억 원 계약이 걸린 경쟁 프레젠테이션 날. 경쟁사들은 혁신적인 기능을 멋진 영상으로 보여주거나, 파격적인 할인율과 함께 고객사 임원들과의 친분을 어필했습니다. 회의실은 일방적인 정보와 화려한 수사로 가득했습니다.

김 과장의 차례가 왔습니다. 그런데 그는 노트북을 바로 켜는 대신 잠시 멈췄습니다. 의도적인 침묵으로 회의실을 가라앉힌 후, 박 상무를 바라보며 조용히 말했습니다.

"상무님, 이 모든 솔루션이 도입된 후에도 여전히 남아있을 것 같은 임직원분들의 '진짜 고민'이 있다면 어떤 것일까요?"

순간 분위기가 달라졌습니다. 박 상무는 처음으로 솔직한 속내를 꺼냈습니다.

"사실… 우리 직원들이 새 시스템 적응을 정말 어려워해요. 아무리 좋은 기능도 직원들이 안 쓰면 소용없는데, 그게 가장 큰 걱정입니다."

다른 팀장들도 하나둘씩 현업의 고충을 털어놓기 시작했습니다. 김 과장은 발표를 접어두고 그들의 이야기에 온전히 집중했습니다. 해결책을 성급하게 제시하지 않고, 고객의 불안이 편안히 머물 수 있는 공간을 만들어 주었습니다.

모든 이야기가 끝난 뒤, 김 과장은 단 세 장의 슬라이드만 보여줬습니다. 제품 기능 대신 '직원 교육 지원', '유사 기업 성공 사례', '초기 안정화 전담팀' 계획이었습니다. 고객이 방금 털어놓은 진짜 걱정에 대한 구체적인 해답이었습니다.

며칠 후 김 과장은 계약을 맺었습니다. 고객사 박 상무는 이렇게 말했습니다.

"여러 회사가 자기 제품이 최고라고 했지만, 김 과장님의 발표가 가장 눈에 띄었습니다. 그리고 과묵하면서도 자신감 있는 모습에서 함께 일할 만한 파트너로 느껴졌습니다."

김 과장은 '무엇을 팔 것인가'가 아니라 '어떻게 존재할 것인가'로 승부했습니다.

(8) 사교성(Woo®)

"처음 만나는 순간, 마음의 문을 여는 열쇠입니다."

사교성(Woo®) 테마는 새로운 사람과 쉽게 친해지고 빠르게 신뢰를 형성하는 타고난 능력입니다. 이 테마가 강한 사람은 낯선 사람과의 대화를 즐기며, 처음 만난 상대의 마음을 열고 편안한 관계를 형성하는 데 특별한 만족감을 느낍니다. 마치 레이더처럼 새로운 사람을 찾아내고, 자석처럼 그들에게 다가가 관계를 맺는 과정 자체를 즐기는 것이죠.

이들에게 새로운 사람을 만나는 것은 에너지를 소모하는 일이 아니라, 오히려 활력을 얻는 과정입니다. 이들은 상대의 호감을 얻기 위해 진심으로 노력하며, 누구와도 쉽게 연결되는 뛰어난 친화력을 갖고 있습니다. 이들의 진짜 재능은 자신이 돋보이려 하는 것이 아니라, 상대방에게 진심 어린 관심을 표현하고 그들을 대화의 주인공으로 만들어주는 데 있습니다. 그 결과, 상대방은 이들 앞에서 무장해제되고 순식간에 호감을 느끼게 됩니다.

세일즈 현장에서 사교성(Woo®) 테마가 발현되는 방식

세일즈 현장에서 사교성(Woo®) 강점은 특히 초기 단계에서 큰 힘을 발휘합니다. 이 강점을 가진 세일즈 담당자는 첫 만남에서부터 고객과의 관계를 부드럽게 만들고, 자연스럽게 편안한 대화를 이끌어 고객의 마음을 엽니다. 고객은 이들의 친화력 앞에서 자연스럽게 경계심을 풀고, 자신들의 진짜 고민이나 필요(Needs)에 대해 더 솔직하게 이야기하게 됩니다. 네트워킹 행사나 콜드콜 같은 어려운 상황에서도 빠르게 친밀감을 형성하여 고객과의 첫 번째 문턱을 쉽게 넘습니다. 딱딱한 비즈니스 미팅을 인간적인 대화의 장으로 바꾸는 이들의 능력은, 고객이 느끼는 '판매'에 대한 본능적인 거부감을 크게 줄여줍니다. 그 결과, 고객은 이들이 보여주는 적극적이고 친화적인 태도 덕분에 상대를 쉽게 신뢰하게 되며, 편안한 마음으로 거래의 다음 단계를 함께 시작할 수 있습니다.

사교성(Woo®) 테마가 함정이 될 때

하지만 사교성(Woo®) 강점은 때로 너무 많은 관계 형성에만 집중한 나머지 관계의 깊이를 놓치는 함정에 빠질 수 있습니다. 많은 사람과 쉽게 친해지는 능력은 좋지만, 표면적인 관계만 유지하고 깊고 지속적인 신뢰 관계를 구축하는 데 소홀할 수 있습니다. 모든 사람과 '아는 사이'가 되는 데는 성공하지만, 정작 중요한 비-즈니스 결정을 앞두고는 더 진중한 전문가에게 밀려나는 결과를 낳을 수 있습니다. 또한 때로는 지나친 친화력이 비즈니스의 전문성을 떨어뜨리는 인상을 줄 수도 있습니다. 고객과 친구처럼 가까워지는 것은 좋지만, 자칫 가벼운 사람으로 비치거나, 좋은 관계를 유지하고 싶은 마음에 지키기 어려운 약속을 하여 오히려 신뢰를 잃는 우를 범하기도 합니다.

사교성(Woo®) 테마를 위한 세일즈 액션 플랜

사교성(Woo®) 테마의 핵심은 당신의 친화력을 세일즈의 초석으로 활용하는 것입니다. 이를 위해 다음 전략을 활용하십시오.

- **전략적 네트워킹 계획 수립:** 막연히 많은 사람을 만나기보다 목표로 삼은 주요 고객 리스트를 작성하고, 이들과의 관계 형성을 위한 구체적인 전략과 시나리오를 준비합니다. 고객별로 성향, 관심사, 니즈를 사전

에 파악하여 접근 방식을 차별화하고, 첫 만남에서 상대가 가장 관심을 가질만한 주제와 질문을 미리 준비해둡니다.
- **첫 만남 후 의미 있는 후속 조치하기:** 사교성(Woo®) 테마는 단지 첫 만남에서만 끝나는 것이 아닙니다. 만남 이후 지속적인 관계를 유지하고 발전시키는 것이 중요합니다. 고객과의 첫 만남에서 나눈 대화 중에 고객이 흥미를 보이거나 중요하게 언급했던 내용을 기억해두고, 이를 기반으로 개인화된 후속 이메일이나 메시지를 보내십시오.
- **의미 있는 연결자(Connector) 되기:** 당신의 넓은 인맥을 활용하여 고객에게 도움이 될 만한 다른 사람이나 정보를 연결해 주십시오. 당신이 단순히 무언가를 팔러 온 사람이 아니라, 가치 있는 네트워크의 허브(Hub)라는 인식을 심어줄 때, 신뢰는 더욱 깊어집니다.

사교성(Woo®) 강점 조합의 시너지 활용

개별화(Individualization®) 테마와 함께라면, 상대방의 개인적인 특성과 관심사에 맞춘 맞춤형 관계 형성을 더욱 효과적으로 할 수 있습니다.

커뮤니케이션(Communication®) 테마가 있다면, 탁월한 언변과 친화력을 결합해 고객의 마음을 단번에 사로잡는 강력한 첫인상을 남길 수 있습니다.

> **[코칭 스토리] "제 진심이 왜 가볍게만 보일까요?"**

김 팀장은 '마당발'이라는 별명이 누구보다 잘 어울리는 사람이었습니다. 그의 손에는 언제나 처음 만난 사람들과 나눈 명함이 수북이 쌓여있곤 했습니다. 그의 사교성(Woo®)은 새로운 고객을 만나는 첫 관문을 언제나 쉽게 열어주는 마법의 열쇠 같았습니다.

하지만 김 팀장에게는 남모를 고민이 있었습니다.

"저는 고객과 금방 친해지고 분위기를 좋게 만드는 데는 자신 있어요. 그런데 이상하게 마지막 계약 단계에 가면 고객이 망설이는 경우가 많아요. '김 팀장님은 좋은 분이지만, 이 중요한 프로젝트는…' 이런 눈빛을 읽을 때마다 심장이 쿵 내려앉습니다."

그의 고민이 현실이 된 것은 중요한 신규 프로젝트를 진행하던 때였습니다. 몇 달간 공을 들여 관계를 쌓아온 고객사 대표는 김 팀장과 만날 때마다 늘 유쾌하게 대화를 나눴고, 분위기는 더할 나위 없이 좋았습니다. 계약서에 도장을 찍는 일만 남았다고 생각하며 최종 확인을 위해 연락했을 때, 이전과 달리 고객사 대표의 반응은 미온적이었습니다.

"아, 김 팀장님. 연락 주셨네요. 저희 내부적으로 검토할 부분이 좀 남아서요. 특히 실무팀에서 이번 프로젝트의 기술적인 안정성에 대해 몇 가지 더 확인하고 싶어 해서… 최종 결정까지는 시간이 조금 더 걸릴 것 같습니다. 정리가 되면 저희가 다시 연락드리겠습니다."

이전의 따뜻한 분위기와는 확연히 다른, 정중하지만 차가운 벽이 느껴지는 답변이었습니다. 이후로 고객은 김 팀장의 연락을 피하기 시작했고, 결국 그 계약은 경쟁사에게 돌아갔다는 소식이 들려왔습니다. 김 팀장은 자신의 가장 큰 강점이라 믿었던 사교성(Woo®) 테마가, 결국 고객의 마지막 신뢰를 얻는 데는 실패했다는 사실에 깊은 자괴감을 느꼈습니다.

그때 저는 김 팀장에게 이렇게 말했습니다.

"팀장님의 사교성(Woo®)은 고객의 마음을 여는 특별한 재능이지, 가벼움이 아닙니다. 다만, 많은 사람의 문을 열다 보니 한 사람의 문을 열고 '안으로 깊이 들어가는 것'을 잊고 있었던 것뿐입니다. 이제 팀장님의 넓은 인맥을 '의미 있는 연결'로 바꿔보는 건 어떨까요?"

코칭 후, 김 팀장은 다음 프로젝트에서 자신의 강점을 좀 더 신중하게 활용하기 시작했습니다. 그는 고객에게 전화해 이렇게 말했습니다.

"대표님, 지난번에 말씀하셨던 물류 시스템 문제 때문에 고민이 많으시더군요. 마침 제가 잘 아는 분 중에 그 분야 최고의 전문가가 있는데, 부담 갖지 마시고 한번 만나서 조언이라도 들어보시는 건 어떨까요? 저희 제품 이야기는 빼고, 순수하게 대표님께 도움이 될 것 같아서요."

그는 자신의 이익과 상관없이 진심으로 도움을 주려고 했습니다. 이런 소개와 만남을 통해 김 팀장은 단순히 물건을 팔기 위해 친한 척하는 세일즈맨이 아니게 되었습니다.

사람을 좋아하는 그의 진심이 넓은 인맥을 만들고, 그 인맥을 활용해 고객에게 실질적인 가치를 제공할 때, 그의 사교성(Woo®) 강점은 그 누구도 흉내 낼 수 없는 '깊이 있는 신뢰'를 구축하는 가장 강력한 무기가 되었습니다.

6장. 관계 구축(Relationship Building) 영역 강점 테마: 사람과 사람을 이어주는 힘

"사람들은 제품을 사는 것이 아니라, 사람을 산다."

세일즈 현장에서 자주 인용되는 이 말은 관계의 힘을 잘 보여줍니다. 최신 기술이나 완벽한 제품만으로는 고객을 오래 붙잡을 수 없습니다. 결국 고객의 마음을 움직이고, 신뢰를 쌓아 장기적인 파트너십으로 이어가게 만드는 것은 관계를 맺는 능력입니다.

관계 구축(Relationship Building) 영역의 강점을 가진 사람들은 이런 부분에서 특별한 강점을 발휘합니다. 이들은 상대방을 세심하게 배려하고, 진심 어린 관심을 표현하며, 서로 다른 사람들을 하나의 팀으로 묶어내는 힘을 지니고 있습니다. 단순히 고객과의 거래를 넘어, 그 고객이 "이 사람은 나를 이해해 주고 있다"라는 확신을 갖도록 만드는 것이죠.

오늘날 고객들은 단순한 물건이나 서비스 이상의 것을 원합니다. 자신을 이해해 주고, 필요를 함께 고민해 주며, 시간이 지남에 따라 더 깊은 신뢰를 쌓아가는 사람을 찾습니다. 관계 구축 강점의 소유자는 이러한 기대에 자연스럽게 부응합니다. 그들은 고객과의 순간적인 대화에서부터 장기적인 협력 관계에 이르기까지, 일관된 신뢰와 진정성을 바탕으로 '거래 상대'가 아닌 '동반자'로 자리매김합니다.

관계 구축의 본질은 화려한 기술이 아니라 꾸준한 관심과 진심입니다. 이 영역의 강점을 가진 세일즈맨은 바로 그 꾸준함과 진정성으로 고객의 마음을 얻고, 시간이 지날수록 더욱 단단한 유대와 시너지를 만들어냅니다.

1. 관계 구축 영역의 3가지 핵심 가치

(1) 감정적 연결을 통한 깊은 신뢰

고객이 세일즈맨에게 갖는 궁극적인 질문은 "이 사람이 정말 나를 이해하고 있을까?"입니다. 관계 구축 영역의 강점은 제품 설명보다 먼저 사람을 이해합니다. 이들은 고객의 말 뒤에 숨겨진 진짜 니즈를 파악하고, 그들의 감정과 상황에 공감하며, 단순한 공급업체를 넘어서는 진정한 조력자가 됩니다. 고객은 이들과의 만남에서 '이해받는다'는 따뜻함을 느끼며, 그것이 견고한 신뢰의 토대가 됩니다.

(2) 개인화된 맞춤 서비스와 배려

비즈니스에서 가장 강력한 차별화 요소는 '나만을 위한 특별함'입니다. 관계 구축 영역의 강점은 모든 고객을 유니크한 존재로 인식하고 접근합니다. 이들은 고객의 개별적인 상황, 선호도, 성향을 세심하게 파악하여 그에 맞는 맞춤형 솔루션을 제공합니다. 고객은 획일적인 서비스가 아닌, 자신만을 위해 특별히 설계된 경험을 통해 진정한 가치를 느끼게 됩니다.

(3) 지속적인 관계 유지와 장기적 파트너십

일회성 거래를 넘어서는 진정한 비즈니스 가치는 지속적인 관계에서 나옵니다. 관계 구축의 본질은 계약서에 사인하는 순간이 아니라, 그 이후에도 계속해서 고객과 연결고리를 유지하는 것입니다. 이들은 정기적인 소통, 지속적인 관심, 변화하는 니즈에 대한 민감한 대응을 통해 단순한 공급업체에서 신뢰할 수 있는 비즈니스 파트너로 자리매김합니다. 이들이 만드는 관계는 일시적인 거래가 아니라, '함께 성장하는 동반자 관계의 역사'가 됩니다.

2. 관계 구축(Relationship Building) 영역의 9가지 강점 테마 분석

(1) 적응(Adaptability®)

"변화는 문제가 아니라 새로운 기회입니다."

적응(Adaptability®) 테마는 예상치 못한 변화나 상황에 유연하게 대응하며, 오히려 그런 변화 속에서 새로운 기회를 발견하는 특별한 재능입니다. 이 테마가 강한 사람은 고정된 계획보다는 상황에 따른 즉석 대응을 선호하며, 변수가 생겼을 때 스트레스를 받기보다는 흥미를 느낍니다. 이들은 '어떻게 될지 모르는' 상황에서도 편안함을 느끼며, 순간순간의 요구에 맞춰 자신의 접근 방식을 자연스럽게 조정합니다. 이들의 존재는 불확실한 환경에서 '괜찮다, 우리가 해결할 수 있다'는 안정감을 제공합니다.

세일즈 현장에서 적응(Adaptability®) 테마가 발현되는 방식

적응(Adaptability®) 테마가 강한 세일즈맨은 예측 불가능한 세일즈 상황에서 진가를 발휘합니다. 이들은 고객의 갑작스런 요구 변경, 예상치 못한 경쟁사 출현, 시장 상황 변화 등에 당황하지 않고 즉석에서 새로운 전략을 수립합니다. 프레젠테이션 중 고객의 반응을 보며 실시간으로 내용과 방향을 조정하고, 협상 과정에서 상대방의 변화하는 입장에 맞춰 유연하게 대응합니다. 특히 복잡하고 긴 세일즈 사이클에서 발생하는 다양한 변수들을 오히려 관계 강화와 신뢰 구축의 기회로 활용하여 경쟁사 대비 차별화된 가치를 제공합니다.

적응(Adaptability®) 테마가 함정이 될 때

하지만 적응(Adaptability®) 테마는 때로 장기적 계획이나 체계적 접근이 부족할 수 있습니다. 즉흥적인 대응에만 의존하다 보니 일관성 있는 메시지 전달이 어렵거나, 중요한 준비사항을 놓칠 수 있습니다. 또한 변화에 너무 쉽게 맞춰주다 보니 고객에게 '원칙이 없다'거나 '일관성이 부족하다'는 인상을 줄 위험이 있습니다. 계획적이고 체계적인 접근을 선호하는 조직에서는 '준비성이 부족하다'는 평가를 받을 수도 있습니다.

적응(Adaptability®) 테마를 위한 세일즈 액션 플랜

- **유연성과 준비성의 균형:** 변화에 강한 적응력은 큰 강점이지만, 준비 부족으로 비치지 않도록 기본 자료와 시나리오는 철저히 준비해 두십시오. 예상 가능한 상황을 몇 가지 가정해 두면 어떤 변화에도 흔들림 없이 대응할 수 있습니다.
- **유연함을 차별화 포인트로 활용:** 고객의 요구가 갑작스럽게 바뀌거나 상황이 달라질 때, 경쟁사가 당황하는 순간이 바로 기회입니다. 당신의

강점은 변화에 빠르게 맞춰 접근 방식을 바꾸는 능력이며, 이를 통해 고객에게 "믿을 수 있는 파트너"라는 인상을 남길 수 있습니다.
- **변화 대응 과정을 투명하게 공유:** 즉흥적이라는 오해를 줄이려면, 변화에 따른 이유와 대응 방안을 고객에게 명확히 설명해야 합니다. 이 과정에서 고객은 단순히 유연한 사람이 아니라, 신뢰할 수 있는 전략적 동반자로 인식하게 됩니다.

적응(Adaptability®) 강점 조합의 시너지 활용

- 관계(Relator®) 테마와 함께라면, 고객과의 관계에서 발생하는 다양한 상황 변화에 민감하게 반응하여 더욱 깊고 유연한 파트너십을 구축하는 '관계 적응 전문가'가 될 수 있습니다.
- 화합(Harmony®) 테마가 있다면, 변화하는 상황 속에서도 모든 이해관계자들이 편안함을 느낄 수 있도록 조정하며, 갈등 상황을 자연스럽게 해결하는 '유연한 조정자'가 됩니다.

[코칭 스토리] "상황 대응력을 계획 수립에도 적용해보세요"

박 과장과의 코칭 세션에서 그는 지난주 일을 신나게 이야기했습니다.

"프레젠테이션 시작 10분 전에 고객사 대표가 갑자기 '해외법인 CEO도 참여하게 됐으니 영어로 진행해달라'고 하는 거예요. 다른 팀원들은 완전 멘붕 상태였는데, 저는 오히려 '아, 재미있겠는데?' 하는 생각이 들더라고요."

"그래서 어떻게 하셨나요?"

"5분 동안 핵심 포인트만 정리한 다음, 준비한 PPT는 다 덮어버리고 화이트보드로 가서 즉석에서 그림을 그려가며 설명했어요. 그리고 그 자리에서 바로 계약 논의가 시작됐어요."

박 과장님은 적응(Adaptability®) 테마 덕분에 임기응변이 뛰어났습니다. 그러나 그도 고민이 있었습니다.

"저는 이런 즉흥적인 상황에서 별로 당황스럽지 않아요. 문제는 평상시에요. 분기별 세일즈 계획 수립할 때처럼 미리미리 체계적으로 준비하는 걸 요구받을 때는... 솔직히 너무 지루해요. 3개월 뒤 상황을 어떻게 예측해요? 저는 '일단 시작해보고 상황 보면서 조정하자'는 스타일인데, 회사에서는 구체적인 수치와 단계별 계획을 원하거든요."

그때 박 과장의 핸드폰에 카톡이 왔습니다.

"또 왔네요. 고객이 내일 미팅 시간을 2시간 앞당겨달라고... 다른 사람들은 이런 거 때문에 스케줄 조정으로 난리날 텐데, 저는 그냥 '네, 알겠습니다' 하고 바로 맞춰드리면 되거든요. 이런 건 전혀 스트레스가 안 돼요."

저는 그 순간을 놓치지 않았습니다.

"과장님, 지금 말씀하신 게 큰 힌트네요. 과장님의 뛰어난 '상황 대응력'을 '계획 수립'에도 적용해볼 수 있지 않을까요? 계획을 세울 때 상황별 시나리오를 여러 개 준비하는 거예요. '만약 A상황이 되면 이렇게, B상황이 되면 저렇게' 하는 식으로 과장님의 적응력을 계획에 녹여내는 거죠."

얼마 후, 박 과장에게서 카톡이 왔습니다.

"코치님! 말씀하신 대로 해봤는데 정말 효과가 있었어요. 이번 분기 계획서를 쓸 때 '시나리오별 대응 방안'을 3개씩 준비해서 제출했거든요. 반응이 좋았습니다."

변화를 즐기는 강점과 체계적인 준비가 만날 때, 진정한 적응력이 완성됩니다.

(2) 연결성(Connectedness®)

"모든 것은 서로 연결되어 있고, 우연은 없다고 믿습니다."

연결성(Connectedness®) 테마는 세상의 모든 것이 서로 연결되어 있다는 깊은 믿음을 가지고, 겉으로 보이지 않는 연관성과 의미를 발견하는 특별한 재능입니다. 이 테마가 강한 사람은 개별적인 사건들 사이의 숨겨진 연결고리를 찾아내고, 더 큰 그림과 목적을 추구합니다. 이들은 단순한 우연의 일치를 믿지 않으며, 모든 만남과 경험에는 특별한 의미가 있다고 생각합니다. 이들의 존재는 주변 사람들에게 '나의 일도 더 큰 의미가 있구나', '우리는 혼자가 아니라 연결되어 있다'는 깊은 소속감과 목적의식을 제공합니다.

세일즈 현장에서 연결성(Connectedness®) 테마가 발현되는 방식

연결성(Connectedness®) 테마가 강한 세일즈맨은 비즈니스를 단순한 거래가 아닌 더 큰 가치 창조의 과정으로 접근합니다. 이들은 자사의 솔루션이 고객사에 미치는 직접적 영향뿐만 아니라, 그것이 고객의 고객에게, 나아가 전체 산업과 사회에 미치는 파급효과까지 연결하여 설명합니다. 복잡한 B2B 환경에서는 서로 다른 부서와 이해관계자들 사이의 연결점을 찾아내어 통합적인 솔루션을 제안하며, 장기적 파트너십의 더 큰 의미와 비전을 제시하여 고객에게 깊은 감동을 줍니다. 이들은 비즈니스 관계를 넘어선 진정한 동반자 의식을 만들어냅니다.

연결성(Connectedness®) 테마가 함정이 될 때

하지만 연결성(Connectedness®) 테마는 때로 지나치게 큰 그림에만 집중하다 보니 구체적이고 실질적인 세부사항을 놓칠 수 있습니다. 철학적이고 추상적인 접근으로 인해 실무진들에게는 '현실성이 부족하다'거나 '너무 이상적이다'는 인상을 줄 수 있습니다. 또한 모든 것을 연결하려다 보니 단순한 문제를 복잡하게 만들거나, 명확한 ROI나 구체적 효과를 요구하는 고객에게는 '추상적'이라는 평가를 받을 수 있습니다. 때로는 '감정적'이거나 '비논리적'이라는 오해를 받기도 합니다.

연결성(Connectedness®) 테마를 위한 세일즈 액션 플랜

- **나의 인사이트를 상대에게 쉽게 풀어 설명하기:** 큰 그림을 보는 능력은 훌륭하지만, 고객은 그것이 실제로 어떤 이익으로 이어지는지 궁금해합니다. 예를 들어, "이 솔루션이 고객 만족도를 높이고, 그 결과 재구매율이 올라가며, 결국 매출 성장을 이끕니다"처럼 눈에 보이는 연결고리를 제시해 보세요.
- **이해관계자 별로 다르게 설명하기:** 실무진에게는 "이 기능을 쓰면 바로 업무 시간이 줄어듭니다"처럼 당장 도움이 되는 효과를 말하고, 경영진에게는 "이 솔루션이 회사의 성장 전략과 어떻게 연결되는지"를 강조하는 게 좋습니다.

연결성(Connectedness®) 강점 조합의 시너지 활용

- **전략(Strategic®)** 테마와 함께라면, 복잡한 비즈니스 환경 속에서 숨겨진 연결고리를 파악하여 경쟁사가 보지 못하는 독창적이고 통찰력 있는 전략적 솔루션을 제시하는 '통찰형 전략가'가 될 수 있습니다.

- 미래 지향(Futuristic®) 테마와 함께라면, 현재의 연결성(Connectedness®) 테마를 바탕으로 미래에 일어날 변화와 기회를 예측하여, 고객이 선제적으로 대응할 수 있는 비전을 제시하는 '미래 연결 전문가'가 됩니다.

> **[코칭 스토리] "연결의 힘으로 더 큰 가치를 보여드립니다."**

높은 연결성(Connectedness®) 테마를 가진 최 과장은 고객들에게 깊은 감동을 주는 세일즈맨이었습니다. 그는 단순히 제품 기능을 나열하는 것이 아니라, 그 솔루션이 고객사와 전체 생태계에 미치는 긍정적 영향의 연결고리를 명확하게 그려냈습니다.

중소 유통업체와의 프레젠테이션에서 최 과장은 이렇게 시작했습니다.

"대표님, 오늘 제안드리는 솔루션의 진짜 가치를 말씀드리겠습니다. 1단계로 귀사의 재고 관리가 효율화되어 재고비용이 20% 절감됩니다. 여기서 끝이 아닙니다. 2단계로 이 데이터가 공급업체와 실시간 연결되어 발주 정확도가 높아집니다. 그러면 공급업체도 더 효율적으로 생산 계획을 세울 수 있어 모두에게 도움이 되죠. 3단계로는 고객 구매 패턴까지 연결되어 맞춤형 상품 추천이 가능해집니다."

최 과장은 계속해서 연결고리를 설명했습니다.

"결과적으로 비용 절감과 매출 증대가 동시에 일어나는 선순환 구조가 만들어집니다. 더 중요한 건, 이 모든 것이 연결되면서 대표님 회사가 업계 전체의 효율성을 높이는 핵심 허브 역할을 하게 된다는 점입니다."

재무담당자가 질문했습니다. "구체적으로 ROI는 어느 정도 예상하시나요?"

"좋은 질문입니다. 1단계 재고비용 절감만으로도 연 2억 절약이 가능하고, 2단계 발주 최적화로 추가 1억, 3단계 맞춤 추천으로 매출 15% 증가를 예상합니다.

IT 담당자도 고개를 끄덕였습니다. "시스템 통합이 복잡할 텐데요?"

"맞습니다. 하지만 우리는 단계별로 진행하면서 각 단계가 다음 단계의 기반이 되도록 설계했습니다. 마치 레고 블록처럼 하나씩 쌓아가면서 전체 그림이 완성되는 방식이죠."

> 몇 주 후 계약이 성사됐습니다. 대표는 이렇게 말했습니다.
>
> "다른 업체들은 자기 제품 기능만 설명했는데, 최 과장님은 우리 회사가 어떻게 더 큰 가치를 창출할 수 있는지 전체 그림을 보여주셨어요. 그 비전이 확신을 줬습니다."
>
> 최 과장의 연결성(Connectedness®) 테마는 추상적인 철학으로 구현되는 건 아니었습니다. 구체적인 숫자와 단계별 효과를 명확하게 연결하면서도, 고객이 더 큰 가치와 의미를 발견할 수 있도록 돕는 실용적인 강점이었습니다.

(3) 개발(Developer®)

"당신의 잠재력이 꽃피우는 모습을 보는 것이 제 기쁨입니다."

개발(Developer®) 테마는 다른 사람의 잠재력을 발견하고, 그들의 성장과 발전을 돕는 것에서 깊은 만족감을 느끼는 특별한 재능입니다. 이 테마가 강한 사람은 다른 사람들이 보지 못하는 가능성과 성장의 씨앗을 발견하고, 그것이 실현될 수 있도록 인내심을 갖고 지원합니다. 이들은 완성된 모습보다는 '될 수 있는 모습'에 주목하며, 작은 진전이라도 발견하면 진심으로 기뻐합니다. 이들의 존재는 주변 사람들에게 '나도 성장할 수 있다', '누군가 내 발전을 믿고 응원해주고 있다'는 강력한 동기와 자신감을 줍니다.

세일즈 현장에서 개발(Developer®) 테마가 발현되는 방식
개발(Developer®) 테마가 강한 세일즈맨은 고객과 진정한 성장 파트너십을 구축하는 데 탁월합니다. 이들은 단순히 제품을 팔기보다는, 고객의 비즈니스 성장과 발전 가능성에 집중합니다. 고객사의 현재 상황을 진단하고, 그들이 도달할 수 있는 더 나은 미래상을 제시하며, 그 여정에서 필요한 솔루션을 제공합니다. 특히 장기 프로젝트나 컨설팅형 세일즈에서는 고객의 성장 단계별로 필요한 지원을 단계적으로 제공하여 지속적인 파트너십을 만들어냅니다. 이들은 고객의 작은 성공도 함께 기뻐하며, 이런 진정성이 고객의 깊은 신뢰를 얻어냅니다.

개발(Developer®) 테마가 함정이 될 때

하지만 개발(Developer®) 테마는 때로 고객의 성장에만 집중하다 보니 정작 필요한 비즈니스 성과를 놓칠 수 있습니다. 고객의 발전을 위해 과도하게 많은 시간과 리소스를 투입하여 수익성을 해치거나, 성장 속도가 느린 고객에게 지나치게 오랜 시간을 투자하여 다른 기회를 놓치기도 합니다. 또한 고객의 성장 가능성을 과대평가하여 현실적이지 않은 기대를 갖거나, 단기 성과를 요구하는 조직에서는 '너무 이상적이다', '성과에 집중하라'는 압박을 받을 수 있습니다.

개발(Developer®) 테마를 위한 세일즈 액션 플랜

- **고객의 성장 로드맵을 그려주기:** 고객의 성장 단계를 명확히 정의하고, 각 단계별로 필요한 솔루션을 체계화하여 지속적인 비즈니스 기회로 만드십시오. "1단계에서는 이것, 2단계에서는 저것"과 같은 성장 기반 세일즈 전략을 수립하세요.
- **성장 지표를 측정 가능하게 만들기:** 고객의 '발전'을 주관적 느낌이 아닌 구체적인 지표로 측정하고, 이를 정기적으로 리뷰하여 성장의 증거를 명확히 제시하십시오. 이는 고객뿐만 아니라 내부 보고에도 도움이 됩니다.

개발(Developer®) 강점 조합의 시너지 활용

- 미래 지향(Futuristic®) 테마와 함께라면, 고객의 현재 모습뿐만 아니라 장기적으로 도달할 수 있는 미래 비전을 생생하게 그려주어, 고객이 성장에 대한 강력한 동기를 갖도록 하는 '비전 제시형 파트너'가 될 수 있습니다.
- 책임(Responsibility®) 테마가 있다면, 고객의 성장을 그저 희망이 아닌 자신의 책임으로 여기며, 고객이 성공할 때까지 포기하지 않는 '헌신적 성장 파트너'가 됩니다.

[코칭 스토리] "저는 단지 설비를 판 게 아니라 고객의 성장을 도운 거예요."

높은 개발(Developer®) 테마를 가진 이 과장은 고객들 사이에서 '진정한 성장 파트너'로 인정받는 사람이었습니다. 그는 제품을 단순히 판매하는 것을 넘어, 고객사의 성장을 위해 함께 고민하는 일에 진심이었습니다.

이 과장이 최근 계약한 고객사가 그런 사례였습니다. 고객사는 노후화된 설비로 고민하며 신규 설비 도입을 고려하고 있었습니다. 이 과장은 단순히 설비 교체를 제안하지 않았습니다.

그는 고객사 담당자들과 여러 차례 미팅을 가지면서 고객사의 현황과 성장 가능성을 철저히 파악했습니다. 그러던 중, 설비 교체와 함께 직원들의 기술 역량을 높일 수 있는 교육 프로그램을 함께 제공하면 고객사의 생산성을 훨씬 더 높일 수 있다는 사실을 발견했습니다.

그는 고객사에 이렇게 제안했습니다.

"대표님, 설비 교체로 생산성을 올리는 것도 중요하지만, 무엇보다 직원들이 새로운 기술에 익숙해지고 생산성을 지속적으로 유지할 수 있도록 기술 역량 향상 교육을 함께 진행하면 어떨까요? 저희가 맞춤형 교육 프로그램을 제공할 수 있습니다."

> 고객사는 이 과장의 진심 어린 제안에 깊은 신뢰를 느꼈고, 그의 제안을 흔쾌히 받아들였습니다. 설비 계약과 함께 교육 프로그램을 추가 계약하면서 더 큰 성과로 이어졌습니다.
>
> 결국, 고객사는 생산성과 직원들의 역량이 동시에 향상되는 놀라운 성과를 얻었고, 이 과장은 '단순한 영업 담당자'가 아닌 '고객의 성장을 함께 이끄는 진정한 파트너'로 인정받게 되었습니다.

(4) 공감(Empathy®)

"말하지 않아도, 당신의 마음이 느껴지는 것 같습니다."

공감(Empathy®) 테마는 다른 사람의 감정을 마치 자신의 감정인 것처럼 느낄 수 있는 특별한 재능입니다. 이 테마가 강한 사람은 상대방의 입장이 되어 세상을 바라보고, 그들의 감정적인 분위기를 본능적으로 감지합니다. 이들은 논리적인 동의 여부를 떠나, 상대방의 감정 자체를 있는 그대로 느끼고 이해합니다. 이들의 존재는 주변 사람들에게 '나는 혼자가 아니다', '내 마음을 알아주는 사람이 있구나'라는 깊은 위안과 안정감을 줍니다.

세일즈 현장에서 공감(Empathy®) 테마가 발현되는 방식

공감(Empathy®) 테마가 강한 세일즈맨은 고객과의 깊고 진실한 신뢰 관계를 구축하는 데 최고의 전문가입니다. 이들은 단순히 고객이 말하는 '요구사항'을 듣는 것을 넘어, 그 말 뒤에 숨겨진 '불안감', '기대감', '좌절감'과 같은 감정의 결을 읽어냅니다. 이를 통해 고객의 근본적인 문제와 열망을 파악하고, 단순한 제품이 아닌 '정서적 안정감'과 '진정한 이해'를 제공하는 솔루션을 제안할 수 있습니다. 특히, 불만 고객을 응대하거나 까다로운 협상을 진행할 때, 이들의 공감 능력은 얼어붙은 분위기를 녹이고 대화의 물꼬를 트는 결정적인 역할을 합니다.

공감(Empathy®) 테마가 함정이 될 때

하지만 공감(Empathy®) 테마는 때로 다른 사람의 감정에 너무 깊이 동화된 나머지, 정작 필요한 비즈니스 결정을 내리지 못하는 함정에 빠질 수 있습니다. 고객의 어려운 사정에 과도하게 공감하여 필요한 가격 인상을 요청하지 못하거나, 거절해야 할 무리한 요구를 수용하여 회사의 수익성을 해치기도 합니다. 또한, 부정적인 감정을 가진 고객을 상대한 뒤에는 그 감정에서 쉽게 빠져나오지 못해 스스로 정서적 탈진(번아웃)을 겪을 위험도 있습니다. 때로는 '우유부단하다'거나 '지나치게 감정적'이라는 평가를 받기도 합니다.

공감(Empathy®) 테마를 위한 세일즈 액션 플랜

- **상대의 신호를 질문으로 확인하기:** 고객과 대화할 때 드러나는 불안, 기대, 망설임 같은 감정은 단순한 분위기가 아니라 중요한 '신호'입니다. 이 신호를 그냥 넘기지 말고 질문으로 확인하세요. 예를 들어, "이 부분에 대해 우려가 있으신 것 같은데, 맞을까요?"라고 묻는 순간, 고객은 자신의 생각을 더 깊이 표현하게 되고, 대화는 단순한 제품 설명이 아닌 신뢰를 쌓는 과정으로 바뀝니다.
- **공감에 논리를 더하기:** 당신의 따뜻한 공감이 고객의 마음을 열었다면, 그다음에는 이성적인 데이터와 논리로 당신의 제안을 뒷받침해야

합니다. 분석(Analytical®) 테마나 전략(Strategic®) 테마가 강한 동료와 협력하여 제안의 완성도를 높이십시오.
- **의도적으로 거리 두기:** 고객의 감정을 이해하되, 그 감정에 매몰되지 않도록 의식적으로 노력해야 합니다. 감정적으로 힘든 미팅 후에는 잠시 혼자만의 시간을 갖고 감정을 환기시키는 등, 자신을 보호하기 위한 규칙을 만드십시오.

공감(Empathy®) 강점 조합의 시너지 활용

- 개발(Developer®) 테마와 함께라면, 고객의 잠재력과 성장 가능성을 알아보고, 그들의 성공을 진심으로 응원하며 함께 성장하는 '헌신적인 파트너'가 될 수 있습니다. 이는 일회성 거래를 넘어선 깊은 유대감을 형성합니다.
- 책임(Responsibility®) 테마가 있다면, 고객의 감정에 공감하는 것을 넘어, 그들의 문제를 해결해주겠다는 강력한 주인의식을 갖게 됩니다. 이들은 고객이 완전히 만족할 때까지 절대 포기하지 않는, 가장 믿음직한 해결사가 됩니다.

> **[코칭 스토리] "제가 한 건 그저 고객의 마음을 진심으로 이해했을 뿐입니다."**
>
> 소프트웨어 컨설팅 회사에서 영업을 담당하는 강 팀장은 높은 공감(Empathy®) 테마를 가지고 있었습니다. 고객과의 만남에서 상대방이 말하지 않은 감정까지 섬세하게 읽어내는 능력이 뛰어났습니다.
>
> 어느 날, 잠재고객사와의 미팅에서 고객은 요구 사항을 제시하며 여러 업체의 제안을 비교하고 있었습니다. 대부분의 경쟁사는 더 낮은 가격과 뛰어난 기술적 스펙을 강조했습니다. 하지만 강 팀장은 고객의 표정과 말투에서 기술적인 고민보다 훨씬 더 깊은 불안을 느꼈습니다. 고객의 이야기를 차분히 듣던 강 팀장은 조용히 물었습니다.

> "혹시 제가 놓치고 있는 고민이 있으실까요? 기술적인 사항 외에 더 중요하게 생각하는 부분이 있으신 것 같은데요."
>
> 고객 담당자는 잠시 고민하다 입을 열었습니다.
>
> "사실 스펙은 비슷비슷해요. 이전에도 좋은 솔루션을 도입했지만 직원들이 새로운 시스템을 못 받아들여 실패했던 경험이 있습니다. 이번에도 그렇게 되지 않을까 솔직히 걱정입니다."
>
> 강 팀장은 고객의 진짜 문제가 '기술'이 아니라, 내부 직원들의 변화 관리와 교육이라는 것을 바로 파악했습니다. 그는 즉석에서 이렇게 제안했습니다.
>
> "그런 걱정이 있으셨군요. 저희가 단계별 교육과 사용자 친화적인 지원을 통해 직원들이 솔루션을 쉽게 받아들일 수 있도록 저희가 도와드리겠습니다."
>
> 이후 강 팀장은 계약을 성공적으로 성사시켰고, 고객사는 이후 내부 직원들의 적극적인 협조 속에서 프로젝트를 성공적으로 완료했습니다. 강 팀장은 단순히 제품을 소개하는 방식에서 벗어나, 언제나 고객의 숨겨진 고민을 진정으로 이해하고 해결책을 제안하는 방식을 이어가고 있습니다.

(5) 화합(Harmony®)

"갈등보다는 합의를, 대립보다는 협력을 추구합니다."

화합(Harmony®) 테마는 갈등을 피하고 사람들 사이의 공통점을 찾아 조화를 이루려는 특별한 재능입니다. 이 테마가 강한 사람은 의견 충돌이나 대립 상황을 본능적으로 불편해하며, 대신 모든 사람이 동의할 수 있는 지점을 찾아내는 데 뛰어납니다. 이들은 논쟁보다는 대화를, 승부보다는 협력을 선호하며, 서로 다른 입장의 사람들 사이에서 중재자 역할을 자연스럽게 수행합니다. 이들의 존재는 주변 사람들에게 '안전한 공간', '평화로운 분위기'를 제공하며, 복잡한 이해관계 속에서도 모두가 만족할 수 있는 해결책을 찾아냅니다.

세일즈 현장에서 화합(Harmony®) 테마가 발현되는 방식

화합(Harmony®) 테마가 강한 세일즈맨은 복잡한 조직 내 다양한 이해관계자들 사이에서 합의를 이끌어내는 데 탁월합니다. 이들은 고객사 내부의 서로 다른 부서들(IT, 재무, 운영 등)이 각기 다른 우선순위를 가지고 있음을 이해하고, 모든 부서가 동의할 수 있는 통합된 솔루션을 제안합니다. 특히 의사결정권자들 사이에 의견 대립이 있을 때, 갈등을 증폭시키지 않으면서도 자연스럽게 공통 관심사를 찾아내어 합의점을 만들어냅니다. 또한 까다로운 협상 상황에서도 윈-윈 솔루션을 추구하여 모든 당사자가 만족할 수 있는 결과를 도출하는 능력이 뛰어납니다.

화합(Harmony®) 테마가 함정이 될 때

하지만 화합(Harmony®) 테마는 때로 갈등을 지나치게 회피하려다 보니 필요한 어려운 대화를 피하거나, 중요한 의사결정을 미루는 함정에 빠질 수 있습니다. 모든 사람을 만족시키려다 보니 핵심 이슈를 회피하거나, 명확한 입장 표명을 하지 못해 고객에게 우유부단한 인상을 줄 수 있습니다. 또한 가격 협상이나 조건 조정과 같은 상황에서 '미안함'을 느끼며 불필요한 양보를 하여 수익성을 해치기도 합니다. 때로는 '갈등을 두려워한다'거나 '결단력이 부족하다'는 평가를 받을 수도 있습니다.

화합(Harmony®) 테마를 위한 세일즈 액션 플랜

- **공통 관심사를 협상의 출발점으로 활용하기:** 대립하는 상황에서도 모든 당사자가 동의할 수 있는 공통 목표(비용 절감, 효율성 향상 등)를 먼저 확인하고, 이를 바탕으로 대화를 이끌어 나가십시오. "우리 모두 원하는 것은 결국 프로젝트 성공이잖아요"와 같은 접근을 활용하세요.
- **갈등을 회피가 아닌 해결의 기회로 전환하기:** 화합(Harmony®) 강점 테마는 본능적으로 갈등을 피하려 하지만, 세일즈 상황에서는 갈등이 꼭 부정적인 것만은 아닙니다. 오히려 서로 다른 이해관계를 조율하는 과정에서 새로운 대안이 나올 수 있습니다. 따라서 어려운 대화가 생겼을 때 피하지 말고, "어떻게 하면 모두가 만족할 수 있을까?"라는 질문으로 방향을 잡으십시오. 이때 조율자로서의 강점이 발휘되어, 갈등은 오히려 창조적인 해결책을 찾는 기회가 됩니다.

화합(Harmony®) 강점 조합의 시너지 활용

- 적응(Adaptability®) 테마와 함께라면, 변화하는 상황 속에서도 모든 이해관계자들이 편안함을 느낄 수 있도록 유연하게 대응하며, 예상치 못한 변수도 부드럽게 조정하는 '유연한 조정자'가 될 수 있습니다.
- 포용(Includer®) 테마가 있다면, 의사결정 과정에서 소외되는 사람이 없도록 모든 이해관계자의 목소리를 수렴하여, 진정으로 모두가 납득할 수 있는 합의를 이끌어내는 '통합형 리더'가 됩니다.

> **[코칭 스토리] "영업은, 모두가 이기는 방법을 찾는 일이더라고요."**

높은 화합(Harmony®) 테마를 가진 박 대리는 항상 고객들과 동료 사이에서 '분위기를 좋게 만드는 사람'으로 평가받았습니다. 그는 고객과의 미팅에서 어떤 갈등 상황이 발생하더라도 대립각을 세우는 대신 공통의 이해관계를 찾아 부드럽게 조율하는 능력이 탁월했습니다.

박 대리가 담당한 프로젝트는 대기업 고객의 여러 부서가 참여하는 복잡한 ERP 시스템 구축이었습니다. IT부서는 높은 기술적 안정성을 요구했고, 운영부서는 사용의 편리성을, 재무부서는 비용 절감을 원했습니다. 부서 간 요구가 서로 다르고 심지어 상충하여 자칫 프로젝트가 지연될 상황이었습니다.

이러한 상황에서 박 대리는 화합(Harmony®) 테마를 적극적으로 활용했습니다. 그는 모든 부서의 요구사항을 자세히 청취한 후, 그들이 실질적으로 원하는 본질적인 목표가 무엇인지 명확히 이해하려 했습니다. 전체 부서가 모인 자리에서 이렇게 이야기했습니다.

"우리가 정말 원하는 것은 각 부서의 요구가 잘 조화된 하나의 성공적인 솔루션을 만드는 것이겠죠. 이를 위해 각 요구사항을 단계적으로 접근해 보는 것은 어떨까요? 첫 번째 단계에서는 IT 부서의 기술적 안정성을 확보하고, 이후 운영 부서의 사용성을 단계적으로 개선하고, 최종적으로 재무 부서에서 원하는 비용 효율성 목표를 달성하는 계획입니다. 이렇게 하면 각 부서의 요구가 명확히 반영되면서도 프로젝트의 목적을 달성할 수 있을 것 같습니다."

이 제안은 모든 부서가 자신의 요구가 충분히 존중받았다는 느낌을 갖도록 하면서도, 현실적으로 실행 가능한 하나의 통합 솔루션을 만들어냈습니다. 박 대리는 갈등이나 대립 없이 프로젝트에 참여한 모든 사람들의 합의를 이끌어내었고, 고객은 그의 접근 방식에 높은 신뢰감을 표현했습니다.

(6) 포용(Includer®)

"모든 사람이 소속감을 느낄 수 있어야 합니다."

포용(Includer®) 테마는 모든 사람을 받아들이고, 누구도 소외되지 않도록 하는 것에서 깊은 만족감을 느끼는 특별한 재능입니다. 이 테마가 강한 사람은 배제나 차별을 본능적으로 불편해하며, 대신 다양성을 포용하고 모든 사람이 참여할 수 있는 환경을 만들어냅니다. 이들은 서로 다른 배경, 의견, 스타일을 가진 사람들을 하나로 모으는 능력이 뛰어나며, 소수 의견이나 목소리 작은 사람들의 참여를 자연스럽게 이끌어냅니다. 이들의 존재는 주변 사람들에게 '나도 여기에 속해 있다', '내 목소리도 소중하게 여겨진다'는 강한 소속감과 안정감을 제공합니다.

세일즈 현장에서 포용(Includer®) 테마가 발현되는 방식

포용(Includer®) 테마가 강한 세일즈맨은 복잡한 조직 구조 속에서 모든 이해관계자를 세일즈 과정에 자연스럽게 참여시키는 데 탁월합니다. 이들은 의사결정권자뿐만 아니라 실무진, 사용자, 심지어 반대 의견을 가진 사람들까지도 배제하지 않고 대화의 테이블로 끌어들입니다. 다양한 부서와 계층의 사람들이 모두 자신의 의견을 표현할 수 있는 환경을 만들어 진정한 합의를 이끌어내며, 특히 변화에 저항하는 사람들의 우려사항을 경청하고 해결함으로써 전체적인 수용성을 높입니다. 이들은 '모두가 승자가 되는' 솔루션을 추구하여 장기적이고 안정적인 파트너십을 구축합니다.

포용(Includer®) 테마가 함정이 될 때

하지만 포용(Includer®) 테마는 때로 모든 사람의 의견을 수렴하려다 보니 의사결정이 지연되거나 복잡해질 수 있습니다. 너무 많은 이해관계자를 참여시키다 보니 핵심 이슈가 흐려지거나, 비효율적인 미팅과 과정으로 인해 속도감이 떨어질 수 있습니다. 또한 반대 의견이나 부정적 피드백에 과도하게 신경 쓰다 보니 필요한 결단을 내리지 못하거나, 모든 사람을 만족시키려다 보니 타협적이고 평범한 솔루션에 안주할 위험이 있습니다. 때로는 '우유부단하다'거나 '결정력이 부족하다'는 평가를 받을 수도 있습니다.

포용(Includer®) 테마를 위한 세일즈 액션 플랜

- **모든 이해관계자 파악하기:** 프로젝트 초기에 관련된 모든 사람을 빠짐없이 확인하고, 각자의 역할과 영향력을 정리하세요. "누구의 의견을 반드시 들어야 하는가?"라는 질문을 통해 놓치지 않고 반영하는 것이 중요합니다.
- **이해관계자 참여 시점 계획하기:** 모든 이해관계자를 한 번에 모으려 하기보다는, 프로젝트 단계마다 적절한 시점에 필요한 사람이 참여할 수 있도록 계획을 세우십시오. 이렇게 하면 불필요한 혼란은 줄이고, 각자가 가장 효과적으로 기여할 수 있습니다.
- **의견 차이를 조기 반영하기:** 갈등이나 반대 의견을 뒤늦게 마주하면 저항으로 이어지기 쉽습니다. 초기 단계에서 다양한 의견을 수렴해 미리 해결 방안을 찾고, 이를 솔루션 개선의 기회로 삼으십시오. 이렇게 하면 고객은 '우리 의견이 존중받았다'는 신뢰를 얻게 되고, 결과물은 더 탄탄해집니다.

포용(Includer®) 강점 조합의 시너지 활용

- 화합(Harmony®) 테마와 함께라면, 다양한 이해관계자들을 참여시키면서도 갈등 없이 모두가 만족할 수 있는 조화로운 합의를 이끌어내는 '통합형 조정자'가 될 수 있습니다.
- 개별화(Individualization®) 테마와 함께라면, 각 이해관계자의 고유한 관점과 니즈를 정확히 파악하여 모든 사람이 자신의 특별함을 인정받으면서도 전체 목표에 기여할 수 있는 '맞춤형 코디네이터'가 됩니다.

[코칭 스토리] "우리의 무기는 예산이 아니라, 진심이었습니다."

대기업에서 수십억 원짜리 광고 캠페인을 집행하던 김 팀장에게, 이제 막 시작한 뷰티 스타트업 B사의 현실은 막막함 그 자체였습니다. 제품력 하나만 믿고 창업가들과 의기투합했지만, 시장의 벽은 상상 이상으로 높았습니다. 그의 눈앞에 놓인 마케팅 예산은 이전 직장 모델의 한 시간 출연료에도 미치지 못했습니다.

어느 날 저녁, 김 팀장은 습관처럼 SNS를 넘기다 문득 스크롤을 멈췄습니다. 화려한 인플루언서들의 광고 포스팅이 아닌, 자신의 주근깨를 자랑스럽게 드러낸 한 10대 소녀의 평범한 셀카가 눈에 띄었습니다. 그는 그 순간 문득 생각이 스쳤습니다. .

'우리는 돈으로 싸울 수 없다. 그렇다면 완벽함을 보여주는 대신, 완벽하지 않아도 괜찮다는 위로를 건네볼까?'

다음 날, 김 팀장은 주간회의 때 '#내모습그대로' 캠페인을 제안했습니다. 비싼 조명과 보정 대신, 그들의 집과 카페에서, 그들의 이야기와 진짜 모습을 담아내자는 의견이었습니다.

"우리의 진정성만이 이 시장에서 살아남을 유일한 무기입니다."

> 그날부터 김 팀장은 제품을 구매한 초기 고객들에게 직접 메일을 보내고 전화를 걸어 캠페인의 취지를 설명하며 모델이 되어달라고 설득했습니다. 주말에는 직접 카메라를 들고 그들을 만나러 다녔습니다. 어색해하는 고객에게는 먼저 자신의 콤플렉스 이야기를 꺼내며 마음의 문을 열었고, 그들의 이야기에 몇 시간이고 귀를 기울이며 진심으로 공감했습니다. 그렇게 한 명 한 명의 스토리를 담아낸 콘텐츠가 B사의 SNS에 올라가기 시작했습니다.
>
> 놀라운 일이 벌어졌습니다. 광고비 한 푼 쓰지 않은 포스팅들이 자발적으로 공유되기 시작했습니다. 사람들은 '내 이야기 같다'며 퍼 날랐고, '#내모집그대로' 해시태그와 함께 자신의 사진을 올리며 캠페인에 동참했습니다.
>
> 거대 자본 앞에서 무력감을 느끼던 한 마케터의 진심이 통했습니다. 그의 경력에서 가장 성공적인 세일즈는 가장 많은 돈을 쓴 캠페인이 아니라, 사람들의 마음을 가장 깊게 움직인 이야기였습니다.

(7) 개별화(Individualization®)

"당신만의 특별함을 발견하는 것이 제 특기입니다."

개별화(Individualization®) 테마는 모든 사람이 고유한 존재라는 것을 본능적으로 인식하고, 각 개인의 독특한 특성과 재능을 발견하는 특별한 재능입니다. 이 테마가 강한 사람은 일반화나 평균을 거부하고, 대신 각자만의 고유한 동기, 사고방식, 행동 패턴을 파악하는 데 뛰어납니다. 이들은 '사람은 다 비슷하다'는 생각을 하지 않으며, 오히려 '이 사람만의 특별함'을 찾아내는 것에서 큰 만족감을 느낍니다. 이들의 존재는 주변 사람들에게 '나는 특별한 존재다', '내 고유함을 인정받고 있다'는 깊은 인정감과 자존감을 줍니다.

세일즈 현장에서 개별화(Individualization®) 테마가 발현되는 방식

개별화(Individualization®) 테마가 강한 세일즈맨은 고객 맞춤형 서비스의 진정한 전문가입니다. 이들은 획일적인 세일즈 접근을 거부하고, 각 고객의 성향, 의사결정 스타일, 선호도를 세밀하게 분석하여 완전히 개인화된 접근 전략을 수립합니다. 같은 제품이라도 고객 A에게는 효율성 관점에서, 고객 B에게는 혁신성 관점에서, 고객 C에게는 안정성 관점에서 접근하여 각자에게 가장 어필할 수 있는 방식으로 재구성합니다. 특히 복잡한 조직 세일즈에서는 각 이해관계자의 개별적 관심사와 영향력을 파악하여 다층적 세일즈 전략을 구사하는 데 탁월합니다.

개별화(Individualization®) 테마가 함정이 될 때

하지만 개별화(Individualization®) 테마는 때로 모든 것을 완벽하게 맞춤화하려다 보니 '분석 마비'에 빠질 수 있습니다. 고객을 완전히 이해할 때까지 제안을 미루다가 정작 중요한 타이밍을 놓치거나, 지나치게 복잡한 접근으로 고객을 혼란스럽게 만들기도 합니다. 또한 효율성을 추구하는 조직 문화에서는 '너무 시간이 오래 걸린다', '표준화된 프로세스를 따르라'는 압박을 받을 수 있습니다. 때로는 '과도하게 복잡하게 생각한다'거나 '일관성이 없다'는 평가를 받기도 합니다.

개별화(Individualization®) 테마를 위한 세일즈 액션 플랜

- **고객별 맞춤 인사이트 기록하기:** 고객과의 대화나 경험을 통해 얻은 특징을 간단히 메모하고 체계적으로 정리하세요. 예를 들어, "이 고객은 구체적인 데이터보다는 사례 중심 설명에 더 신뢰를 느낀다"처럼 고객의 선호 포인트를 기록해두면 다음 미팅에서 더 정교하게 대응할 수 있습니다.

- **맞춤 적용의 범위 정하기:** 모든 고객에게 100% 맞춤형 접근을 하는 것은 비효율적일 수 있습니다. 대신 핵심 고객이나 중요한 거래에서는 개별화(Individualization®) 테마를 최대한 발휘하고, 그 외 고객에게는 기본 프로세스를 활용하되 소소한 차별화 포인트(예: 고객 이름이 들어간 자료, 관심사 언급)를 추가해 균형을 유지하세요.

개별화(Individualization®) 강점 조합의 시너지 활용

전략(Strategic®) 테마와 함께라면, 각 고객의 개별적 특성을 파악한 후 이를 바탕으로 정교한 세일즈 전략을 수립하는 '맞춤형 전략가'가 될 수 있습니다. 이는 복잡한 B2B세일즈에서 특히 강력한 무기가 됩니다.

관계(Relator®) 테마가 있다면, 고객 개개인의 특성을 깊이 이해하는 것을 바탕으로 진정한 개인적 유대감을 형성하여, 일회성 거래를 넘어선 평생 파트너십을 구축할 수 있습니다.

> **[코칭 스토리]** "한 사람, 한 사람 다르게 접근했을 뿐인데, 계약이 따라왔습니다."

의료기기 영업을 하는 이 팀장은 높은 개별화(Individualization®) 테마를 가진 세일즈맨이었습니다. 그는 고객을 만날 때마다 각자의 고유한 특성을 파악하고, 그에 맞는 접근법을 사용하는 것으로 유명했습니다.

그는 병원의 모든 이해관계자들을 하나씩 만났습니다. 의사, 간호부장, 구매팀까지 각자의 성향과 관심사, 업무 스타일을 주의 깊게 관찰하고 메모했습니다. 흥미롭게도 각 이해관계자가 원하는 가치가 완전히 달랐습니다.

심장내과 교수는 기술적 정확성과 데이터 신뢰성에 집중했습니다. "환자 생명과 직결되는 문제라 성능이 최우선"이라고 강조했습니다.

> 간호부장은 실무적 편의성을 중시했습니다. '의료진들이 쉽게 사용할 수 있어야 하고, 유지보수도 간단해야 한다'는 것이 핵심이었습니다.
>
> 구매팀장은 철저히 경제성을 따졌습니다. '초기 비용도 중요하지만 5년 후 유지비까지 계산해야 한다'며 구체적인 수치를 원했습니다.
>
> 이 팀장은 각각에게 맞는 언어로 소통했습니다. 교수에게는 해외 임상 데이터와 학회 발표 자료를 보여주며 검증된 성능을 강조했습니다. 간호부장에게는 직관적인 인터페이스와 원터치 기능들을 실제로 시연해 보였습니다. 구매팀장에게는 경쟁제품과의 TCO(총소유비용) 비교표를 상세히 준비했습니다.
>
> 그는 최종 발표 때 이렇게 말했습니다.
>
> "이 제품이 특별한 이유는 교수님이 요구하신 정확성과 간호부장님이 원하신 편의성, 그리고 구매팀장님의 경제성을 모두 만족시키기 때문입니다."
>
> 계약 성사 후 이 팀장은 확신했습니다. 시간이 좀 더 걸리더라도 각 고객의 개별적 특성을 파악하고 맞춤형 접근을 하는 것이 결국 가장 확실한 영업 방법이라는 것을. 그는 제품이 아니라 '나만을 위한 솔루션'이라는 특별함을 팔았습니다.

(8) 긍정(Positivity®)

"힘든 상황에서도 밝은 면을 찾는 것이 제 특기입니다."

긍정(Positivity®) 테마는 어떤 상황에서도 밝은 면을 발견하고, 주변 사람들에게 희망과 에너지를 전달하는 특별한 재능입니다. 이 테마가 강한 사람은 문제보다는 가능성에 주목하며, 부정적인 상황도 성장과 기회의 관점에서 바라봅니다. 이들은 자연스럽게 분위기를 밝게 만들고, 다른 사람들이 포기하고 싶어 할 때 용기와 동기를 불어넣습니다. 이들의 존재는 주변 사람들에게 '해볼 만하다', '우리는 할 수 있다'는 강력한 에너지와 자신감을 제공합니다.

세일즈 현장에서 긍정(Positivity®) 테마가 발현되는 방식

긍정(Positivity®) 테마가 강한 세일즈맨은 고객의 우려와 장벽을 기회로 전환시키는 데 탁월합니다. 이들은 고객이 "예산이 부족하다", "시기가 좋지 않다"고 할 때, 이를 불가능의 신호가 아닌 창조적 해결책을 찾을 기회로 인식합니다. 어려운 협상 상황에서도 윈-윈 솔루션의 가능성에 집중하며, 고객에게 변화에 대한 두려움보다는 성공에 대한 기대감을 심어줍니다. 특히 장기 프로젝트나 복잡한 도입 과정에서 발생하는 예상치 못한 문제들을 함께 극복해 나가며, 고객에게 신뢰할 수 있는 동반자라는 인상을 줍니다.

긍정(Positivity®) 테마가 함정이 될 때

하지만 긍정(Positivity®) 테마는 때로 현실적인 문제나 리스크를 과소평가하거나 무시할 수 있습니다. 지나친 낙관으로 인해 고객의 진짜 우려사항을 충분히 다루지 않거나, 실현 불가능한 기대를 심어줄 위험이 있습니다. 또한 부정적 피드백이나 거절에 대해 제대로 대응하지 못하고 계속 밀어붙이다가 고객에게 '현실을 모른다'는 인상을 줄 수 있습니다. 때로는 '너무 가볍다'거나 '심각성을 모른다'는 평가를 받을 수도 있습니다.

긍정(Positivity®) 테마를 위한 세일즈 액션 플랜

- **긍정적 리프레이밍을 전략적으로 활용하기:** 고객의 우려사항을 무시하지 말고, 먼저 충분히 공감한 후 "이런 관점에서 보면 어떨까요?"라는 방식으로 새로운 가능성을 제시하십시오.

- **현실적 낙관주의 구사:** 단순히 "잘 될 겁니다"라는 말만으로는 신뢰를 얻기 어렵습니다. 긍정적 비전을 제시하면서도 구체적인 계획과 단계별 실행 방안을 함께 보여줄 때, 고객은 당신의 낙관이 근거 있는 자신감임을 느끼게 됩니다.
- **부정적 피드백을 성장 기회로 전환:** 거절이나 반대 의견을 받았을 때 낙담하기보다, 그것을 더 나은 솔루션을 개발할 기회로 삼으십시오. 이렇게 개선된 제안을 다시 고객에게 보여줄 수 있다면, 단순한 낙관을 넘어 진정성 있는 파트너로 인식될 것입니다.

긍정(Positivity®) 강점 조합의 시너지 활용

- 개발(Developer®) 테마와 함께라면, 고객의 성장 가능성에 대한 확신을 바탕으로 그들이 더 큰 꿈을 꿀 수 있도록 격려하는 '성장 동반자'가 될 수 있습니다.
- 미래 지향(Futuristic®) 테마가 있다면, 현재의 어려움을 뛰어넘는 밝은 미래상을 생생하게 그려주어 고객에게 변화에 대한 강력한 동기를 제공하는 '비전 제시자'가 됩니다.

> **[코칭 스토리] "위기의 순간, 저는 가능성을 팝니다."**
>
> 높은 긍정(Positivity®) 테마를 가진 장 과장은 어떤 상황에서도 밝은 에너지를 잃지 않는 세일즈맨이었습니다. 그의 진짜 역량은 고객이 부정적인 현실에 갇혀있을 때, 바로 그 현실 속에서 누구도 보지 못하는 새로운 가능성의 지도를 그려 보이는 데 있었습니다.
>
> 코로나19로 큰 타격을 입은 한 중소 제조업체를 방문했을 때가 그랬습니다. 사장님의 첫마디부터 깊은 절망감을 드러냈습니다.

"요즘 같은 시대에 새로운 투자는 꿈도 못 꿉니다. 하루하루 살아남기도 벅찬 상황입니다."

장 과장은 그들의 어려움에 공감하면서도, 어려운 시기일수록 미래를 준비한 기업이 회복기에 시장을 주도한다는 사실을 상기시켰습니다. 그는 지금이야말로 경쟁사들 역시 움츠러든 절호의 기회임을 역설했습니다. 이때 시스템 도입을 통해 원가를 절감하면, 향후 경기가 회복될 때 가격 경쟁력으로 시장을 선점할 수 있다는 논리였습니다.

그의 설명은 막연한 희망이 아니었습니다. 그는 평소라면 받기 어려웠을 정부의 디지털 전환 지원금 제도를 구체적인 숫자로 보여주며, 실제 투자비용의 부담이 절반으로 줄어든다는 사실을 설명했습니다. 또한, 업무량이 줄어든 지금이 오히려 직원들이 새 시스템에 집중적으로 적응하고 역량을 키울 최적의 타이밍이라는 이점도 짚어주었습니다.

한편 비슷한 위기를 겪다 작년에 시스템을 도입한 다른 고객사의 성공 사례를 들려주었습니다. 그 회사는 최근 주문이 몰리자 경쟁사보다 30% 빠른 납기로 대형 계약을 연이어 따내고 있다는 이야기를 전했습니다.

이 비전에 실체를 더하기 위해, 장 과장은 즉석에서 그 고객사 사장에게 전화를 걸어 스피커폰으로 연결했습니다. "어려울 때 했던 용감한 선택이 지금의 우리를 만들었다"는 생생한 증언은 회의실의 분위기를 완전히 바꾸어 놓았습니다.

한 달 후, 계약이 성사되었습니다. 장 과장의 긍정(Positivity®) 테마는 뜬구름 잡는 낙관이 아니었습니다. 그것은 냉정한 현실 분석을 기반으로 새로운 가능성을 설계하고, 그것을 고객이 손에 잡을 수 있는 희망으로 바꾸는 강력한 에너지였습니다.

(9) 절친(Relator®)

"한두 명의 진짜 친구가, 백 명의 지인보다 소중합니다."

절친(Relator®) 테마는 이미 알고 있는 사람들과의 관계를 더 깊고 의미 있게 만드는 데서 큰 만족을 얻는 재능입니다. 이 테마가 강한 사람은 새로운 사람을 사귀는 데 신중하지만, 한번 자신의 '이너 서클(Inner Circle)' 안에 들어온 사람과는 놀라울 정도로 깊은 유대감을 형성합니다. 이들은 피상적인 관계보다는 진정성과 신뢰를 바탕으로 한 상호적인 관계를 갈망합니다. 이들에게 동료나 고객은 단순한 비즈니스 관계가 아니라, 함께 성장하고 서로에게 힘이 되어주는 가까운 친구와도 같습니다.

세일즈 현장에서 절친(Relator®) 테마가 발현되는 방식

절친(Relator®) 테마가 강한 세일즈맨은 기존 고객을 관리하고, 그들을 평생의 '찐팬'으로 만드는 데 최고의 전문가입니다. 이들은 한번 맺은 관계를 매우 소중히 여기며, 고객의 비즈니스뿐만 아니라 개인적인 성공까지 진심으로 돕는 '신뢰의 파트너'가 됩니다. 이들의 진정성 있는 관계는 고객의 충성도를 극대화하여, 경쟁사의 어떤 유혹에도 흔들리지 않는 강력한 비즈니스 해자(moat)를 구축합니다. 또한, 이들은 자신을 깊이 신뢰하는 기존 고객으로부터 수준 높은 신규 고객을 소개받는 '따뜻한 소개(Warm Referral)'를 통해 양질의 사업 기회를 창출하는 데 매우 능숙합니다.

절친(Relator®) 테마가 함정이 될 때

하지만 절친(Relator®) 테마는 때로 새로운 관계를 시작하는 것을 꺼리는 함정에 빠질 수 있습니다. 낯선 사람에게 다가가야 하는 콜드콜이나 네트워킹 활동에 큰 스트레스를 느끼며, 신규 고객 발굴(Prospecting)에 소극적인 태도를 보일 수 있습니다. 또한, 기존의 편안한 고객 관계에만 안주하여 새로운 시장이나 기회를 놓칠 위험이 있습니다. 고객과의 관계가 너무 가까워진 나머지, 가격 인상이나 계약 종료와 같이 비즈니스적으로 필요한 냉정한 결정을 내리는 것을 힘들어하거나, 공과 사를 구분하지 못해 전문성을 잃는 모습을 보이기도 합니다.

절친(Relator®) 테마를 위한 세일즈 액션 플랜

- **신뢰를 기반으로 한 소개 요청:** 당신을 가장 신뢰하는 핵심 고객들에게 "제가 대표님께 드리는 것과 똑같은 수준의 신뢰를 드릴 수 있는 분이 있다면, 소개해 주시겠습니까?"라고 진심을 담아 요청하십시오. 단순한 추천이 아니라, 이미 검증된 신뢰의 연장선에서 이루어지는 연결이기에 고객은 안심하고 다른 사람을 소개하게 됩니다. 이러한 방식은 광고나 홍보보다 훨씬 강력한 신뢰성을 지니며, 가장 효과적인 신규 고객 발굴 전략으로 자리잡을 수 있습니다.
- **깊이를 위한 시간 투자:** 새로운 잠재고객을 만날 때, 조급하게 제품을 설명하기보다 그 사람 자체를 알아가는 데 의도적으로 시간을 투자하십시오. 1:1 식사나 커피 미팅을 통해 공통의 관심사를 찾고, 인간적인 유대감을 먼저 형성하는 것이 당신의 성공 공식입니다.

절친(Relator®) 강점의 조합의 시너지 활용

책임(Responsibility®) 테마와 함께라면, 한번 내 사람이라고 생각한 고객의 문제는 무슨 일이 있어도 해결해주려는 강력한 의지를 갖게 됩니다. 이들은 절대 고객을 배신하지 않는, 가장 헌신적인 파트너가 됩니다.

배려(Includer®) 테마가 있다면, 자신의 이너 서클에 있는 사람들을 소외시키지 않고 모두를 한 팀으로 묶어주는 구심점 역할을 합니다. 고객과 내부 팀원 모두를 '우리 편'으로 만들어 강력한 시너지를 창출합니다.

> **[코칭 스토리]** "낯선 고객도, 내 고객의 지인이라면 어렵지 않습니다."
>
> 높은 절친(Relator®) 테마를 가진 최 차장은 뛰어난 영업사원이었습니다. 그의 고객 유지율은 회사 내에서 압도적인 1위였고, 그의 '이너 서클'에 있는 고객들은 수년간 거래를 이어오고 있었습니다.
>
> 문제는 회사의 성장 전략이 신규 고객 발굴에 초점이 맞춰지면서 시작되었습니다. 그는 네트워킹 행사나 신규 상담회에 나가는 것을 극도로 힘들어했습니다.
>
> "저는 억지로 친한 척을 못하겠습니다. 처음 보는 사람에게 명함을 돌리는 제 자신이 너무 가식적으로 느껴져요."
>
> 그의 신규 고객 확보 실적은 저조했고, 그는 자신의 강점이 더 이상 통하지 않는다는 생각에 괴로워했습니다. 코칭 세션에서 저는 그의 마음에 깊이 공감하며 질문을 던졌습니다.
>
> "차장님의 강점은 '깊은 신뢰'를 만드는 능력입니다. 왜 자신에게 맞지도 않는 '넓은 관계'라는 다른 무기를 쓰려고 하십니까? 혹시, 새로운 고객을 만나는 유일한 방법이 '네트워킹 행사'뿐일까요? 차장님을 가장 신뢰하는 사람들을 활용하는 방법은 없을까요?"

그는 자신의 강점을 활용해야 한다는 단순한 진리를 잠시 잊고 살았습니다. 다음 주 그는 어색한 네트워킹 행사에 가는 대신, 가장 오래된 고객사 대표님과 점심 약속을 잡았습니다. 그리고 식사가 끝날 무렵 진심을 담아 말했습니다.

"대표님, 저와 오랫동안 서로 신뢰하는 파트너로 일해 왔죠. 그래서 말인데, 혹시 대표님께서 저만큼 신뢰하시는 다른 회사의 지인이나 파트너가 있다면, 잠시 소개해 주실 수 있을까요? 제가 그분께도 대표님께 드리는 것과 똑같은 수준의 신뢰와 파트너십을 제공하고 싶습니다."

효과가 나타났습니다. 소개를 통해 만난 신규 고객은 이미 최 차장에 대한 깊은 신뢰를 안고 대화를 시작했습니다. 어색한 첫 만남은 사라지고, 곧바로 깊이 있는 파트너십 논의가 가능했습니다. 그는 더 이상 '모르는 사람'을 만나는 것이 아니라, '신뢰하는 친구의 친구'를 만나는 경험을 하게 된 것입니다.

이후 그는 자신의 핵심 고객들을 '새로운 관계를 여는 문'으로 삼기 시작했습니다. 그는 자신에게 맞지 않는 옷을 억지로 입는 대신, 자신의 강점을 활용해 새로운 길을 개척했습니다.

7장. 전략적 사고(Strategic Thinking) 영역 강점 테마: 나아갈 방향을 설계하는 힘

"세일즈는 단순한 판매가 아니라, 미래를 설계하는 전략적 게임이다."

이 말처럼 뛰어난 세일즈맨과 평범한 세일즈맨을 구분하는 가장 큰 차이는 현재 눈앞의 요구를 충족시키는 데 머무르지 않고, 고객의 미래를 내다보며 그에 맞는 전략적 해법을 제시할 수 있느냐에 있습니다.

전략적 사고(Strategic Thinking) 영역의 강점을 가진 사람들은 이런 부분에서 빛을 발합니다. 이들은 늘 "앞으로 어떤 변화가 일어날까? 고객은 어떤 문제를 만나게 될까? 우리는 어떤 준비를 해야 할까?"라는 질문을 던지며, 미래를 설계하는 사고방식을 영업 과정에 녹여냅니다.

현대의 고객들은 단순히 제품이나 서비스를 구매하는 것이 목적이 아닙니다. 자신들의 비즈니스 목표를 이해하고, 다가올 도전과 기회를 함께 고민해 주며, 장기적인 성공을 위한 파트너가 되어줄 사람을 찾습니다. 전략적 사고 영역이 강한 세일즈맨은 복잡한 비즈니스 환경 속에서도 명확한 방향성을 제시하고, 고객이 더 나은 의사결정을 내릴 수 있도록 돕는 전략가로 자리매김합니다.

결국 전략적 사고는 단순히 '생각이 많은 것'이 아니라, 고객의 현재와 미래를 연결해 주는 힘입니다. 이러한 능력을 가진 사람은 고객에게 단순한 판매자가 아니라, 미래를 함께 설계하는 동반자로 기억됩니다.

1. 전략적 사고 영역의 3가지 핵심 가치

(1) 미래 예측을 통한 선제적 솔루션 제공

고객이 세일즈맨에게 갖는 궁극적인 기대는 "이 사람이 우리의 미래를 얼마나 정확히 예측하고 있을까?"입니다. 전략적 사고 영역의 강점은 현재 상황 분석을 넘어서 미래의 트렌드와 변화를 예측합니다. 이들은 시장 동향, 기술 발전, 고객 산업의 변화를 종합적으로 분석하여 고객이 아직 인식하지 못한 미래의 니즈와 도전을 미리 파악합니다. 고객은 이들과의 만남에서 '앞날에 대한 명확한 방향성'을 얻으며, 그것이 전략적 파트너십의 토대가 됩니다.

(2) 복잡한 문제 해결을 위한 체계적 접근

비즈니스에서 가장 큰 가치를 창출하는 것은 '복잡한 문제를 단순하고 효과적으로 해결하는 능력'입니다. 전략적 사고 영역의 강점은 다면적이고 복잡한 고객의 상황을 체계적으로 분석하고 접근합니다. 이들은 문제의 근본 원인을 파악하고, 다양한 해결 방안을 검토하며, 가장 효율적이고 지속가능한 솔루션을 설계합니다. 고객은 파편적인 대응이 아닌, 통합적이고 체계적인 전략을 통해 진정한 문제 해결을 경험하게 됩니다.

(3) 데이터 기반 의사결정과 논리적 설득

지속적인 비즈니스 성공의 핵심은 감정이 아닌 논리와 데이터에 기반한 의사결정입니다. 전략적 사고의 본질은 직감적 판단을 넘어서 객관적 분석과 논리적 근거를 제시하는 것입니다. 이들은 시장 데이터, 성과 지표, 벤치마킹 결과를 활용하여 고객에게 명확하고 설득력 있는 제안을 제시합니다. 고객은 추상적인 약속이 아닌, 구체적인 근거와 예측 가능한 결과를 바탕으로 안전하고 확신 있는 의사결정을 할 수 있게 됩니다. 이들이 만드는 제안은 일시적인 해결책이 아니라, '데이터로 검증된 성공의 로드맵'이 됩니다.

2. 전략적 사고 (Strategic Thinking) 영역의 8가지 강점 테마 분석

(1) 분석(Analytical®)

"데이터가 말하는 진실을 듣는 사람들입니다."

분석(Analytical®) 테마는 정보와 데이터를 체계적으로 분석하여 객관적이고 논리적인 결론을 도출하는 특별한 재능입니다. 이 테마가 강한 사람은 "정말 그럴까?", "근거가 무엇인가?"라는 질문을 자연스럽게 던지며,

감정이나 직감보다는 사실과 데이터에 기반한 판단을 선호합니다. 이들은 복잡한 정보 속에서 패턴을 찾아내고, 원인과 결과의 관계를 명확히 파악하며, 추측이 아닌 증거에 기반한 해답을 제시합니다. 불확실한 상황에서 다른 사람들이 감정적으로 판단할 때, 이들은 냉철한 분석을 통해 신뢰할 수 있는 방향성을 제시하는 든든한 존재입니다.

세일즈 현장에서 분석(Analytical®) 테마가 발현되는 방식

분석(Analytical®) 테마가 강한 세일즈맨은 데이터가 중요한 B2B 세일즈나 기술 영업에서 탁월한 성과를 보입니다. 이들은 고객의 현재 상황을 정확한 수치와 지표로 파악하고, ROI 계산, 비용 절감 효과, 성과 개선 예측치 등을 구체적인 데이터로 제시합니다. 경쟁사 제품과의 객관적인 비교 분석을 통해 자사 솔루션의 우수성을 논리적으로 증명하며, 고객의 의구심이나 반대 의견에도 데이터 기반의 명확한 답변을 제공합니다. 특히 엔지니어나 재무팀처럼 논리적 사고를 중시하는 의사결정자들과의 커뮤니케이션에서 높은 신뢰를 구축합니다.

분석(Analytical®) 테마가 함정이 될 때

하지만 분석(Analytical®) 테마는 때로 과도한 데이터 의존으로 인한 마비 상태에 빠질 수 있습니다. 완벽한 분석을 위해 더 많은 데이터를 수집하려다가 의사결정이 지연되거나, 데이터로 증명할 수 없는 감정적 요소나 정성적 가치를 간과할 위험이 있습니다. 또한 복잡한 분석 결과를 상대방이 이해하기 어려운 방식으로 설명하여 오히려 혼란을 가중시키거나, 직관적이고 빠른 결정을 선호하는 고객에게는 '너무 복잡하다'는 인상을 줄 수도 있습니다.

분석(Analytical®) 테마를 위한 세일즈 액션 플랜

- **핵심 데이터(숫자)로 설득하기:** 고객은 모든 데이터를 다 듣고 싶어하지 않습니다. 수많은 자료 중에서 고객의 의사결정에 직접적인 영향을 주는 3~5개의 핵심 지표만 뽑아 간결하게 전달하세요.
- **스토리텔링과 데이터의 결합:** 단순히 수치를 나열하는 것은 효과가 떨어집니다. "이 수치는 고객 이탈이 줄어든 결과이고, 그로 인해 재구매율이 높아졌습니다"처럼 데이터가 말해주는 이야기를 풀어내면 고객이 더 쉽게 이해하고 공감할 수 있습니다
- **정량적 분석과 정성적 가치의 균형:** 매출 증가율이나 비용 절감 같은 정량적 효과도 중요하지만, 고객 만족도 개선이나 브랜드 신뢰 상승 같은 정성적 가치도 함께 언급하세요. 데이터와 감성을 동시에 전달할 때 설득력이 배가됩니다.

분석(Analytical®) 강점 조합의 시너지 활용

- 전략(Strategic®) 테마와 함께라면, 데이터 기반의 정교한 전략 수립과 논리적 근거 제시를 통해 고객을 설득하는 '전략 분석 전문가'가 될 수 있습니다.
- 학습(Learner®) 테마가 있다면, 지속적으로 새로운 분석 기법과 업계 데이터를 학습하여 더욱 정교하고 전문적인 인사이트를 제공하는 '데이터 통찰 전문가'가 됩니다.

[코칭 스토리] "데이터로 고객의 신뢰를 얻었습니다."

SI업체의 이 팀장은 뛰어난 분석(Analytical®) 강점을 가진 세일즈 담당자였습니다. 이 팀장이 담당하게 된 신규 고객은 특히나 데이터 중심적인 접근을 요구하는 유명 제약회사였습니다. 그 고객은 막대한 비용이 드는 신제품 도입에 매우 신중했고, 조사를 해 보니 이전에 방문한 타 경쟁업체들은 제품의 장점을 열정적으로 강조했지만, 고객은 "저희가 원하는 건 주관적인 평가가 아니라 객관적 데이터입니다"라며 냉담한 반응을 보였고, 거래는 늘 난항을 겪었습니다.

이 팀장은 고객사의 니즈와 우려사항을 면밀히 파악하기 위해 관련 자료를 수집하고 분석했습니다. 신제품 도입 시 발생 가능한 효과와 리스크, 비용 절감 가능성, 그리고 타사와의 객관적 비교 분석 자료까지 고객이 필요로 할 만한 모든 데이터를 철저하게 검토했습니다. 또한 고객의 업계 트렌드와 시장 동향까지 철저히 분석하여, 고객이 자신에게 제공되는 데이터에 강한 신뢰감을 가질 수 있도록 준비했습니다.

그는 고객 앞에서 경쟁 프레젠테이션을 했습니다.

"제가 고객님 회사를 위해 준비한 자료는 추상적이고 주관적인 요소를 배제하고, 실제 수치와 데이터로 구성되어 있습니다. 경쟁 제품과 비교했을 때 저희 제품이 15% 이상의 비용 절감 효과가 있다는 것은 데이터를 통해 이미 검증된 사실입니다. 또한 고객사의 예상 우려사항 중 발생 가능한 문제점에 대해서도 대응 방안을 수립하였습니다."

고객 담당자는 말했습니다.

"지금까지 많은 업체들이 우리에게 제품의 장점을 설명했지만, 대부분 너무 추상적이었습니다. 그러나 이 팀장님은 정확한 데이터를 통해 우리가 정말로 확인하고 싶었던 부분을 짚어주셨습니다."

이 팀장이 제공한 철저한 분석과 객관적 데이터 덕분에 고객사는 그 자리에서 계약 체결을 결정했습니다. 분석(Analytical®) 테마는 단순히 데이터를 분석하는 행정적 능력이 아니라, 고객이 진정으로 원하는 신뢰를 얻는 가장 확실한 전략입니다.

(2) 회고(Context®)

"과거를 이해해야 현재가 보이고, 미래가 열립니다."

회고(Context®) 테마는 과거의 경험과 역사를 통해 현재 상황을 더 깊이 이해하고 해석하는 특별한 재능입니다. 이 테마가 강한 사람은 "어떻게 여기까지 오게 되었을까?", "과거에는 어떻게 해결했을까?"라는 질문을 자연스럽게 던지며, 현재의 문제나 상황을 역사적 맥락에서 파악하려 합니다. 이들은 과거의 성공과 실패 사례를 소중한 교훈으로 여기며, 그 경험들이 현재의 의사결정에 귀중한 나침반 역할을 한다고 믿습니다. 급변하는 환경에서 이들의 존재는 조직이나 팀이 성급한 판단을 피하고, 검증된 지혜를 바탕으로 안정적인 방향을 찾을 수 있게 하는 든든한 조언자 역할을 합니다.

세일즈 현장에서 회고(Context®) 테마가 발현되는 방식

회고(Context®) 테마가 강한 세일즈맨은 장기적 관계가 중요한 전략적 세일즈나 기존 고객 관리에서 탁월한 성과를 보입니다. 이들은 고객사의 과거 구매 이력, 의사결정 패턴, 성공과 실패 경험을 철저히 분석하여 고객이 진정으로 원하는 것이 무엇인지 파악합니다. 새로운 제안을 할 때도 과거 유사한 상황에서의 결과를 바탕으로 리스크를 최소화하고 성공 확률을 높이는 방향으로 접근합니다. 특히 보수적이고 신중한 의사결정을 선호하는 고객들에게는 과거 성공 사례와 검증된 방법론을 제시하여 높은 신뢰를 구축합니다.

회고(Context®) 테마가 함정이 될 때

회고(Context®) 테마는 때로 과거에 지나치게 의존하여 새로운 기회를 놓칠 위험이 있습니다. '과거에 이랬으니까 지금도 그럴 것이다'라는 고정관념에 빠져 변화하는 고객의 니즈나 시장 상황을 제대로 파악하지 못할 수 있습니다. 또한 과거의 실패 경험에 과도하게 영향을 받아 새로운 도전을 회피하거나, 혁신적이고 빠른 변화를 원하는 고객에게는 '너무 보수적이다'는 인상을 줄 수도 있습니다.

회고(Context®) 테마를 위한 세일즈 액션 플랜

- **과거 경험을 현재 전략으로 활용하기:** 고객에게 단순히 "이전에도 이런 사례가 있었다"라고 말하는 데서 그치지 마세요. 과거의 성공과 실패에서 얻은 교훈을 현재 상황에 맞게 재해석해 보여주십시오. "비슷한 프로젝트에서 이런 리스크가 있었는데, 이번에는 이렇게 개선했습니다"처럼 이야기하면 고객은 신뢰를 느낍니다.
- **변화 속에서 일관된 기준 제시하기:** 회고(Context®) 강점은 과거와 현재를 비교하며 차이를 파악하는 능력입니다. 시장 환경, 고객 니즈, 기술 변화 같은 요소들이 과거와 어떻게 달라졌는지를 짚어주면, 고객은 단순한 현상 설명을 넘어선 깊이 있는 통찰을 얻게 됩니다.
- **검증된 안정성과 새로운 가능성의 균형 잡기:** 고객은 새로운 시도를 원하면서도 불확실성을 두려워합니다. 이때 회고(Context®) 강점을 가진 사람은 과거의 검증된 성공 사례를 근거로 안정성을 보여주고, 동시에 현재의 변화와 혁신적인 시도를 함께 제시하여 고객이 안심 속에서 새로운 선택을 할 수 있도록 돕습니다.

회고(Context®) 강점 조합의 시너지 활용

- 전략(Strategic®) 테마와 함께라면, 과거의 교훈을 바탕으로 미래를 위한 최적의 전략을 수립하는 '경험 기반 전략가'가 될 수 있습니다.
- 관계(Relator®) 테마가 있다면, 고객과의 오랜 역사와 과거 경험을 바탕으로 더욱 깊고 신뢰할 수 있는 파트너십을 구축하는 '역사 기반 관계 전문가'가 됩니다.

[코칭 스토리] "과거에서 고객의 신뢰를 찾습니다."

회고(Context®) 테마가 높은 강 과장은 고객사의 과거 데이터를 분석하던 중, 2년 전 비슷한 시스템 도입 프로젝트가 실패로 끝났다는 사실을 발견했습니다.

그는 현재 담당자를 만나기 전에, 수소문하여 당시 프로젝트를 담당했던 지금은 다른 부서로 이동한 차장님에게 연락해 잠시 이야기를 청했습니다.

그는 당시의 상황과 실패의 진짜 원인, 그리고 담당자로서 느꼈던 어려움에 대해 진심으로 경청했습니다.

마침내 현재 담당자와의 미팅 날, 그는 이렇게 말문을 열었습니다.

"제가 2년 전 프로젝트에 대해 미리 좀 알아보았습니다. 특히 당시 실무를 맡으셨던 김 차장님과 잠시 이야기를 나누었는데, 그때 어떤 어려움이 있었는지 깊이 이해하게 되었습니다. 그래서 이번 제안서는, 같은 문제를 절대 반복하지 않을 구체적인 방안들을 중심으로 준비했습니다."

고객사 담당자는 깜짝 놀랐습니다. 그의 제안서에는 다른 경쟁사들이 제시한 평범한 제안이 아니라, 자신들의 실패 경험에 대한 이해와 그것을 극복할 현실적인 대안이 담겨 있었기 때문입니다.

> 고객사는 그의 제안에서 '단순한 새로운 아이디어'가 아닌 '실패를 반복하지 않을 믿을 만한 솔루션'을 보았습니다. 결과적으로 고객사는 그에게 프로젝트를 맡겼고, 그가 제공한 회고(Context®) 테마의 통찰 덕분에 프로젝트는 안정적으로 성공했습니다. 강 과장은 더 이상 회고(Context®) 테마를 과거에 갇힌 태도가 아닌, 고객에게 깊은 신뢰와 안정감을 제공하는 가장 탁월한 세일즈 도구로 활용했습니다.

(3) 미래지향(Futuristic®)

"오늘의 작은 결정이 10년 후 우리의 모습을 만듭니다."

미래지향(Futuristic®) 테마는 현재를 넘어 미래의 가능성을 생생하게 그려내는 특별한 재능입니다. 이 테마가 강한 사람은 "앞으로 어떻게 될까?", "10년 후에는 어떤 모습일까?"라는 질문을 자연스럽게 던지며, 아직 오지 않은 미래를 마치 이미 경험한 것처럼 구체적으로 상상할 수 있습니다. 이들은 현재의 트렌드와 변화의 신호를 포착하여 미래의 모습을 예측하고, 그 비전을 다른 사람들과 공유함으로써 희망과 방향성을 제시합니다. 변화가 빠른 시대에 이들의 존재는 조직이나 팀이 미래를 준비하고 올바른 방향으로 나아갈 수 있게 하는 나침반 역할을 합니다.

세일즈 현장에서 미래지향(Futuristic®) 테마가 발현되는 방식

미래지향(Futuristic®) 테마가 강한 세일즈맨은 장기적 비전이 중요한 전략적 세일즈에서 탁월한 성과를 보입니다. 이들은 고객의 현재 상황뿐만 아니라 3~5년 후의 비전을 함께 그려내며, 그 미래를 실현하기 위한 로드맵을 제시합니다. 업계 트렌드와 기술 발전을 바탕으로 고객이 미처 생각하지 못한 미래의 기회와 위험을 미리 제시하고, 지금 당장은 필요성을 느끼지 못하는 솔루션이라도 미래 관점에서의 가치를 설득력 있게 전달합니다. 특히 혁신적인 제품이나 서비스를 다룰 때, 고객이 새로운 가능성에 대해 흥미를 갖도록 만드는 비전 제시자 역할을 수행합니다.

미래지향(Futuristic®) 테마가 함정이 될 때

하지만 미래지향(Futuristic®) 테마는 때로 현실과 동떨어진 이상론에 빠질 위험이 있습니다. 너무 먼 미래에 집중하다 보니 당장의 현실적인 문제나 제약 조건을 간과하거나, 고객의 현재 상황에 맞지 않는 과도한 비전을 제시하여 부담을 줄 수 있습니다. 또한 미래에 대한 낙관적 전망에만 치우쳐 리스크나 장애물을 충분히 고려하지 않는 경우도 있으며, 실용적이고 즉시 효과를 원하는 고객에게는 '너무 이상적이다'는 인상을 줄 수도 있습니다.

미래지향(Futuristic®) 테마를 위한 세일즈 액션 플랜

- **비전을 그림처럼 보여주기:** 미래지향(Futuristic®) 강점을 가진 세일즈 담당자는 단순히 말로 설명하기보다 고객이 그 미래를 눈앞에 그릴 수 있도록 표현하는 것이 중요합니다. 고객이 "우리 회사의 3년 뒤 모습"을 상상할 수 있도록 스토리, 사례, 시뮬레이션 자료를 활용해 매력적인 청사진을 제시하세요.

- **단계별 실행 로드맵 제시하기:** 장대한 미래만 제시하면 공허하게 들릴 수 있습니다. 비전을 "1단계-2단계-3단계" 실행 계획으로 나누어, 고객이 현재 위치에서 미래 목표까지 가는 구체적 경로를 확인할 수 있도록 도와주십시오.

- **현재와 미래를 연결하기:** 고객은 당장의 ROI(투자 대비 효과)도 중요하게 봅니다. "이 솔루션을 도입하면 당장 비용 절감 효과가 있고, 동시에 2~3년 후에는 새로운 시장 기회를 창출할 수 있습니다"처럼 현재의 가치를 미래와 연결하여 균형 있게 전달하세요.

미래지향(Futuristic®) 강점 조합의 시너지 활용

- 전략(Strategic®) 테마와 함께라면, 미래 비전을 실현하기 위한 구체적이고 실행 가능한 전략을 수립하는 '비전 실현 설계자'가 될 수 있습니다.
- 발상(Ideation®) 테마가 있다면, 미래의 가능성을 구현할 창의적이고 혁신적인 아이디어를 끊임없이 제시하는 '미래 혁신가'가 됩니다.

[코칭 스토리] 저는 현재의 1등이 아니라, 미래의 유일한 승자가 되는 법을 팝니다

VR 커머스 플랫폼을 개발한 스타트업의 강 대표는 높은 미래지향(Futuristic®) 테마를 가진 비전가였습니다. 그의 목표는 현재 온라인 패션 시장의 유력 A기업과의 파트너십이었습니다.

하지만 미팅은 처음부터 쉽지 않았습니다. A기업의 임원들은 자신들의 성공에 대한 자부심이 대단했습니다.

"강 대표님, VR 솔루션을 도입하면 물론 좋겠지만, 도입한다고 해서 지금 당장 우리의 매출을 올려줄 것 같지는 않아요."

그들은 '현재'의 성공에 안주해 있었고, 강 대표의 기술을 그저 비용이 많이 드는 액세서리 정도로 취급했습니다. 강 대표는 그들이 아직 보지 못하는 '미래'를 보여주기로 결심했습니다. 그는 제품 데모 화면을 끄고, 임원들에게 질문을 던졌습니다.

"여러분은 온라인에서 '사진'과 '영상'으로 옷을 파는 시대를 개척하셨고, 이미 승자입니다. 대단한 성공입니다. 하지만, 저는 오늘 그 다음 시대에 대해 이야기하러 왔습니다."

> 그는 말을 이었습니다.
>
> "5년 뒤, 지금의 10대들이 소비의 주역이 되었을 때를 상상해 보십시오. 그들은 더 이상 평면적인 사진을 보며 옷을 사지 않을 겁니다. 그들은 가상의 공간에서 자신의 아바타에게 옷을 입혀보고, 친구들과 쇼핑을 즐기는 '경험'을 소비하게 될 것입니다. '이 기술이 지금 당장 얼마나 도움이 되는가?'가 아니라, '5년 뒤, 이 새로운 시대의 주인이 누가 될 것인가?'입니다."
>
> 회의실에는 약간의 침묵이 흘렀습니다. A기업 임원들은 논의를 해 보고 연락을 주겠다고 했고, 얼마 후 강 대표의 스타트업과 함께 '미래 전략 TF'를 공동으로 구성하는 파트너십을 체결하였습니다.
>
> 강 대표는 단순히 제품의 기능을 판 것이 아니었습니다. 그는 현재의 1등에게, 다가올 미래를 팔았습니다. 위대한 비전가란, 고객이 현재 얼마나 높은 곳에 있는지를 말해주는 사람이 아니라, 그가 앞으로 올라가야 할 더 높은 산을 보여주는 사람이라는 것을 증명한 것입니다.

(4) 발상(Ideation®)

"만약, 이 문제를 전혀 다른 각도에서 바라보면 어떨까요?"

발상(Ideation®) 테마는 겉보기에는 연관성이 없어 보이는 다양한 현상들 사이에서 새로운 연결고리를 찾아내는 특별한 재능입니다. 이 테마가 강한 사람은 새로운 아이디어에 매료되며, 기존의 방식에 안주하기보다 항상 더 나은, 더 기발한, 더 흥미로운 관점을 찾아내려 합니다. 이들에게 브레인스토밍은 가장 즐거운 놀이이며, 세상은 새로운 아이디어로 가득

찬 흥미로운 곳입니다. 이들의 존재는 조직이나 팀이 생각의 늪에 빠져 관성에 젖는 것을 막아주는 강력한 혁신의 촉매제 역할을 합니다.

세일즈 현장에서 발상(Ideation®) 테마가 발현되는 방식

발상(Ideation®) 테마가 강한 세일즈맨은 복잡하고 어려운 고객의 문제를 해결하는 창의적인 해결사입니다. 고객이 자신의 문제조차 명확히 정의하지 못할 때, 이들은 새로운 관점을 제시하여 문제의 본질을 깨닫게 해줍니다. 또한, 표준화된 해결책이 통하지 않는 독특한 상황에서, 이들은 제품의 기능을 창의적으로 조합하거나 새로운 활용법을 제안하여 고객만을 위한 맞춤형 솔루션을 만들어냅니다. 이들의 풍부한 아이디어는 막혀 있던 협상에 새로운 돌파구를 제시하고, 고객에게 "이런 방법도 있었군요!" 하는 감탄을 자아내게 만듭니다.

발상(Ideation®) 테마가 함정이 될 때

하지만 발상(Ideation®) 테마는 때로 너무 많은 아이디어를 쏟아내어 고객을 혼란스럽게 만드는 함정에 빠질 수 있습니다. 이들은 아이디어 자체를 즐기기 때문에, 고객의 현재 문제와 직접적인 관련이 없는 비현실적인 아이디어를 남발하기도 합니다. 이는 고객에게 '뜬구름 잡는 소리만 한다'거나 '그래서 뭘 하자는 건지 모르겠다'는 인상을 주어 신뢰를 잃는 원인이 됩니다. 또한, 새로운 아이디어에 대한 흥미가 빨리 식어, 하나의 아이디어를 끝까지 실행하고 마무리하는 데 약한 모습을 보일 수 있으며, '말만 앞선다'는 평가를 받기도 합니다.

발상(Ideation®) 테마를 위한 세일즈 액션 플랜

- **아이디어를 위한 '방향성' 설정하기:** 브레인스토밍을 시작하기 전에, '고객의 가장 시급한 문제 하나를 해결한다'는 명확한 목표를 설정하십시오. 당신의 아이디어가 그 목표에 부합하는지 스스로 필터링하는 습관을 들이는 것이 중요합니다.

- **하나의 '최고 아이디어'에 집중하기:** 고객에게 10개의 좋은 아이디어를 보여주는 것보다, 당신이 가장 뛰어나다고 생각하는 1개의 아이디어를 깊이 있게 설명하는 것이 훨씬 효과적입니다. 선택과 집중을 통해 당신의 아이디어에 힘을 실어주십시오.

- **아이디어를 현실로 만들 파트너와 협력하기:** 당신의 창의적인 아이디어를 구체적인 실행 계획으로 바꾸어 줄 실행력 영역의 테마, 즉 성취(Achiever®), 체계(Discipline®), 책임(Responsibility®) 등의 테마가 강한 동료와 파트너가 되십시오. 당신의 '상상력'에 그들의 '현실 감각'이 더해질 때, 위대한 결과가 만들어집니다.

발상(Ideation®) 강점 조합의 시너지 활용

- **전략(Strategic®)** 테마와 함께라면, 수많은 아이디어 중에서 성공 확률이 가장 높은 최적의 경로를 찾아내는 데 탁월한 능력을 발휘합니다. 이는 단순히 '창의적인 것'을 넘어, '이기는 아이디어'를 찾아내는 강력한 힘이 됩니다.

- **지적사고(Intellection®)** 테마가 있다면, 떠오른 아이디어를 그냥 쏟아내는 것이 아니라, 깊은 사색과 분석을 통해 아이디어를 다듬고 논리적으로 완성시키는 힘을 갖게 됩니다. 이들의 아이디어는 기발하면서도 동시에 매우 정교합니다.

> **[코칭 스토리] "저는 의자가 아니라, '아이디어'를 팝니다."**
>
> 사무용 가구를 판매하는 김 대리는 최근 빠르게 성장하는 한 기술 스타트업의 사무실 이전 프로젝트를 담당하고 있었습니다. 그런데 경쟁사에 비해 그녀가 제안하는 인체공학 의자는 품질은 더 좋았지만, 가격이 약간 더 높았습니다.
>
> 결정을 앞둔 스타트업 대표는 솔직하게 말했습니다.
>
> "김 대리님, 품질이 좋은 건 알겠습니다. 하지만 이 가격 차이가 과연 그만한 가치가 있는지, 솔직히 확신이 서지 않네요. 그 돈으로 개발자 한 명이라도 더 채용하는 게 더 중요해서요."
>
> 모두가 '가격' 문제에만 집중하고 있을 때, 김 대리의 머릿속에서는 '가격'과 '인재 채용'이라는 두 단어가 하나의 아이디어로 연결되고 있었습니다.
>
> "대표님, 요즘 최고의 개발자들은 연봉만큼이나 자신의 건강과 집중력을 존중해주는 '업무 환경'을 보고 회사를 선택합니다. 만약 대표님께서 이 의자를 '단순 비품 비용'이 아니라 '핵심 인재를 유치하고 지키기 위한 투자'로 바라보신다면, 이 가격 차이는 어떻게 느껴지시나요? 어쩌면 이 투자가, 비싼 헤드헌팅 수수료보다 더 확실한 인재 유치 전략이 될 수도 있습니다."
>
> 고객사 대표는 최근 최고의 개발자를 영입하기 위해 얼마나 치열한 경쟁을 했는지, 그리고 그들이 '업무 환경'에 대해 얼마나 꼼꼼하게 질문했는지를 떠올렸습니다. 김 대리의 아이디어는 단순한 감성적인 설득이 아니라, 자신의 가장 큰 고민을 꿰뚫는 비즈니스 제안이었습니다.
>
> "…일리 있네요. 우리가 좋은 인재 영입을 위해서라면 그 정도 투자도 일리가 있겠네요. 좋은 관점을 주셔서 감사합니다. 김 대리님 제안으로 진행하겠습니다."
>
> 김 대리의 아이디어는 화려하지 않았습니다. 하지만 그것은 고객의 망설임을 '비용'이라는 문제에서 '투자'라는 관점으로 옮겨놓은, 조용하지만 강력한 한 수였습니다.

(5) 수집(Input®)

"좋은 정보는 언젠가 반드시 쓸모가 있습니다."

수집(Input®) 테마는 다양한 정보, 아이디어, 사물들을 모으고 저장하는 것에서 큰 만족감을 느끼는 특별한 재능입니다. 이 테마가 강한 사람은 "이것도 알아두면 좋겠다", "저것도 나중에 필요할 수 있겠다"는 생각으로 끊임없이 정보를 수집하고 정리합니다. 이들은 호기심이 매우 왕성하며, 언뜻 쓸모없어 보이는 정보라도 언젠가는 가치 있게 활용될 것이라는 믿음을 갖고 있습니다. 복잡하고 정보가 중요한 환경에서 이들의 존재는 조직이나 팀이 필요한 순간에 정확한 정보를 확보할 수 있게 하는 든든한 정보 창고 역할을 합니다.

세일즈 현장에서 수집(Input®) 테마가 발현되는 방식

수집(Input®) 테마가 강한 세일즈맨은 정보가 경쟁력인 복잡한 B2B 세일즈나 컨설팅 영업에서 탁월한 성과를 보입니다. 이들은 고객사의 조직도, 의사결정 프로세스, 과거 구매 이력, 경쟁사 정보, 업계 동향 등 방대한 정보를 체계적으로 수집하고 관리합니다. 미팅 전 충분한 사전 조사를 통해 고객이 놀랄 만큼 상세한 배경 지식을 바탕으로 대화를 이끌어가며, 고객의 예상치 못한 질문에도 즉시 관련 데이터나 사례를 제시할 수 있습니다. 특히 장기간에 걸친 복잡한 세일즈 과정에서 축적된 정보들이 결정적인 순간에 큰 힘을 발휘합니다.

수집(Input®) 테마가 함정이 될 때

하지만 수집(Input®) 테마는 때로 정보 수집 자체에 매몰되어 실행이 지연될 위험이 있습니다. '더 완벽한 정보를 모아야 한다'는 생각에 고객 접촉이나 제안서 작성을 미루거나, 너무 많은 정보를 한꺼번에 제시하여 고객을 혼란스럽게 만들 수 있습니다. 또한 정보의 양에 치중하다 보니 정작 고객에게 꼭 필요한 핵심 정보를 놓치거나, 수집한 정보들을 효과적으로 활용하지 못하고 단순히 저장만 하는 상태에 머물 수도 있습니다.

수집(Input®) 테마를 위한 세일즈 액션 플랜

- **고객별 맞춤형 자료 준비하기**: 단순히 많은 자료를 모으는 데서 멈추지 말고, 각 고객의 상황에 꼭 필요한 정보만 선별하세요. 예를 들어 제조업 고객에게는 업계 원자재 가격 동향을, 제약사 고객에게는 최신 임상 결과나 규제 동향을 정리해 제공하면 큰 신뢰를 얻을 수 있습니다.

- **단계별로 제공하기**: 고객에게 모든 정보를 한 번에 쏟아내면 부담이 될 수 있습니다. 회의 전에는 준비 자료 요약본을 제공하고, 미팅에서는 꼭 필요한 핵심 2~3가지를 중심으로 이야기하세요. 이후 고객이 원할 때 추가 자료를 제공하면 "준비된 파트너"라는 인상을 줄 수 있습니다.

- **지속적인 '인사이트 파트너'로 자리매김하기**: 수집(Input®) 테마가 강한 사람은 고객에게 "항상 새로운 정보를 가져다주는 사람"이라는 이미지를 줄 수 있습니다. 정기적인 인사이트 뉴스레터, 짧은 산업 동향 브리핑 등을 통해 고객이 먼저 찾게 되는 정보 허브 역할을 하십시오.

수집(Input®) 강점 조합의 시너지 활용

- 분석(Analytical®) 테마와 함께라면, 수집한 방대한 정보를 체계적으로 분석하여 고객에게 의미 있는 통찰을 제공하는 '정보 분석가'가 될 수 있습니다.
- 관계(Relator®) 테마가 있다면, 고객과 관련된 세밀한 정보들을 기억하고 활용하여 더욱 개인화된 관계를 구축하는 '맞춤형 관계 전문가'가 됩니다.

> **[코칭 스토리] 고객이 직접 말하지 않은 정보가 진짜 정보입니다.**
>
> 자동차 딜러 진 매니저는 높은 수집(Input®) 테마를 가진 영업사원이었습니다. 그의 수집 욕구는 자동차 정보에만 국한되지 않았습니다. 그는 평소 비즈니스, 예술, 여행, 취미 등 다양한 분야의 잡지와 기사를 읽고 흥미로운 내용을 발견하면 노션(Notion)에 메모해 놓거나 링크를 저장합니다.
>
> 어느 날, VIP 고객 중견기업 사장으로부터 전화가 왔습니다. 그는 그저 "알아서 좋은 차로 추천해 주시오"라는 말을 했습니다. 이런 상황에서 일반적인 영업사원들은 당황하게 됩니다. 구체적인 니즈를 파악해야만 적절한 추천을 할 수 있기 때문입니다.
>
> 그러나 진 매니저는 수집(Input®) 테마를 발동했습니다. 그 사장에 대한 잡지 기사를 발견했습니다. 평소에도 경제 잡지, 경제 유튜브를 자주 보고 수집하는 그에게는 매우 쉬운 일이죠.
>
> 기사의 대부분은 그의 사업 성공에 대한 내용이었지만, 마지막 단락에 짧게 언급된 그의 유일한 취미가 있었습니다. '주말마다 자신의 반려견과 함께 낚시를 떠나는 것이 유일한 낙이다.'
>
> 진 매니저는 차에 대한 기능을 말하지 않았습니다.
>
> "사장님, 이 차의 트렁크 바닥은 특수 방수 코팅이 되어 있어, 모래나 흙이 묻어도 아주 쉽게 청소할 수 있습니다. 그리고 뒷좌석 공간은, 덩치 큰 반려견이 장시간 누워서 가기에도 전혀 불편함이 없을 겁니다."

> 그는 트렁크를 한번 훑어보고는, 진 매니저를 바라보며 짧게 말했습니다.
>
> "이걸로 합시다."
>
> 진 매니저의 성공은 우연이 아니었습니다. 그것은 고객이 누구인지 끊임없이 호기심을 갖고, 당장의 쓸모와 상관없이 정보를 모아 온 그의 수집(Input®) 테마가 만들어낸 결과였습니다.

(6) 지적사고(Intellection®)

"결론을 내리기 전에, 생각할 시간이 필요합니다."

지적사고(Intellection®) 테마는 깊이 생각하고 반추하는 것을 즐기는 내면의 재능입니다. 이 테마가 강한 사람은 혼자 조용히 생각에 잠기는 시간을 통해 정신적인 활동을 즐기며, 이를 통해 문제의 본질을 파악하고 아이디어를 명확하게 다듬습니다. 이들에게 '생각하는 것'은 그 자체로 가장 생산적인 활동입니다. 이들은 복잡한 주제에 대해 깊이 사색하고, 스스로에게 질문을 던지며 명료한 결론에 도달할 때 가장 큰 에너지를 얻습니다. 이들의 존재는 성급한 결정을 막고, 논의의 깊이를 더하는 사려 깊은 사상가 역할을 합니다.

세일즈 현장에서 지적사고(Intellection®) 테마가 발현되는 방식
지적사고(Intellection®) 테마가 강한 세일즈맨은 고객의 복잡한 문제를 해결하는 '신뢰받는 조언가(trusted advisor)' 역할을 하는 데 탁월합니다. 이들은 고객을 만나기 전에, 고객이 처한 상황과 잠재적인 문제에 대해 깊이 고민하고 모든 시나리오를 미리 시뮬레이션해 봅니다. 덕분에 미팅에서 어떤 돌발 질문이 나와도 당황하지 않고, 깊이 있는 통찰이 담긴 답변을 제공할 수 있습니다. 이들의 사려 깊고 신중한 태도는 고객에게 '이 사람은 내 문제를 가볍게 여기지 않고, 진심으로 고민해 주는구나'라는 강한 신뢰를 줍니다. 특히, 복잡한 솔루션을 제안하거나 장기적인 파트너십을 구축하는 세일즈에서 이들의 진가가 발휘됩니다.

지적사고(Intellection®) 테마가 함정이 될 때

하지만 지적사고(Intellection®) 테마는 때로 '생각의 늪'에 빠져 행동이 늦어지는 함정에 빠질 수 있습니다. 완벽한 답을 찾기 위해 너무 오랜 시간 고민하다가, 정작 중요한 실행 타이밍을 놓치는 '분석 마비'를 겪기 쉽습니다. 빠른 의사결정이 필요한 상황에서 이들의 신중함은 '우유부단함'이나 '답답함'으로 비칠 수 있습니다. 또한, 너무 이론적이거나 추상적인 생각에 몰두한 나머지, 고객의 현실적이고 실용적인 필요와는 거리가 있는 제안을 하기도 합니다.

지적사고(Intellection®) 테마를 위한 세일즈 액션 플랜

- **'생각하는 시간'을 확보하기:** 깊은 사고를 즐기는 지적사고(Intellection®) 강점은 충분한 사유의 시간이 보장될 때 빛을 발합니다. 중요한 미팅이나 제안 준비 전후에는 캘린더에 '생각하는 시간'을 일정으로 공식화하십시오. 방해받지 않는 환경에서 차분히 아이디어를 정리하고 논리를 다듬는 과정이 곧 당신의 차별화된 경쟁력이 됩니다.
- **생각을 글로 정리하기:** 당신의 머릿속에 있는 복잡한 생각들을 마인드맵이나 요약 노트로 정리하는 습관을 들이십시오. 이는 당신의 생각을

명료하게 만들 뿐만 아니라, 고객에게 전달할 핵심 메시지를 다듬는 데 큰 도움이 됩니다.

지적사고(Intellection®) 강점 조합의 시너지 활용

- 분석(Analytical®) 테마와 함께라면, 깊이 있는 사색에 데이터라는 강력한 증거를 더하게 됩니다. 이들은 감이나 추측이 아닌, 명확한 논리와 데이터에 기반하여 문제의 근본 원인을 파악하는 최고의 '문제 해결사'가 됩니다.
- 미래지향(Futuristic®) 테마가 있다면, 현재의 문제에 대한 깊은 고민을 넘어, 미래에 대한 생생한 비전과 통찰을 제시하는 힘을 갖게 됩니다. 이들은 고객에게 단순히 문제를 해결해 주는 것을 넘어, 미래의 가능성을 함께 그려나가는 '비저너리 파트너'가 됩니다.

> **[코칭 스토리] "나는 깊이 있는 통찰로 영업합니다."**
>
> 높은 지적사고(Intellection®) 테마를 가진 최 수석은 늘 고민이 많았습니다. 그는 순발력 있게 반응하고 외향적으로 관계를 맺는 동료들을 보며, 혼자 깊게 생각하기를 좋아하는 자신은 세일즈와 맞지 않는 사람이라고 생각했습니다. 그는 진지하게 직무 변경까지 고려하고 있었습니다.
>
> 어느 날 밤, 그는 자신의 과거 성과 기록들을 무기력하게 넘겨보고 있었습니다. 그러다 문득 이상한 패턴을 하나 발견했습니다. 그의 실적 대부분은 평범했지만, 유독 압도적으로 성공했던 몇 개의 대형 프로젝트들이 눈에 띄었습니다.
>
> 그중 한 프로젝트가 떠올랐습니다. 모든 경쟁사가 포기했던, 매우 복잡하고 까다로운 고객이었습니다. 당시 그는 고객을 설득하기 위해 며칠간 사무실에 틀어박혀, 오직 그 고객의 문제와 미래에 대해서만 깊이 생각했습니다. 그리고 미팅 대신, 자신의 모든 통찰을 담은 장문의 이메일 하나를 보냈습니다. 그 이메일 하나가 고객사 CEO의 마음을 움직여, 불가능해 보였던 프로젝트를 따냈던 것입니다.

> 자신의 가장 빛나는 성공들은, 자신이 가장 세일즈맨답지 않다고 생각했던 바로 그 순간들, 즉 '깊은 생각'에 잠겨 있던 시간에 만들어졌다는 것을 느꼈습니다. 그는 다른 사람처럼 빠르게 반응하지는 못했지만, 그 누구보다 깊이 있는 통찰로 고객의 핵심을 꿰뚫고 있었던 것입니다.
>
> 이제 그는 고객에게 이렇게 말합니다.
>
> "좋은 질문입니다. 이 문제에 대해 제가 깊이 생각해 볼 시간을 하루만 주시겠습니까? 가장 통찰력 있는 해결책을 가지고 다시 찾아뵙겠습니다."
>
> 그는 자신의 '느림'을 '깊이'라는 가치로 바꾸었습니다. 그는 자신이 가장 빠른 세일즈맨이 될 수는 없지만, 가장 지혜로운 파트너가 될 수 있음을 깨달았고, 고객들은 그의 깊이 있는 통찰을 그 누구보다 신뢰하게 되었습니다.

(7) 배움(Learner®)

"배움이 멈추는 순간, 성장도 멈춥니다."

배움(Learner®) 테마는 새로운 지식과 기술을 습득하는 과정 자체에서 큰 만족감을 느끼는 특별한 재능입니다. 이 테마가 강한 사람은 "이것도 배워보고 싶다", "저것도 알아보고 싶다"는 호기심이 끊임없이 샘솟으며, 배우는 과정에서 오는 성취감과 즐거움을 무엇보다 소중하게 여깁니다. 이들은 전문가가 되는 것보다 배움 자체를 즐기며, 새로운 분야에 도전하는 것을 두려워하지 않습니다. 빠르게 변화하는 환경에서 이들의 존재는 조직이나 팀이 새로운 트렌드와 기술에 뒤처지지 않고 지속적으로 발전할 수 있게 하는 원동력 역할을 합니다.

세일즈 현장에서 배움(Learner®) 테마가 발현되는 방식

배움(Learner®) 테마가 강한 세일즈맨은 빠르게 변화하는 기술 분야나 복잡한 산업 영역에서 탁월한 성과를 보입니다. 이들은 새로운 제품이나 서비스가 출시될 때마다 가장 먼저 학습하여 전문성을 갖추며, 고객 산업의 최신 트렌드와 변화를 지속적으로 공부하여 고객보다 더 깊은 인사이트를 제공합니다. 복잡한 기술적 내용이나 전문적인 솔루션을 다룰 때도 꾸준한 학습을 통해 고객과 동등한 수준에서 대화할 수 있는 전문성을 구축합니다. 특히 엔지니어나 전문가 그룹과의 미팅에서 지속적인 학습을 바탕으로 한 깊이 있는 대화를 통해 높은 신뢰를 얻습니다.

배움(Learner®) 테마가 함정이 될 때

하지만 배움(Learner®) 테마는 때로 학습에만 치중하여 실행이나 결과 도출이 지연될 위험이 있습니다. '더 공부하고 완벽하게 준비해야 한다'는 생각에 실제 고객 접촉이나 영업 활동을 미루거나, 새로운 분야에 대한 흥미 때문에 기존 고객이나 기본 업무에 소홀해질 수 있습니다. 또한 배움 자체에 몰입하다 보니 고객이 원하는 수준 이상의 과도한 전문 용어나 기술적 설명으로 상대방을 부담스럽게 만들 수도 있습니다.

배움(Learner®) 테마를 위한 세일즈 액션 플랜

- **배운 것을 고객 언어로 풀어내기**: 전문 지식을 습득했더라도 고객이 이해하지 못하면 소용이 없습니다. 배운 내용을 고객이 쉽게 받아들일 수 있도록 비유, 사례, 간단한 스토리텔링으로 전달하는 연습을 하십시오. 이를 통해 고객은 단순히 지식을 전달받는 것이 아니라, 자신에게 맞는 솔루션을 제안받는 경험을 하게 됩니다.

- **학습을 실행으로 옮기기:** 배움(Learner®) 테마의 강점은 빠른 습득이지만, 실행으로 이어지지 않으면 금방 흩어집니다. 새롭게 배운 내용을 고객 미팅, 제안서, 프레젠테이션에 즉시 적용해보는 습관을 들이십시오. "이번에 습득한 시장 보고서를 반영해 제안서를 업데이트했습니다"라고 말하는 것만으로도 고객은 당신을 '준비된 파트너'로 인식하게 됩니다.

배움(Learner®) 강점 조합의 시너지 활용

- 분석(Analytical®) 테마와 함께라면, 지속적으로 새로운 분석 기법과 업계 데이터를 학습하여 더욱 정교하고 전문적인 인사이트를 제공하는 '데이터 통찰 전문가'가 됩니다.
- 관계(Relator®) 테마가 있다면, 고객의 관심사와 전문 분야를 깊이 있게 학습하여 진정한 파트너십을 구축하는 '전문성 기반 관계 구축자'가 됩니다.

[코칭 스토리] "가장 강력한 세일즈 무기는 '지적 호기심'입니다."

높은 배움(Learner®) 테마를 가진 이OO 님은 최근 가장 어려운 영업 분야로 꼽히는 의료기기 회사에 입사했습니다. 의료 지식이 전무했던 그녀가 상대해야 할 첫 고객은, 까다롭기로 소문난 대학병원의 한 외과 교수였습니다. 그 교수는 전문성이 부족한 영업사원은 문전박대하는 것으로 유명했습니다.

그녀는 의료 분야에 대한 지식이 약한 것을 약점이라 생각하지 않고, '새롭게 정복해야 할 흥미로운 학습 과제'로 받아들였습니다.

그녀는 매주 주말에 도서관을 다니며 그 교수가 쓴 모든 논문과 관련 의학 서적을 밤새워 읽었습니다. 그녀는 마치 의대생처럼 외과 수술의 최신 동향을 공부했고, 자사 장비의 기술적 원리를 엔지니어 수준으로 파고들었습니다.

> 마침내 그녀는 교수에게 전화를 거는 대신, 정중한 이메일을 한 통 보냈습니다.
>
> "교수님께서 최근 발표하신 논문을 깊은 감명으로 읽었습니다. 특히 논문에서 언급하신 실시간 영상 처리 기술을 저희 장비에 적용하는 방안에 대해 배우고, 교수님의 고견을 여쭙고 싶어 연락드렸습니다."
>
> 미팅 당일, 그녀는 제품 브로슈어를 꺼내는 대신, 자신이 공부한 내용과 질문들을 빼곡히 적은 노트를 꺼냈습니다. 그녀는 제품을 설명하는 대신, 교수의 연구에 대해 진심 어린 질문을 던졌습니다. 그것은 영업사원과 고객의 만남이 아니라, 신입 연구원과 대가의 학문적 대화에 가까웠습니다.
>
> 미팅이 끝날 무렵, 교수는 처음으로 미소를 지으며 말했습니다.
>
> "지난 20년간 수많은 영업사원을 만났지만, 내 논문을 전부 읽고 와서 이런 질문을 한 사람은 이 선생이 처음이야."
>
> 그녀는 단 한 번의 미팅으로, 누구도 뚫지 못했던 그 계정을 성공적으로 수주했습니다. 그녀는 화려한 영업 스킬이 아니라, 고객의 세계를 이해하려는 진정한 '배움'의 자세로 상대의 마음을 얻은 것입니다.

(8) 전략(Strategic®)

"성공하는 세일즈맨은 여러 개의 미래를 동시에 본다."

전략(Strategic®) 테마는 복잡한 상황에서 다양한 옵션을 빠르게 파악하고, 그 중에서 최적의 경로를 선택하는 특별한 재능입니다. 이 테마가 강한 사람은 "만약 ~라면 어떻게 될까?"라는 질문을 자연스럽게 던지며, 여러 가지 가능성을 동시에 고려합니다. 이들은 단순히 현재 상황만 보는 것이 아니라, 그 상황이 만들어낼 수 있는 다양한 결과들을 미리 예측하고 준비합니다. 복잡하고 불확실한 환경일수록 이들의 진가가 발휘되며, 다른 사람들이 혼란스러워할 때 명확한 방향성을 제시하는 나침반 같은 존재입니다.

세일즈 현장에서 전략(Strategic®) 테마가 발현되는 방식

전략(Strategic®) 테마가 강한 세일즈맨은 복잡한 B2B 세일즈나 장기 프로젝트에서 탁월한 성과를 보입니다. 이들은 고객의 현재 상황뿐만 아니라 향후 3~5년간의 비즈니스 변화까지 고려하여 제안서를 작성합니다. 경쟁사 동향, 시장 변화, 기술 트렌드를 종합적으로 분석하여 고객이 미처 생각하지 못한 리스크와 기회를 미리 제시합니다. 협상 과정에서도 상대방의 다양한 반응 시나리오를 미리 준비하여, 어떤 상황에서도 당황하지 않고 최적의 대응을 할 수 있습니다. 특히 여러 부서나 이해관계자가 관련된 복잡한 의사결정 구조에서 각각의 관점을 고려한 맞춤형 접근법을 구사합니다.

전략(Strategic®) 테마가 함정이 될 때

하지만 전략(Strategic®) 테마는 때로 과도한 분석으로 인한 실행 지연이 발생할 수 있습니다. 너무 많은 옵션을 고려하다 보니 결정을 내리는 데 시간이 오래 걸리거나, 완벽한 전략을 찾으려다가 기회를 놓칠 수 있습니다. 또한 복잡한 전략적 사고를 상대방이 이해하기 어려운 방식으로 설명하여 오히려 혼란을 가중시킬 위험도 있습니다. 단순하고 직접적인 접근을 선호하는 고객에게는 '너무 복잡하게 생각한다'는 인상을 줄 수도 있습니다.

전략(Strategic®) 테마를 위한 세일즈 액션 플랜

- **시나리오 준비하기:** 전략(Strategic®) 테마의 강점은 여러 경로를 한눈에 보고 가장 적합한 길을 선택하는 데 있습니다. 주요 고객을 위해 낙관적, 현실적, 비관적 세 가지 시나리오를 준비해 두면, 어떤 상황이 오더라도 즉각적으로 대응할 수 있는 유연성을 확보할 수 있습니다.
- **복잡한 전략은 단순하게 풀어내기:** 전략적 사고에서 나온 결과가 아무리 뛰어나도, 고객이 이해하지 못하면 의미가 없습니다. 핵심 메시지를 3가지로 요약해 전달하고, 고객이 쉽게 그림을 그릴 수 있도록 비유나 간단한 도식으로 설명해 보세요.
- **실행과 보완을 병행하기:** 전략(Strategic®) 테마를 가진 사람은 완벽한 그림을 그리고 싶어 하는 경향이 있습니다. 하지만 시장은 늘 변하기 때문에 100% 완벽한 전략은 존재하지 않습니다. 80% 수준에서 실행을 시작하고, 진행하면서 피드백을 반영해 전략을 보완하는 방식이 더 효과적입니다.

전략(Strategic®) 강점 조합의 시너지 활용

- 분석(Analytical®) 테마와 함께라면, 데이터 기반의 정교한 전략 수립과 논리적 근거 제시를 통해 고객을 설득하는 '전략 분석 전문가'가 될 수 있습니다.
- 미래지향(Futuristic®) 테마가 있다면, 장기적 비전과 구체적인 실행 전략을 동시에 제시하여 고객의 미래 성장을 이끌어가는 '비전 실현 파트너'가 됩니다.

> **[코칭 스토리] 세일즈는 체스다, 모든 말은 다르게 움직인다**

IT 솔루션 업계의 이 상무는 '불가능한 딜을 따내는 해결사'로 유명했습니다. 그녀의 전략(Strategic®) 테마는, 최근 20년간 경쟁사가 독점해 온 보수적인 대기업을 공략할 때 진가를 발휘했습니다. 그녀는 이 딜을 하나의 '체스 게임'으로 보고, 단순히 CEO를 공략하는 대신 체스판 위의 모든 말을 분석하기 시작했습니다.

그녀는 핵심 인물 세 명의 각기 다른 욕망을 파악했습니다. 변화를 두려워하는 '수비수' 공장장, 숫자로만 증명하려는 '감시자' CFO, 그리고 혁신으로 자신을 증명하고 싶은 '공격수' 기획실장이 그들이었습니다.

그녀의 첫 수는 '공격수'인 기획실장을 아군으로 만드는 것이었습니다. 그녀는 제품이 아닌, '이 프로젝트를 통해 차세대 리더로 인정받는 시나리오'를 제안하며 그의 성공을 돕는 전략가로 다가갔습니다.

다음으로, 가장 큰 장애물인 공장장에게는 전체 시스템 교체라는 부담스러운 제안 대신, 가장 큰 골칫거리 설비 하나에 대한 '무상 파일럿 테스트'를 제안했습니다. 부담 없는 제안으로 그의 저항을 무력화시킨 것입니다.

마지막으로 그녀는 CFO에게 찾아갔습니다. 제품 설명 대신, 기획실장의 비전 보고서와 공장장의 파일럿 성공 데이터를 근거로 완벽한 ROI를 증명했습니다. 결과는 완벽한 승리였습니다. 그녀는 각기 다른 욕망을 가진 세 명을 위해 세 개의 다른 전략을 동시에 실행하여, 불가능해 보였던 목표를 달성한 것입니다.

이 상무는 세일즈가 단순히 제품을 파는 행위가 아니라, 복잡한 이해관계의 지도를 읽고 각기 다른 길을 설계해 모두를 승리라는 목적지로 이끄는 정교한 전략이었습니다.

3부

강점으로 완성하는 나만의 세일즈 프로세스

8장. 나의 강점으로 잠재고객 발굴과 초기 컨택하기

1. 고객 발굴의 본질: 고객은 발굴하는 것이 아니라 발견하는 것이다.

많은 사람들은 잠재고객 발굴을 '리스트를 만드는 것' 혹은 '숫자와의 싸움'으로 오해하곤 합니다. 하지만 진짜 영업의 시작은 양적인 확보가 아닙니다. 고객 발굴이란 무작정 찾아 헤매는 것이 아니라, 내가 가장 잘 도울 수 있고 진정한 가치를 제공할 수 있는 상대를 '발견'하는 것입니다. 즉, 당신에게 딱 맞는 고객을 찾아내는 '탐험의 과정'이자 '가치의 매칭 과정'입니다.

고객을 발견한다는 것은 나와 내 회사가 가진 진정한 강점이 무엇인지 명확히 이해하고, 그것을 가장 필요로 하는 사람이 누구인지 연결 짓는 과정입니다. '아무에게나' 파는 것이 아니라, '내가 가장 잘 도와줄 수 있는 사람은 누구인가?'라는 질문에서 출발하는 탐색 활동입니다.

잠재고객 발굴에 대한 흔한 오해 중 하나는, 특정 방식만이 정답이라고 믿는 것입니다. 예를 들어, 어떤 조직에서는 공격적인 '콜드콜'을 유일한 해법처럼 강조하기도 합니다. 물론 콜드콜은 '사교성(Woo®)'이나 '커뮤니케이션(Communication®)' 강점이 높은 사람에게는 잠재고객과 빠르게 연결될 수 있는 강력한 무기입니다.

하지만 모든 사람에게 이 방식이 자연스럽거나 효과적인 것은 아닙니다. 핵심은 나에게 맞지 않는 옷을 억지로 입는 것이 아니라, 나의 강점에 가장 잘 맞는 접근법을 찾는 것입니다.

그렇다면, 세일즈의 시작점에서 당신이 활용할 수 있는 다양한 고객 접근 방법에는 어떤 것이 있을까요?

(1) 콘텐츠 마케팅을 활용한 인바운드 고객 접근

자신의 전문성을 콘텐츠로 표현하면, 고객이 자연스럽게 당신을 찾아옵니다. IT 스타트업 A사는 신제품 출시에 맞춰 업계 현안과 해결책을 제시하는 블로그 콘텐츠를 꾸준히 게시했습니다. 깊이 있는 콘텐츠가 쌓이자, 잠재고객들은 이미 신뢰를 가지고 연락해왔고, 첫 미팅부터 깊은 기술적 논의가 가능했습니다.

- **이런 강점이 효과적입니다:** 깊이 있는 학습과 사고를 즐기는 '배움(Learner®)', '분석(Analytical®)', '지적사고(Intellection®)' 강점과 유용한 정보를 모으는 것을 즐기는 '수집(Input®)' 테마

(2) 소개와 추천을 활용한 관계 기반 접근 (레퍼럴 영업)

기계 산업 분야의 세일즈 담당자 김 팀장은 고객과의 장기적이고 깊은 관계 구축을 통해 잠재고객을 발굴합니다. 그는 기존 고객의 성공을 진심

으로 도왔고, 그 결과 고객들이 먼저 협력사와 지인을 소개해 주었습니다. 이러한 '관계 기반 추천'은 가장 확실한 신규 고객 확보 방법이었습니다.

- **이런 강점이 효과적입니다:** 일대일의 깊은 관계를 중시하는 '절친(Relator®)', 개개인의 특성을 존중하는 '개별화(Individualization®)', 고객의 성장을 돕는 '개발(Developer®)', 긍정적 에너지로 신뢰를 주는 '긍정(Positivity®)' 테마

(3) 전략적 데이터 분석을 통한 고객 타겟팅

의료기기 회사의 이 과장은 업계 데이터와 정부 발표 자료를 철저히 분석해 자사 제품이 가장 큰 효과를 발휘할 특정 질환 전문 병원만 타겟으로 삼았습니다. 이 전략적 접근법은 영업 활동의 효율을 극대화하고 성공 확률을 높였습니다.

- **이런 강점이 효과적입니다:** 데이터 기반 판단을 선호하는 '분석(Analytical®)', 큰 그림을 보고 패턴을 읽는 '전략(Strategic®)', 목표에 끝까지 파고드는 '집중(Focus®)', 신중하게 위험을 검토하는 '심사숙고(Deliberative®)' 테마

(4) 적극적 네트워킹 및 행사 참여를 통한 대면 발굴

반도체 산업의 박 차장은 업계 컨퍼런스, 박람회에서 적극적으로 명함을 교환하고 네트워킹합니다. 그는 대면 상황에서 '사교성(Woo®)'과 '커뮤니케이션(Communication®)' 강점을 십분 활용하여 깊은 첫인상을 남기고, 자연스럽게 관계로 이어갑니다.

- **이런 강점이 효과적입니다:** 낯선 사람에게 다가가는 것을 즐기는 '사교성(Woo®)', 메시지를 명확히 전달하는 '커뮤니케이션(Communication®)', 망설임 없이 대화를 시작하는 '행동(Activator®)', 그룹의 모든 사람을 아우르는 '포용(Includer®)' 테마

2. 강점 영역별 잠재고객 발굴 전략

앞서 우리는 잠재고객 발굴을 단순한 '찾기'가 아니라 '발견의 여정'으로 재정의했습니다. 이번에는 여러분의 CliftonStrengths® 강점 테마 Top 10(혹은 Top 5)이 속한 영역을 중심으로, 각자의 강점에 가장 자연스럽고 효과적으로 맞는 잠재고객 발굴 전략을 안내하겠습니다.

여기서 기억해야 할 중요한 사실은, 어떤 강점이든 잠재고객 발굴이라는 세일즈 과정에 충분히 활용될 수 있다는 점입니다. 흔히 "나는 영업에 맞지 않는다"거나 "내성적인 사람은 세일즈를 할 수 없다"는 편견에 사로잡히곤 하지만, 이는 세일즈를 지나치게 획일적인 관점에서만 바라본 오해일 뿐입니다.

실제로 갤럽(Gallup®)의 연구에 따르면, 뛰어난 영업 성과를 내는 사람들의 강점 조합은 매우 다양합니다. 어떤 사람은 강력한 커뮤니케이션(Communication®)과 사교성(Woo®)으로 성공을 거두고, 또 다른 사람은 깊이 있는 분석(Analytical®)이나 전략(Strategic®)을 통해 같은 성과를 냅니다. 또 다른 이들은 꾸준한 실행력과 책임(Responsibility®)을 기반으로 안정적이고 지속적인 성과를 만들어갑니다.

결국 핵심은 남의 방식을 흉내 내는 것이 아닙니다. 나만의 고유한 강점을 세일즈 프로세스에 어떻게 자연스럽게 녹여낼 수 있는가를 발견하는 것이 중요합니다. 이어지는 각 강점 영역별 전략과 실제 사례를 통해, 여러분이 가장 잘 맞는 접근 방식을 찾고 곧바로 실행에 옮길 수 있도록 돕겠습니다.

(1) 실행력(Executing) 영역 강점 전략: 체계적 루틴과 계획으로 꾸준히 고객 발굴

실행력 영역의 강점을 가진 사람들은 화끈한 한 방보다는 꾸준하고 지속적인 노력에서 진가를 발휘합니다. 이들의 가장 큰 장점은 일관성과 신뢰성입니다. 다른 사람들이 반짝 열정으로 시작했다가 중도에 포기할 때, 이들은 묵묵히 계획을 실행하며 장기적인 성과를 만들어냅니다.

실행력 영역 강점을 살펴보면, 성취(Achiever®), 정리(Arranger®), 신념(Belief®), 공정성(Consistency®), 심사숙고(Deliberative®), 체계(Discipline®), 집중(Focus®), 책임(Responsibility®), 복구(Restorative™)

등이 있습니다. 이러한 강점들은 모두 안정적이고 체계적인 접근을 통해 신뢰할 수 있는 결과를 만들어내는 데 특화되어 있습니다.

① 매일 잠재고객 발굴을 위한 루틴 수립

실행력 영역에 강한 테마를 가진 사람들에게 가장 효과적인 것은 일상적 루틴의 힘입니다. 매일 정해진 시간에 정해진 양의 잠재고객 발굴 활동을 진행하는 것입니다. 예를 들어, 매일 오전 9시부터 10시까지를 '신규 고객 발굴 시간'으로 정하고, 이 시간에는 다른 어떤 업무도 하지 않습니다.

'**체계(Discipline®)**' 강점을 가진 사람들은 이런 정해진 절차와 구조를 매우 선호합니다. 그들에게는 무작정 "열심히 하라"는 지시보다는 "매일 오전 9시부터 30분간 잠재고객 3명에게 연락하라"는 구체적인 시스템이 훨씬 효과적입니다.

'**집중(Focus®)**' 테마가 강한 사람들은 한 번에 여러 가지를 하기보다는 명확한 우선순위가 주어졌을 때 최고의 성과를 냅니다. 특정 시간 동안 할 수 있는 활동들을 구체적으로 정의해보면, 새로운 잠재고객 리스트 작성, 기존 리드에게 팔로업 연락, 업계 뉴스 및 동향 파악을 통한 접근 기회 모색, LinkedIn이나 다른 플랫폼을 통한 잠재고객 조사, 고객 데이터베이스 정리 및 업데이트 등입니다. 중요한 것은 이 루틴을 '타협하지 않는 약속'으로 만드는 것입니다. 급한 일이 생겨도, 상사가 다른 업무를 요청해도, 이 시간만큼은 반드시 지키겠다는 확고한 의지가 필요합니다.

'신념(Belief®)' 테마가 강한 사람들은 이런 원칙에 대한 확고한 믿음을 가지고 있어서, 일단 시스템을 만들면 흔들리지 않고 지켜나갑니다. 실행력 영역의 강점을 가지고 있는 사람들은 이런 일관성에서 힘을 얻고, 시간이 지나면서 이 작은 습관이 큰 성과로 누적되는 것을 경험하게 됩니다.

② 체계적인 고객 DB 관리

실행력 영역의 강점을 가지고 있는 사람들은 정보를 체계적으로 관리하고 활용하는 데 뛰어납니다.

'정리(Arranger®)' 강점을 가진 사람들은 CRM 시스템이나 엑셀, 심지어 수첩을 활용해서라도 모든 잠재고객의 정보를 빠짐없이 기록하고 관리하는 것을 즐깁니다. 이들에게는 단순히 정보를 저장하는 것이 아니라, 그 정보를 어떻게 가장 효율적으로 조직할지 고민하는 과정 자체가 즐거움입니다. 단순히 이름과 연락처만 기록하는 것이 아니라, 고객의 관심사, 니즈, 접촉 이력, 다음 액션 계획까지 상세히 기록합니다.

'공정성(Consistency®)' 테마가 강한 사람들은 모든 고객을 동일한 기준과 절차로 관리하려고 하므로, 표준화된 양식을 만들어 일관되게 적용합니다. 예를 들어, "김 대리, 생산관리팀, 설비 교체 검토 중, 예산 승인은 3분기, 다음 주 화요일 재연락 예정, 골프 취미, 두 자녀" 이런 식으로 업무적 정보와 개인적 정보를 모두 체계적으로 정리합니다.

'복구(Restorative™)' 테마가 강한 사람들은 고객과의 관계에서 발생할 수 있는 문제점들을 미리 파악하고 해결방안을 준비해둡니다. 예를 들어,

고객이 예산 부족으로 구매를 미뤄야 할 상황에 대비해서 대안적인 제안을 미리 준비해두는 식입니다.

이러한 체계적 관리는 시간이 지날수록 큰 힘을 발휘합니다. 6개월 전에 만났던 고객이 갑자기 프로젝트를 진행하게 되었을 때, 당시의 대화 내용과 니즈를 정확히 기억하고 적절한 타이밍에 연락할 수 있기 때문입니다. 고객 입장에서는 "이 영업 담당자는 나를 정말 잘 기억하고 있구나"라는 인상을 받게 되고, 이는 신뢰 관계 구축에 큰 도움이 됩니다.

③ 작은 행동의 꾸준한 반복

실행력 영역의 강점을 가지고 있는 사람들은 거대한 목표보다는 작고 구체적인 일일 목표에서 동기를 얻습니다.

'성취(Achiever®)' 테마가 강한 사람들은 매일매일 완성하고 체크할 수 있는 작은 성취에서 에너지를 얻습니다. 예를 들어, "이번 달에 100명의 잠재고객을 만나겠다"는 목표보다는 "매일 3명의 신규 리드를 발굴하겠다"는 목표가 훨씬 효과적입니다.

이는 실행력 영역에 강점이 있는 사람들이 가진 특성과 관련이 있습니다. 이들은 매일매일 작은 성취를 쌓아가며 만족감을 느끼고, 이것이 지속적인 동기부여로 이어집니다. 큰 목표는 때로는 압도적으로 느껴질 수 있지만, 작은 일일 목표는 "오늘도 해냈다"는 성취감을 매일 경험하게 해 줍니다.

'**책임(Responsibility®)**' 테마가 강한 사람들은 이런 작은 약속들을 자신과의 약속으로 여기고, 반드시 지키려고 노력합니다. 다른 사람과의 약속을 어기는 것보다 자신과의 약속을 어기는 것을 더 괴로워하는 경우가 많습니다.

(2) 영향력(Influencing) 영역 강점 전략: 네트워킹과 적극적 접근으로 신규 고객 확보

영향력 영역의 강점을 가진 사람들은 타고난 세일즈 DNA를 가지고 있다고 해도 과언이 아닙니다. 이들은 사람들의 관심을 끌고, 설득하고, 행동을 이끌어내는 데 자연스러운 재능을 보입니다. 하지만 이 영역의 강점을 가졌다고 해서 저절로 영업 성과가 나오는 것은 아닙니다. 이들만의 특별한 접근 방식과 전략이 필요합니다.

영향력 영역에는 행동(Activator®), 주도력(Command®), 커뮤니케이션(Communication®), 승부(Competition®), 최상화(Maximizer®), 자기확신(Self-Assurance®), 존재감(Significance®), 사교성(Woo®) 등의 강점이 포함됩니다. 이 강점들의 공통점은 다른 사람들에게 영향을 미치고, 에너지를 전달하며, 변화를 만들어내는 것을 즐긴다는 것입니다.

영향력 영역에 강점이 있는 사람들의 특별한 점은 그들이 단순히 제품을 판매하는 것이 아니라, 고객의 마음을 움직이고 행동을 이끌어낸다는 것입니다. 이들은 고객이 "이 사람과 함께 일하고 싶다"고 느끼게 만드는

회고(Context®) 테마가 함정이 될 때

회고(Context®) 테마는 때로 과거에 지나치게 의존하여 새로운 기회를 놓칠 위험이 있습니다. '과거에 이랬으니까 지금도 그럴 것이다'라는 고정관념에 빠져 변화하는 고객의 니즈나 시장 상황을 제대로 파악하지 못할 수 있습니다. 또한 과거의 실패 경험에 과도하게 영향을 받아 새로운 도전을 회피하거나, 혁신적이고 빠른 변화를 원하는 고객에게는 '너무 보수적이다'는 인상을 줄 수도 있습니다.

회고(Context®) 테마를 위한 세일즈 액션 플랜

- **과거 경험을 현재 전략으로 활용하기:** 고객에게 단순히 "이전에도 이런 사례가 있었다"라고 말하는 데서 그치지 마세요. 과거의 성공과 실패에서 얻은 교훈을 현재 상황에 맞게 재해석해 보여주십시오. "비슷한 프로젝트에서 이런 리스크가 있었는데, 이번에는 이렇게 개선했습니다"처럼 이야기하면 고객은 신뢰를 느낍니다.

- **변화 속에서 일관된 기준 제시하기:** 회고(Context®) 강점은 과거와 현재를 비교하며 차이를 파악하는 능력입니다. 시장 환경, 고객 니즈, 기술 변화 같은 요소들이 과거와 어떻게 달라졌는지를 짚어주면, 고객은 단순한 현상 설명을 넘어선 깊이 있는 통찰을 얻게 됩니다.

- **검증된 안정성과 새로운 가능성의 균형 잡기:** 고객은 새로운 시도를 원하면서도 불확실성을 두려워합니다. 이때 회고(Context®) 강점을 가진 사람은 과거의 검증된 성공 사례를 근거로 안정성을 보여주고, 동시에 현재의 변화와 혁신적인 시도를 함께 제시하여 고객이 안심 속에서 새로운 선택을 할 수 있도록 돕습니다.

회고(Context®) 강점 조합의 시너지 활용

- 전략(Strategic®) 테마와 함께라면, 과거의 교훈을 바탕으로 미래를 위한 최적의 전략을 수립하는 '경험 기반 전략가'가 될 수 있습니다.
- 관계(Relator®) 테마가 있다면, 고객과의 오랜 역사와 과거 경험을 바탕으로 더욱 깊고 신뢰할 수 있는 파트너십을 구축하는 '역사 기반 관계 전문가'가 됩니다.

> **[코칭 스토리] "과거에서 고객의 신뢰를 찾습니다."**
>
> 회고(Context®) 테마가 높은 강 과장은 고객사의 과거 데이터를 분석하던 중, 2년 전 비슷한 시스템 도입 프로젝트가 실패로 끝났다는 사실을 발견했습니다.
>
> 그는 현재 담당자를 만나기 전에, 수소문하여 당시 프로젝트를 담당했던 지금은 다른 부서로 이동한 차장님에게 연락해 잠시 이야기를 청했습니다.
>
> 그는 당시의 상황과 실패의 진짜 원인, 그리고 담당자로서 느꼈던 어려움에 대해 진심으로 경청했습니다.
>
> 마침내 현재 담당자와의 미팅 날, 그는 이렇게 말문을 열었습니다.
>
> "제가 2년 전 프로젝트에 대해 미리 좀 알아보았습니다. 특히 당시 실무를 맡으셨던 김 차장님과 잠시 이야기를 나누었는데, 그때 어떤 어려움이 있었는지 깊이 이해하게 되었습니다. 그래서 이번 제안서는, 같은 문제를 절대 반복하지 않을 구체적인 방안들을 중심으로 준비했습니다."
>
> 고객사 담당자는 깜짝 놀랐습니다. 그의 제안서에는 다른 경쟁사들이 제시한 평범한 제안이 아니라, 자신들의 실패 경험에 대한 이해와 그것을 극복할 현실적인 대안이 담겨 있었기 때문입니다.

> 고객사는 그의 제안에서 '단순한 새로운 아이디어'가 아닌 '실패를 반복하지 않을 믿을 만한 솔루션'을 보았습니다. 결과적으로 고객사는 그에게 프로젝트를 맡겼고, 그가 제공한 회고(Context®) 테마의 통찰 덕분에 프로젝트는 안정적으로 성공했습니다. 강 과장은 더 이상 회고(Context®) 테마를 과거에 갇힌 태도가 아닌, 고객에게 깊은 신뢰와 안정감을 제공하는 가장 탁월한 세일즈 도구로 활용했습니다.

(3) 미래지향(Futuristic®)

"오늘의 작은 결정이 10년 후 우리의 모습을 만듭니다."

미래지향(Futuristic®) 테마는 현재를 넘어 미래의 가능성을 생생하게 그려내는 특별한 재능입니다. 이 테마가 강한 사람은 "앞으로 어떻게 될까?", "10년 후에는 어떤 모습일까?"라는 질문을 자연스럽게 던지며, 아직 오지 않은 미래를 마치 이미 경험한 것처럼 구체적으로 상상할 수 있습니다. 이들은 현재의 트렌드와 변화의 신호를 포착하여 미래의 모습을 예측하고, 그 비전을 다른 사람들과 공유함으로써 희망과 방향성을 제시합니다. 변화가 빠른 시대에 이들의 존재는 조직이나 팀이 미래를 준비하고 올바른 방향으로 나아갈 수 있게 하는 나침반 역할을 합니다.

세일즈 현장에서 미래지향(Futuristic®) 테마가 발현되는 방식

미래지향(Futuristic®) 테마가 강한 세일즈맨은 장기적 비전이 중요한 전략적 세일즈에서 탁월한 성과를 보입니다. 이들은 고객의 현재 상황뿐만 아니라 3~5년 후의 비전을 함께 그려내며, 그 미래를 실현하기 위한 로드맵을 제시합니다. 업계 트렌드와 기술 발전을 바탕으로 고객이 미처 생각하지 못한 미래의 기회와 위험을 미리 제시하고, 지금 당장은 필요성을 느끼지 못하는 솔루션이라도 미래 관점에서의 가치를 설득력 있게 전달합니다. 특히 혁신적인 제품이나 서비스를 다룰 때, 고객이 새로운 가능성에 대해 흥미를 갖도록 만드는 비전 제시자 역할을 수행합니다.

미래지향(Futuristic®) 테마가 함정이 될 때

하지만 미래지향(Futuristic®) 테마는 때로 현실과 동떨어진 이상론에 빠질 위험이 있습니다. 너무 먼 미래에 집중하다 보니 당장의 현실적인 문제나 제약 조건을 간과하거나, 고객의 현재 상황에 맞지 않는 과도한 비전을 제시하여 부담을 줄 수 있습니다. 또한 미래에 대한 낙관적 전망에만 치우쳐 리스크나 장애물을 충분히 고려하지 않는 경우도 있으며, 실용적이고 즉시 효과를 원하는 고객에게는 '너무 이상적이다'는 인상을 줄 수도 있습니다.

미래지향(Futuristic®) 테마를 위한 세일즈 액션 플랜

- **비전을 그림처럼 보여주기:** 미래지향(Futuristic®) 강점을 가진 세일즈 담당자는 단순히 말로 설명하기보다 고객이 그 미래를 눈앞에 그릴 수 있도록 표현하는 것이 중요합니다. 고객이 "우리 회사의 3년 뒤 모습"을 상상할 수 있도록 스토리, 사례, 시뮬레이션 자료를 활용해 매력적인 청사진을 제시하세요.

- **단계별 실행 로드맵 제시하기:** 장대한 미래만 제시하면 공허하게 들릴 수 있습니다. 비전을 "1단계-2단계-3단계" 실행 계획으로 나누어, 고객이 현재 위치에서 미래 목표까지 가는 구체적 경로를 확인할 수 있도록 도와주십시오.

'**자기확신(Self-Assurance®)**' 테마가 강한 사람들은 자신의 판단과 능력, 그리고 자신이 제공하는 가치에 대한 내적인 확신이 매우 강합니다. 이러한 확신은 목소리의 톤, 이메일의 문체 하나하나에 묻어납니다. "혹시 ~에 관심 있으실까 하여 연락드렸습니다"와 같은 소극적인 표현 대신, "귀사의 현재 상황에 저희 솔루션이 반드시 필요한 이유를 설명해 드리고자 연락드렸습니다"와 같이 단단하고 자신감 있는 언어를 사용합니다. 이 확신이 고객에게 안정감과 신뢰를 주지만, 자칫 오만함으로 비치지 않도록 고객의 상황에 대한 존중을 함께 표현하는 것이 중요합니다.

'**행동(Activator®)**' 테마가 강한 사람들은 "시작이 반이다"라는 말을 몸소 실천합니다. 완벽한 스크립트나 이메일 초안을 만드는 데 시간을 보내기보다, 일단 전화를 걸거나 메일을 보내고 고객의 반응을 보며 실시간으로 접근 방식을 수정합니다. "지금 바로 연락해보자"는 충동이 이들을 움직이는 핵심 동력입니다. 이러한 신속함은 때로 다른 사람들이 놓치는 타이밍을 잡는 결정적인 무기가 됩니다.

③ 매력적인 첫인상 만들기

영향력 영역의 강점을 가지고 있는 사람들은 첫 만남에서 강력한 인상을 남기는 데 탁월합니다. 이들은 자신만의 독특한 자기소개를 준비하고, 상대방의 기억에 오래 남을 수 있는 방법을 찾습니다.

'**존재감(Significance®)**' 테마가 강한 사람들은 자신이 하는 일에 중요한 의미와 가치를 부여하여 스스로를 소개합니다. 단순히 "저는 OOO 회사의 영업사원입니다"라고 말하는 대신, "저는 기업들이 낡은 업무 방식에서 벗어나 혁신을 통해 성장하도록 돕는 일을 하고 있습니다"와 같이 자신의 역할을 재정의합니다. 이는 상대방으로 하여금 이 사람을 단순한 판매자가 아닌, 중요한 가치를 실현하는 파트너로 인식하게 만듭니다.

'**최상화(Maximizer®)**' 테마가 강한 사람들은 겸손보다는 자신감을 무기로 삼아, 자신과 회사가 가진 최고의 강점을 선별하여 어필합니다. 평범한 장점들을 나열하기보다, 누구도 따라올 수 없는 차별화된 포인트를 강조하며 강한 인상을 남깁니다. "저희는 업계에서 유일하게 OOO 기술을 보유하고 있으며, 이를 통해 고객사의 비용을 평균 30% 절감시킨 독보적인 사례들을 가지고 있습니다"와 같이 자신감 있게 이야기합니다.

'**행동(Activator®)**' 테마가 강한 사람들은 첫 만남에서부터 관계를 다음 단계로 진전시키려는 에너지가 넘칩니다. 대화가 무르익었다고 판단되면, "오늘 나눈 이야기가 흥미로우셨다면, 다음 주에 실제 저희 시스템이 어떻게 작동하는지 15분만 투자해서 직접 보시는 건 어떨까요?"와 같이 구체적인 다음 행동을 즉시 제안합니다. 이러한 적극성은 만남을 생산적으로 만들고 비즈니스 기회로 빠르게 연결시킵니다.

(3) 관계 구축(Relationship Building) 영역 강점 전략: 소개와 추천을 통한 신뢰 영업

관계 구축 영역의 강점을 가진 사람들은 세일즈에서 가장 강력한 무기 중 하나인 '신뢰'를 자연스럽게 구축할 수 있는 능력을 가지고 있습니다. 이들은 화려한 프레젠테이션이나 공격적인 영업 기법보다는, 진정성 있는 관계를 통해 고객의 마음을 움직입니다.

관계 구축 영역에는 적응(Adaptability®), 연결성(Connectedness®), 개발(Developer®), 공감(Empathy®), 화합(Harmony®), 포용(Includer®), 개별화(Individualization®), 긍정(Positivity®), 절친(Relator®) 등의 강점 테마가 포함됩니다. 이 강점들의 공통점은 다른 사람들과의 깊이 있는 연결을 중시하고, 상대방의 입장에서 생각할 수 있는 능력이 뛰어나다는 것입니다.

하지만 관계 구축 영역에 강점이 있는 사람들이 종종 겪는 어려움은 '적극적인 영업 활동'에 대한 내적 갈등입니다. "고객에게 제품을 팔려고 한다"는 생각 자체가 그들에게는 불편할 수 있습니다. 진정성 있는 관계를 중시하는 이들에게, 상업적 목적이 드러나는 영업 활동은 마치 그 관계를 '이용'하는 것처럼 느껴질 수 있기 때문입니다.

이들에게는 패러다임의 전환이 필요합니다. '판매'가 아닌 '도움'의 관점에서 접근해야 합니다. 고객에게 제품을 팔려고 하는 것이 아니라, 고객의 문제를 해결하고 성장을 돕는 파트너 역할을 하는 것으로 생각을 바꿔야 합니다. 이런 관점에서 접근할 때, 관계 구축 영역에 강점이 있는 사람들은 다른 누구보다 강력한 영업 성과를 낼 수 있습니다.

① 기존 고객의 추천(레퍼럴) 적극 활용하기

관계 구축 영역의 강점을 가진 사람들에게 가장 자연스럽고 효과적인 잠재고객 발굴 방법은 기존 고객들로부터의 추천입니다. 이들은 고객과의 깊은 신뢰 관계를 구축하는 데 탁월하며, 만족한 고객들은 자연스럽게 주변에 추천하고 싶어 합니다.

'**절친(Relator®)**' 강점을 가진 사람들은 소수의 고객과 매우 깊고 진실한 관계를 형성합니다. 이들은 고객을 단순한 거래 상대로 보지 않고, 비즈니스 여정을 함께하는 진정한 파트너로 여깁니다. 고객의 성공을 자신의 성공처럼 기뻐하고, 고객이 어려움에 처했을 때는 비즈니스 이상으로 함께 걱정합니다. 이처럼 오랜 시간에 걸쳐 쌓인 진정성은 고객에게 깊은 믿음을 주며, 고객은 "이 사람이라면 내 지인에게 소개해줘도 절대 욕먹지 않을 것"이라는 확신을 가지고 기꺼이 추천에 나섭니다.

'**개발(Developer®)**' 강점을 가진 사람들은 고객사 직원 한 사람 한 사람의 성장과 발전에 진심 어린 관심을 쏟습니다. 단순히 제품을 통해 회사가 얻는 성과뿐만 아니라, 그 과정에서 실무 담당자가 어떤 역량을 얻게 되었는지, 어떤 성취감을 느꼈는지를 세심하게 살피고 격려합니다. "이번 프로젝트를 진행하시면서 OOO 스킬이 정말 많이 성장하신 것 같아요. 정말 대단하십니다"와 같은 인정과 칭찬은 고객에게 '이 사람은 나라는 사람의 성장을 진심으로 응원하는구나'라는 감동을 줍니다. 이런 경험을 한 고객은 자연스럽게 긍정적인 입소문의 주체가 됩니다.

'**공감(Empathy®)**' 테마가 강한 사람들은 고객의 감정 변화를 예민하게 감지하는 '감성 레이더'를 가지고 있습니다. 이들은 고객이 프로젝트 성공으로 인해 자부심과 만족감을 느끼는 순간, 또는 어려운 문제가 해결되어 안도감을 느끼는 바로 그 타이밍을 본능적으로 포착합니다. 모두가 기분 좋은 그 순간에 "이 좋은 성공 경험을 혹시 비슷한 고민을 하는 다른 분들과도 나눌 수 있다면 정말 의미 있을 것 같습니다"라고 부드럽게 운을 떼며, 가장 효과적으로 추천을 유도합니다.

화합(Harmony®) 테마가 강한 사람들은 갈등이나 부담을 최소화하는 방식으로 추천을 요청하는 데 능숙합니다. 이들은 직접적인 부탁 대신, 모두에게 이익이 되는 공통의 목표를 제시합니다. "이번에 저희와 함께 만드신 성공 사례가 업계의 좋은 선례가 될 것 같습니다. 혹시 이 경험이 도움이 될 만한 다른 회사가 있다면, 함께 성공 사례를 만들어가는 그림을 그려보는 것도 모두에게 좋은 기회가 되지 않을까요?"와 같이 제안함으로써, 추천을 '부담스러운 부탁'이 아닌 '모두를 위한 협력'으로 느끼게 만듭니다.

② 정기적인 관계 강화 활동

관계 구축 영역의 강점을 가진 사람들은 단순한 거래 관계를 넘어서 진정한 파트너십을 구축합니다. 이를 위해서는 정기적이고 지속적인 관계 강화 활동이 필요합니다. 이는 단순히 제품 관련 연락만을 의미하는 것이 아닙니다.

'개별화(Individualization®)' 강점을 가진 사람들은 모든 고객을 집단이 아닌 '한 명의 특별한 개인'으로 대합니다. 고객의 생일이나 자녀의 입학 같은 개인적인 기념일은 물론, 그 고객이 어떤 커피를 좋아하는지, 어떤 스포츠 팀을 응원하는지, 회의는 오전에 하는 것을 선호하는지 등 사소한 디테일까지 기억하고 존중합니다. 이런 맞춤형 관심은 고객에게 "나는 이 사람에게 매우 중요한 존재"라는 느낌을 주며, 강력한 유대감을 형성합니다.

'연결성(Connectedness®)' 강점을 가진 사람들은 모든 일에는 보이지 않는 의미와 연결고리가 있다고 믿습니다. 그래서 업계 소식을 전할 때도 단순 정보 전달에 그치지 않고, "최근 발표된 이 정책이 대표님의 장기적인 비전과 이런 점에서 연결되는 것 같습니다"와 같이 더 큰 맥락과 의미를 부여합니다. 또한 고객에게 도움이 될 만한 다른 사람이나 정보를 연결해주는 '허브' 역할을 자처하며, 비즈니스를 넘어선 가치를 제공합니다.

'**긍정(Positivity®)**' 강점을 가진 사람들은 그 존재만으로도 고객에게 긍정적인 에너지를 전달합니다. 어려운 상황에서도 희망적인 관점을 제시하고, 고객이 성취한 작은 성과들도 함께 축하합니다. 고객들은 이런 담당자와의 만남을 통해 에너지를 얻게 되고, 자연스럽게 더 많은 시간을 함께 보내고 싶어 합니다. 이들에게 미팅은 일이 아니라 즐거운 만남이 됩니다.

포용(Includer®) 테마가 강한 사람들은 고객사의 의사결정권자뿐만 아니라, 함께 일하는 모든 구성원을 소중히 여기고 존중합니다. 미팅 시 직급이 낮은 주니어 직원의 의견도 경청하고, "OO팀 실무자분들의 의견은 어떠신가요?"라며 의도적으로 발언 기회를 줍니다. 모든 사람이 과정에 참여하고 존중받고 있다고 느끼게 함으로써, 이들은 고객사 내부에 광범위한 우호 세력을 만들고, 이는 장기적인 파트너십의 튼튼한 기반이 됩니다.

③ 고객의 개인적 관심사와 니즈 깊이 이해하기

관계 구축 영역의 강점을 가진 사람들의 가장 큰 장점 중 하나는 고객을 단순한 '구매자'가 아닌 '한 사람의 인간'으로 바라본다는 것입니다. 이들은 고객의 개인적인 관심사, 가족 이야기, 취미, 고민, 꿈 등을 진심으로 관심 갖고 기억합니다.

'개별화(Individualization®)' 강점을 가진 사람들은 고객 개개인의 독특한 성향과 선호를 정확히 파악하고, 그에 맞는 최적의 소통 방식을 사용합니다. 데이터와 논리적 분석을 중시하는 고객에게는 구체적인 수치와 ROI를 제시하고, 비전과 스토리를 중시하는 고객에게는 성공 스토리를 통해 감성적으로 접근합니다. 이처럼 고객의 '언어'로 대화함으로써, 이들은 더 빠르고 깊은 이해와 공감대를 형성합니다.

'절친(Relator®)' 강점을 가진 사람들은 고객과 깊은 신뢰가 쌓이면 비즈니스를 넘어선 진정한 '조언자'가 됩니다. 고객은 때로 업무와 직접적인 관련이 없는 자신의 커리어 고민이나 조직 내의 어려움을 이들에게 털어놓기도 합니다. 이때 이들은 성급한 해결책을 제시하기보다, 진심으로 그 고민을 들어주고 함께 아파하며 든든한 지지자가 되어줍니다. 이처럼 인간적인 신뢰는 어떤 영업 기술로도 얻을 수 없는 가장 강력한 경쟁력입니다. 이런 관계 속에서 나오는 비즈니스 기회는 자연스럽고 단단할 수밖에 없습니다.

(4) 전략적 사고(Strategic Thinking) 영역 강점 전략: 시장 분석과 우선순위로 효율적 접근

전략적 사고 영역의 강점을 가진 사람들은 세일즈에서 '효율성의 마스터'가 될 수 있습니다. 이들은 무작정 많은 활동을 하는 것보다는, 정확한 분석과 전략을 바탕으로 최적의 결과를 만들어내는 데 탁월합니다. 하지만 때로는 너무 많은 분석과 고민으로 인해 실행이 늦어질 수 있으므로, 적절한 균형이 필요합니다.

전략적 사고 영역에는 분석(Analytical®), 회고(Context®), 미래지향(Futuristic®), 발상(Ideation®), 수집(Input®), 지적사고(Intellection®), 배움(Learner®), 전략(Strategic®) 등의 강점 테마가 포함됩니다. 이 강점들의 공통점은 정보를 수집하고 분석하여 깊이 있는 통찰을 도출하는 것을 즐긴다는 것입니다.

전략적 사고 영역에 강점이 있는 사람들이 세일즈에서 가지는 독특한 장점은 '질문의 힘'입니다. 이들은 고객조차 인식하지 못한 문제를 발견하고, 새로운 관점을 제시할 수 있습니다. 또한 데이터와 트렌드를 바탕으로 고객의 미래 니즈를 예측하고, 그에 맞는 솔루션을 제안할 수 있습니다.

① 철저한 고객 및 시장 분석

전략적 사고 영역의 강점을 가진 사람들에게 가장 중요한 것은 '누구를 고객으로 할 것인가'를 정확히 정의하는 것입니다. 이들은 무작정 많은 고객에게 접근하기보다는, 성공 가능성이 높은 고객을 전략적으로 선별합니다.

'**분석(Analytical®)**' 강점을 가진 사람들은 데이터를 활용해 잠재고객을 세분화합니다. 단순히 업종이나 규모만 보는 것이 아니라, 성장률, 투자 패턴, 의사결정 프로세스, 경쟁사 현황 등을 종합적으로 분석합니다. 예를 들어, IT 솔루션을 판매하는 회사에서 일한다면, 최근 3년간 IT 투자를 꾸준히 늘린 회사들, 디지털 전환을 공식적으로 선언한 회사들, 경쟁사에서 최근 계약을 따낸 유사 규모의 회사들, 새로운 CEO나 CTO가 부임한 회사들… 이런 조건들을 조합하여 '구매 가능성이 높은 고객 풀'을 만들어 냅니다.

수집(Input®) 강점을 가진 사람들은 호기심이 많고 지식을 저장하는 것을 즐기는 '살아있는 데이터베이스'입니다. 이들은 업계 리포트, 경쟁사 동향, 신기술 뉴스, 전문가 블로그 등을 꾸준히 스크랩하고 머릿속에 저장합니다. 이들에게 정보 수집은 일이 아니라 취미이자 습관입니다. 이렇게 축적된 풍부하고 다양한 정보는 팀 동료들이 방향을 잃었을 때 나침반이 되어주며, 고객 분석 시 남들이 보지 못하는 연결고리를 발견하는 결정적 자산이 됩니다.

회고(Context®) 강점이 높은 사람들은 과거를 통해 미래를 봅니다. 이들은 새로운 잠재고객을 발굴할 때, 과거에 성공했거나 실패했던 계약들을 되짚어 봅니다. "과거에 성공했던 고객들은 어떤 공통점이 있었지?", "어떤 상황에서 계약이 틀어졌지?"라고 자문하며 성공과 실패의 패턴을 찾아냅니다. 이를 통해 현재의 잠재고객이 과거의 성공 패턴과 얼마나 일치하는지 비교 분석함으로써, 막연한 추측이 아닌 과거의 경험에 기반한 정교한 타겟팅을 가능하게 합니다.

② 전략적 질문을 통한 고객 접근

전략적 사고 영역의 강점을 가진 사람들의 가장 큰 무기는 '질문'입니다. 이들은 고객이 인식하지 못한 문제를 발견하게 하고, 새로운 관점을 제시하는 질문을 던질 수 있습니다.

'전략(Strategic®)' 강점을 가진 사람들은 복잡한 상황 속에서 여러 갈래의 길과 최종 목적지를 동시에 보는 능력이 있습니다. 고객의 현재 상황을 들으면, 순식간에 머릿속에서 다양한 시나리오를 시뮬레이션합니다. 그리고 가장 효율적이고 효과적인 경로를 찾아내어 질문으로 제시합니다. "말씀하신 A 방법은 단기적으로 효과적일 수 있지만, 3년 후 시장 변화를 고려하면 B라는 리스크가 발생할 수 있습니다. 혹시 C라는 대안에 대해서는 어떻게 생각하십니까?" 이들의 질문은 고객을 혼란스럽게 하는 것이 아니라, 안개 속에서 가장 선명한 길을 보여주는 등대와 같습니다.

미래지향(Futuristic®) 강점을 가진 사람들은 고객에게 '제품'을 파는 것이 아니라 '미래'를 팝니다. 이들의 대화는 현재의 문제 해결을 넘어, 고객이 도달할 수 있는 더 나은 미래의 모습에 대한 생생한 그림을 그려줍니다. "만약 이 솔루션을 통해 매일 3시간씩 반복하던 업무가 사라진다면, 그 시간에 팀원들은 어떤 창의적인 일을 할 수 있을까요? 5년 후 귀사는 어떤 모습일지 상상해 보셨습니까?" 이들의 비전 제시는 고객의 가슴을 뛰게 하고, 현재의 구매 결정을 미래를 위한 필수적인 투자로 여기게 만듭니다.

발상(Ideation®) 강점을 가진 사람들은 기존의 틀을 깨는 아이디어의 샘입니다. 이들은 전혀 상관없어 보이는 개념들을 연결하여 고객이 한 번도 생각해보지 못한 새로운 해결책을 제시합니다. "보통 이 문제는 A 방식으로 해결하지만, 만약 전혀 다른 산업인 OO 분야의 비즈니스 모델을 여기에 적용해 보면 어떨까요?" 이들의 신선한 아이디어는 고객의 지적 호기심을 자극하고, 미팅을 단순한 영업 상담이 아닌 흥미로운 브레인스토밍 세션으로 만듭니다.

③ 데이터 기반의 가치 제안

전략적 사고 영역의 강점을 가진 사람들은 감정적 어필보다는 논리적이고 객관적인 근거를 바탕으로 고객을 설득합니다. 이들의 제안서는 데이터와 분석으로 가득하며, 고객이 합리적인 판단을 내릴 수 있도록 돕습니다.

'회고(Context®)' 강점을 가진 사람들은 과거의 경험을 현재의 나침반으로 사용하는 역사가와 같습니다. 이들은 과거의 성공 및 실패 사례들을 분석하여 패턴을 찾아내고, 이를 통해 현재 상황에서 가장 안전하고 성공 확률 높은 길을 제시합니다. "3년 전 유사한 상황에 있었던 O기업은 A를 선택하여 20%의 성장을 이뤘습니다. 이 경험에 비추어 볼 때, 귀사의 현재 상황에서는 B보다 A가 훨씬 더 안정적이고 예측 가능한 결과를 가져올 것입니다." 이들의 근거 제시는 고객의 불확실성에 대한 두려움을 줄여주고, 결정을 '도박'이 아닌 '검증된 투자'로 느끼게 만듭니다.

'배움(Learner®)' 강점을 가진 사람들은 고객을 위한 '개인 R&D 부서'처럼 끊임없이 새로운 지식을 탐구하고 습득합니다. 이들은 제품을 팔기 전에 고객의 산업 자체를 깊이 있게 학습하며, 그 과정에서 얻은 최신 트렌드와 통찰력을 제안에 녹여냅니다. "최근에 발표된 OO 기술 논문을 학습하던 중, 이 기술이 현재 고객님께서 겪고 계신 문제 해결에 결정적인 역할을 할 수 있겠다는 확신이 들었습니다." 이런 전문성은 고객에게 강력한 신뢰를 주며, 단순한 판매자를 넘어 '믿을 수 있는 산업 전문가'라는 인식을 갖게 합니다.

'지적사고(Intellection®)' 강점을 가진 사람들은 문제의 본질을 꿰뚫어 보는 사색가입니다. 이들은 고객의 요청을 듣고 바로 답을 내놓기보다, 조용히 생각에 잠겨 문제의 근본 원인과 잠재적 영향까지 고려한 최적의 해법을 설계합니다. "요청하신 A 기능도 중요하지만, 더 깊이 생각해보니

이 문제의 근본 원인은 B에 있었습니다. B를 해결하지 않으면 A는 임시방편에 그칠 수 있습니다. 따라서 저희는 B를 해결하는 근본적인 방안을 제안합니다." 이들의 깊이 있는 통찰은 복잡한 상황을 명쾌하게 정리해주며, 고객에게 제안의 완성도에 대한 강한 믿음을 줍니다.

9장. 나의 강점으로 고객 니즈 분석과 효과적인 제안하기

1. 니즈 분석과 제안의 핵심 : 판매가 아니라 문제 해결이다.

진정한 세일즈 전문가는 고객이 말하는 표면적인 니즈 뒤에 숨어있는 진짜 문제를 발견해내는 '탐정'과 같습니다. 고객이 "가격이 부담스럽다"고 말할 때, 정말로 예산이 부족한 것일 수도 있지만, 실제로는 "투자 대비 효과가 확실하지 않아서 불안하다" 또는 "상사를 설득할 명분이 부족하다"일 수 있습니다. 고객이 "검토가 더 필요하다"고 말할 때도, 단순히 시간이 더 필요한 것이 아니라 "의사결정에 참여해야 할 다른 사람들이 있다" 또는 "예상하지 못한 위험 요소가 걱정된다"는 의미일 수 있습니다.

이런 진짜 니즈를 파악하고 적절한 솔루션을 제안하는 것은 마치 의사가 환자를 진단하고 치료하는 것과 같습니다. 증상만 보고 처방하는 것이 아니라, 근본 원인을 찾아서 정확한 치료법을 제시해야 합니다. 이때 고객은 "이 사람은 정말 나를 이해하고 있구나"라고 느끼게 되고, 자연스럽게 신뢰관계가 형성됩니다.

(1) 고객 니즈 분석의 3단계 방법론

성공적인 니즈 분석에는 체계적인 접근이 필요합니다. 무작정 "무엇이 필요하세요?"라고 묻는 것이 아니라, 단계적으로 고객의 진짜 니즈를 파악해야 합니다.

- **[1단계] 현재 상황 파악하기:** 먼저 고객의 현재 상황을 정확히 이해해야 합니다. "현재 어떤 방식으로 업무를 처리하고 계신가요?", "지금 시스템에서 가장 불편한 점은 무엇인가요?", "하루 일과 중에서 가장 시간이 많이 걸리는 작업은 어떤 것인가요?" 이런 질문들을 통해 고객의 현실을 구체적으로 파악합니다. 단순히 들어보는 것이 아니라, 숫자나 구체적인 사례를 들어달라고 요청하는 것이 중요합니다.

- **[2단계] 문제점과 고통 발견하기:** 현재 상황을 파악했다면, 그 속에서 고객이 겪고 있는 문제점과 그로 인한 고통을 찾아내야 합니다. "그 때문에 어떤 어려움을 겪고 계신가요?" "그것이 업무나 성과에 어떤 영향을 미치고 있나요?" "동료들이나 상사는 이에 대해 어떻게 생각하고 계신가요?" 여기서 중요한 것은 단순한 불편함이 아니라, 실질적인 손실이나 기회비용을 구체적으로 파악하는 것입니다.

- **[3단계] 이상적인 미래 그려보기:** 마지막으로 고객이 원하는 이상적인 상태를 함께 그려봅니다. "만약 이 문제가 완전히 해결된다면 어떤 모습일까요?" "그렇게 되면 업무나 성과가 어떻게 달라질까요?" "그런 변화가 개인적으로나 조직적으로 어떤 의미가 있을까요?" 이 단계에서 고객의 니즈는 단순한 요구사항에서 간절한 목표로 바뀌게 됩니다.

(2) 효과적인 제안의 4단계 구조

니즈를 정확히 파악했다면, 이제 그에 맞는 솔루션을 효과적으로 제안해야 합니다. 좋은 제안은 고객이 "바로 이거야!"라고 느끼게 만드는 구조를 가지고 있습니다.

- **[1단계] 공감과 이해 표현하기:** 제안을 시작하기 전에 먼저 고객의 상황에 대한 이해와 공감을 표현해야 합니다. "말씀해주신 내용을 정리해 보면, 현재 가장 큰 문제는 OO이고, 이로 인해 OO라는 어려움을 겪고 계시는 것 같습니다. 맞나요?" 이렇게 고객의 말을 다시 한번 정리해서 확인받는 과정을 통해 "이 사람이 정말 내 상황을 이해하고 있구나"라는 느낌을 주어야 합니다.
- **[2단계] 솔루션의 핵심 가치 제시하기:** 이제 본격적인 솔루션을 제안하지만, 기능이나 스펙부터 이야기하면 안 됩니다. 대신 고객이 얻게 될 핵심 가치부터 제시해야 합니다. "저희 솔루션을 통해 고객님께서 얻으실 수 있는 가장 큰 가치는 OO입니다. 이를 통해 고객님이 원하시는 OO를 실현하실 수 있습니다." 고객이 앞서 말한 이상적인 미래와 연결지어 설명하는 것이 핵심입니다.
- **[3단계] 구체적인 방법과 과정 설명하기:** 가치를 제시했다면, 이제 그것을 어떻게 실현할 것인지 구체적인 방법을 설명합니다. 하지만 모든 기능을 나열하는 것이 아니라, 고객의 니즈와 직접 관련된 핵심 기능들을 중심으로 설명해야 합니다. "앞서 말씀하신 문제는 이런 방식으로 해결됩니다. 저희 제품의 A 기능을 통해 기존 대비 OO% 개선이 가능하고, 마이그레이션 과정을 통해 OO% 비용 절감 효과를 얻으실 수 있습니다."

- **[4단계] 실행 계획과 다음 단계 제시하기:** 마지막으로 구체적인 실행 계획과 다음에 해야 할 일들을 제시합니다. "이를 실현하기 위한 구체적인 계획은 다음과 같습니다. 첫 번째로는 OO, 두 번째로는 OO… 전체적으로 6개월 정도 소요될 예정이고, 중간중간 이런 성과들을 확인하실 수 있습니다. 다음 단계로는 벤치마크 테스트를 진행하면 좋을 것 같은데, 어떻게 생각하세요?"

고객의 니즈를 분석하고 솔루션을 제안할 때도 사람마다 그 방식이 다릅니다. 어떤 사람은 데이터와 분석을 통해 논리적으로 문제를 해부하는 것이 자연스럽고, 어떤 사람은 고객의 감정과 상황에 깊이 공감하며 접근하는 것이 더 효과적입니다. 또 어떤 사람은 창의적이고 혁신적인 아이디어로 고객을 놀라게 하는 것을 선호합니다.

이번 장에서는 각 강점 영역별로 어떻게 고객의 니즈를 분석하고, 어떤 방식으로 제안을 해야 가장 자연스럽고 효과적인지에 대해 구체적인 전략과 실제 사례를 통해 알아보겠습니다. 각 강점 영역별로 제공되는 전략과 실제 사례를 통해, 여러분에게 가장 잘 맞는 니즈 분석과 제안 방식을 찾고 즉시 적용할 수 있도록 돕겠습니다.

2. 강점 영역별 니즈 분석 및 제안 전략

여기서 중요한 것은, 어떤 강점을 갖고 있든 고객의 니즈를 정확히 파악하고 훌륭한 제안을 할 수 있다는 점입니다. 우리는 종종 "나는 말주변이 없어서 제안을 잘 못한다" 또는 "나는 분석적이지 않아서 고객 니즈를 제대로 파악할 수 없다"는 편견에 빠지곤 합니다. 하지만 이는 니즈 분석과 제안을 너무 획일적으로 바라보는 시각에서 비롯된 오해입니다.

뛰어난 영업 성과를 내는 사람들의 니즈 분석과 제안 스타일은 매우 다양합니다. 어떤 사람은 강력한 데이터 분석과 논리적 구조로 고객을 설득하는 반면, 다른 사람은 깊이 있는 공감과 개인 맞춤형 접근으로 동일한 성과를 냅니다. 또 다른 사람은 창의적인 아이디어와 혁신적 솔루션으로, 또 다른 사람은 꾸준한 신뢰 구축과 안정적인 실행력으로 고객의 마음을 움직입니다.

핵심은 남의 방식을 따라 하는 것이 아니라, 내 고유의 강점을 니즈 분석과 제안에 어떻게 자연스럽게 녹여낼 수 있는가를 발견하는 것입니다. 각 강점 영역별로 제공되는 전략과 실제 사례를 살펴보겠습니다.

(1) 실행력(Executing) 영역 전략: 철저한 데이터 분석 및 문제 해결 계획 제시

실행력 영역의 강점을 가진 사람들은 니즈 분석과 제안에서 가장 큰 무기인 '신뢰성'을 발휘합니다. 이들은 화려한 프레젠테이션이나 감정적 어필보다는, 정확한 분석과 구체적인 실행 계획을 통해 고객의 신뢰를 얻습니다. 고객들은 이들과 함께 일할 때 "이 사람은 말한 것을 반드시 실행할 것이고, 약속한 결과를 분명히 만들어낼 것"이라는 확신을 갖게 됩니다.

실행력 영역의 강점을 가진 사람들의 특징을 살펴보면, 이들은 추상적이고 모호한 것을 구체적이고 명확한 것으로 만드는 데 탁월한 능력이 있습니다. 고객이 "효율성을 높이고 싶다"고 말할 때, 다른 사람들은 일반적인 효율성 향상 방안을 제시하지만, 실행력 영역에 강점이 있는 사람들은 "정확히 어떤 업무의 어떤 부분에서 얼마나 효율성을 높일 것인지"를 구체적으로 파고들어 제시합니다.

① 체계적인 현상 분석을 통한 정확한 문제 정의

실행력 영역의 강점을 가진 사람들은 고객의 문제를 파악할 때 감정이나 추측에 의존하지 않습니다. 대신 구체적인 데이터와 사실을 바탕으로 현재 상황을 정확히 분석하는 것부터 시작합니다.

'**체계(Discipline®)**' 강점을 가진 사람은 정해진 순서와 절차에 따라 현황을 파악합니다. 중요한 정보를 빠뜨리는 것을 원치 않기에, 표준화된 체크리스트를 활용해 모든 영역을 빠짐없이 점검합니다. 예를 들어, 유통업체의 "매출 증대"라는 막연한 요청을 받으면, 이들은 먼저 최근 3년간의 매출 데이터를 월별, 분기별로 확인하고, 이어서 제품군, 지역, 채널별로 매출 구조를 세분화합니다. 다음으로 고객 데이터와 경쟁 환경, 내부 역량까지 단계적으로 분석해 들어갑니다. 이런 체계적인 접근을 통해 "매출 부족"이라는 막연한 요구는 구체적인 점검 항목으로 분해되고, 우선순위가 명확히 정리됩니다. 그 결과 어디서부터 개선을 시작해야 할지가 단계적으로 드러나며, 실행 가능한 계획으로 이어집니다.

'**심사숙고(Deliberative®)**' 테마가 강한 사람은 고객이 직접 말하지 않은 잠재적 문제까지 미리 내다봅니다. 고객이 "새로운 시스템 도입을 검토

중"이라고 할 때, 이들은 시스템의 장점을 설명하기보다 시스템 전환 과정에서 발생할 수 있는 업무 중단, 데이터 손실, 직원들의 적응 문제나 예산 초과 같은 잠재적 위험 요소를 먼저 질문합니다. 이러한 신중한 접근은 고객 스스로도 미처 생각하지 못했던 리스크를 인지하게 하고, 훨씬 더 현실적인 니즈를 발견하도록 돕습니다.

'집중(Focus®)' 강점이 높은 사람은 복잡한 정보들 사이에서 가장 중요한 핵심 이슈를 정확히 짚어냅니다. 고객이 열 가지 고민을 털어놓을 때, 이들은 "가장 시급하게 해결해야 할 단 한 가지는 무엇입니까?" 또는 "어떤 문제가 해결될 때 가장 큰 효과를 볼 수 있습니까?" 와 같은 질문으로 대화를 이끌어갑니다. 이를 통해 여러 고민을 한두 개의 핵심 과제로 압축하고, 고객이 "복잡했는데, 결국 핵심은 이것이었구나"라는 명쾌함을 느끼게 만들어, 해결책에 대한 논의를 집중시킵니다.

② 단계별 실행 계획을 포함한 솔루션 제안

문제를 정확히 정의한 후에는, 그것을 어떻게 해결할 것인지에 대한 구체적이고 실현 가능한 계획을 제시합니다. 실행력 영역에 강점이 있는 사람들의 제안서는 '언제, 누가, 무엇을, 어떻게'에 대한 명확한 답을 담고 있습니다.

'집중(Focus®)' 테마가 강한 사람은 여러 문제를 동시에 해결하려 하기보다 가장 중요한 것부터 차례대로 해결하는 단계적 접근법을 제안합니다. 예를 들어, 첫 3개월은 가장 큰 병목 구간을 해결하여 즉각적인 효율 개선을 목표로 하고, 그다음 3개월은 핵심 공정을 최적화하는 식으로 각 단계별 명확한 목표와 성과 지표를 제시합니다. 이는 고객이 진행 상황을 눈으로 확인하고 성취감을 느끼게 합니다.

'**정리(Arranger®)**' 테마가 강한 사람은 복잡한 프로젝트를 논리적으로 구조화하고 필요한 자원들을 최적으로 배치하는 지휘자와 같습니다. 이들의 제안서에는 무엇을 할 것인지 뿐만 아니라, 인력과 자원을 어떻게 효율적으로 배치하고 일정을 조율할 것인지에 대한 세부적인 계획까지 포함됩니다. 마치 잘 짜인 악보처럼 모든 것이 제자리에 있는 계획을 보면, 고객은 프로젝트가 원활하게 진행될 것이라는 믿음을 갖게 됩니다.

'**성취(Achiever®)**' 테마를 가진 사람은 긴 프로젝트를 잘게 나누어 작은 성공 경험들을 설계합니다. 1년짜리 프로젝트라면 매월, 매 분기마다 달성 가능한 마일스톤을 설정하고, 그때마다 성과를 함께 확인하며 "해냈다"는 성취감을 느낄 수 있도록 합니다. 이러한 접근은 프로젝트 내내 동기를 부여하고 추진력을 유지하는 원동력이 됩니다.

③ 리스크 관리와 품질 보증 방안 제시

실행력 영역의 강점을 가진 사람들의 제안에서 가장 독특한 부분은 바로 위험 관리와 품질 보증에 대한 상세한 계획입니다. 이들은 막연히 "잘 될 것"이라는 희망을 제시하기보다, "어떤 문제가 생겨도 해결할 수 있다"는 현실적인 대안을 통해 신뢰를 구축합니다.

'**복구(Restorative™)**' 강점을 가진 사람은 프로젝트 진행 중 발생할 수 있는 문제들을 미리 예측하고 각각에 대한 구체적인 해결책을 준비합니다. 기술적 문제, 일정 지연, 인력 부족 등 예상되는 위험 요소별로 명확한 대응 계획을 제안서에 포함시켜, 고객에게 어떤 상황에서도 프로젝트가 좌초되지 않을 것이라는 안정감을 줍니다.

'책임(Responsibility®)' 강점을 가진 사람은 약속한 품질과 성과를 반드시 달성하겠다는 확고한 의지를 보여줍니다. 이들은 제안서에 각 단계별 품질 기준을 명시하고, 성과가 목표에 미달할 경우 무료 재작업이나 비용 환불을 보장하는 등 자신의 약속에 책임을 지겠다는 구체적인 내용을 담습니다.

'공정성(Consistency®)' 테마가 강한 사람은 모든 고객에게 업계 표준과 검증된 절차를 동일하게 적용한다는 점을 강조합니다. 이는 고객에게 "내가 특별 대우를 못 받는 것이 아니라, 검증된 표준 프로세스에 따라 안전하게 관리받고 있다"는 신뢰감을 주며, 제안 전체의 객관성을 높여줍니다.

(2) 영향력(Influencing) 영역 전략: 설득력 있는 프레젠테이션과 강한 임팩트 전달

영향력 영역의 강점을 가진 사람들은 니즈 분석과 제안에서 가장 큰 무기인 '변화의 동기 부여'를 발휘합니다. 이들은 고객의 현재 문제를 해결하는 것에 그치지 않고, 고객이 꿈꾸는 더 큰 목표와 야망을 자극하여 변화에 대한 강력한 의지를 만들어냅니다. 고객들은 이들과 함께 일할 때 "이 사람과 함께라면 정말 큰 변화를 만들어낼 수 있을 것 같다"는 확신과 기대감을 갖게 됩니다.

영향력 영역의 강점을 가진 사람들의 특징을 살펴보면, 이들은 현재의 제약보다는 미래의 가능성에 초점을 맞춥니다. 고객이 "예산이 부족하다"고 말할 때, 다른 사람들은 저렴한 대안을 찾으려 하지만, 영향력 영역에 강점이 있는 사람들은 "이 투자를 통해 얻을 수 있는 더 큰 가치"에 주목하게 합니다. 이들은 고객의 제한적 사고를 확장시키고, 더 큰 그림을 그릴 수 있도록 돕습니다.

① 고객의 야망과 목표 발굴: 숨겨진 욕망에 불을 지피다

영향력 영역의 강점을 가진 사람들은 고객과의 대화에서 표면적인 니즈보다는 더 깊은 층의 욕구와 목표를 찾아냅니다. 이들은 "왜 이것이 중요한가?", "이것을 통해 진짜 이루고 싶은 것은 무엇인가?"라는 질문을 끊임없이 던져 고객의 내면을 탐색합니다.

'**존재감(Significance®)**' 강점을 가진 사람은 고객의 '특별해지고 싶은' 욕구를 파악합니다. 중소기업 CEO가 "비용 절감이 필요하다"고 할 때, 이들은 비용 항목을 따지는 대신 "CEO님께서 이 회사를 업계에서 어떻게 기억되기를 원하십니까?"라고 질문하며 대화의 격을 높입니다. 이런 접근을 통해 '비용 절감'이라는 과제는 '업계 최초의 완전 자동화 공장 구축'이나 '가장 혁신적인 기업으로의 인정'과 같은 원대한 포부로 재정의됩니다.

'**승부(Competition®)**' 강점을 가진 사람은 고객의 경쟁심리를 자극하여 행동을 이끌어냅니다. 이들은 "경쟁사가 못하는 것 중에서 우리가 먼저 할 수 있는 것은 무엇일까요?" 또는 "이 변화를 주도하는 기업이 되려면 지금 무엇을 준비해야 할까요?"와 같은 질문으로 고객이 현상 유지를 넘어 업계 선두가 되고 싶은 욕구를 수면 위로 끌어 올립니다.

'최상화(Maximizer®)' 강점을 가진 사람은 고객의 강점을 극대화하고 싶은 욕구에 주목합니다. 이들은 약점을 보완하는 데 시간을 쓰기보다 "귀사가 현재 가장 잘하고 있는 것을 어떻게 하면 경쟁사가 따라올 수 없는 압도적 우위로 만들 수 있을까요?"라고 질문하며, 강점을 최고 수준으로 끌어올리는 비전에 대한 고객의 열망을 발견합니다.

② 변화의 비전과 가능성 제시: 마음을 움직이는 확신

고객의 야망을 파악한 후에는, 그것을 실현하기 위한 변화의 필요성과 가능성을 설득력 있게 제시합니다. 영향력 영역에 강점이 있는 사람들은 단순한 문제 해결사가 아니라, 고객의 꿈을 현실로 만들어주는 파트너로 자신을 포지셔닝합니다.

'자기확신(Self-Assurance®)' 강점이 높은 사람은 제안하는 솔루션에 대한 강한 믿음을 그대로 전달합니다. 이들은 "이 프로젝트는 반드시 성공할 것이라고 확신하며, 그것을 위해 제가 할 수 있는 모든 것을 다하겠습니다"라는 확고한 의지를 표현합니다. 이들의 흔들리지 않는 확신은 고객에게도 전이되어, "이 사람과 함께라면 할 수 있다"는 자신감을 심어줍니다.

'행동(Activator®)' 강점을 가진 사람은 고객이 망설일 틈을 주지 않습니다. 이들은 "이런 기회는 지금이 아니면 다시 오기 어렵습니다"라며 기회의 시간 제한성을 강조하거나, "다음 주에 바로 파일럿 테스트부터 시작하시죠"라며 구체적인 첫 단계를 제시하여 즉시 행동에 옮기도록 강력한 동기를 부여합니다.

'주도력(Command®)' 강점이 높은 사람은 고객이 어려운 결정을 내려야 할 때 명확한 방향을 제시합니다. 이들은 불확실성 속에서 "지금의 선택은 현상 유지, 점진적 개선, 또는 혁신적 변화 세 가지입니다"라고 선택지를 명료하게 정리하고, "이런 중요한 순간에 리더의 결단이 회사의 미래를 결정합니다"라며 담대한 결정을 내릴 수 있도록 용기를 북돋습니다.

③ 감정적 연결과 몰입 유도: 논리를 넘어 마음으로

영향력 영역의 강점을 가진 사람들은 논리적 설득을 넘어 감성적 연결을 통해 고객의 마음을 움직입니다. 이들은 고객이 단순히 제안을 '이해'하는 것을 넘어 진심으로 '원하게' 만듭니다.

'사교성(Woo®)' 강점을 가진 사람은 비즈니스 관계를 넘어선 인간적인 유대감을 형성하여 제안의 수용도를 높입니다. 이들은 골프 같은 개인적인 관심사를 공유하거나, 승진과 같은 개인적인 성취를 진심으로 축하하며 고객과의 친밀감을 쌓습니다. 이런 개인적인 관계는 제안을 딱딱한 거래가 아닌, 신뢰하는 지인의 진심 어린 조언으로 느끼게 만듭니다.

'커뮤니케이션(Communication®)' 강점이 뛰어난 사람은 복잡한 내용을 기억에 남는 이야기로 전달하는 데 능숙합니다. 이들은 데이터와 수치보다는 "작년에 저희가 도왔던 C회사 이야기를 들려드릴게요"라며 생생한 성공 사례를 들려주거나, "지금 상황은 마치 낡은 자동차로 고속도로를 달리는 것과 같습니다"와 같은 비유를 통해 설득력을 높입니다. "6개월

후 임원회의에서 이런 멋진 보고를 하시는 모습을 상상해보세요"라며 구체적인 장면을 묘사함으로써, 고객이 성공의 감정을 미리 느끼고 그 비전에 완전히 몰입하게 만듭니다.

(3) 관계 구축(Relationship Building) 영역 전략: 고객 맞춤형 소통을 통한 효과적인 제안

관계 구축 영역의 강점을 가진 사람들은 니즈 분석과 제안에서 가장 큰 무기인 '진정성과 신뢰'를 발휘합니다. 이들은 화려한 프레젠테이션이나 강력한 논리보다는, 고객 한 사람 한 사람의 개별적 상황과 감정을 깊이 이해하고 그에 맞는 맞춤형 솔루션을 제시합니다. 고객들은 이들과 함께 일할 때 "이 사람은 정말 나를 이해하고 있구나"라는 따뜻함과 안정감을 느끼게 됩니다.

관계 구축 영역에 강점이 있는 사람들의 특징을 살펴보면, 이들은 비즈니스 이슈와 개인적 이슈를 분리해서 생각하지 않습니다. 고객이 "예산 승인이 어렵다"고 말할 때, 다른 사람들은 예산 문제 해결에만 집중하지만, 관계 구축 영역에 강점이 있는 사람들은 "이 사람이 예산 승인을 받지 못했을 때 느낄 개인적 부담감"까지 고려합니다. 이들은 고객을 단순한 '의사결정권자'가 아닌 '감정과 상황을 가진 한 사람의 인간'으로 바라봅니다.

① 개인적 상황과 감정적 니즈 깊이 이해하기

관계 구축 영역의 강점을 가진 사람들은 비즈니스 니즈를 파악하기 전에 먼저 고객의 개인적 상황과 감정 상태를 이해하려고 합니다. 이들은 표면적인 요구사항 뒤에 숨어있는 개인적 고민과 우려를 발견해냅니다.

'공감(Empathy®)' 강점을 가진 사람은 고객의 말과 행동에서 감정적 신호를 민감하게 포착하는 레이더를 가지고 있습니다. 고객이 "시스템 업그레이드를 검토 중"이라고 할 때, 이들은 기능에 대해 묻기보다 고객의 표정에서 깊은 고민을 읽고 "혹시 시스템 때문에 스트레스받으실 일이 많으셨나요?"라고 먼저 묻습니다. 이런 접근은 고객이 "사실 시스템 장애 때문에 상사에게 자주 지적받아서 스트레스가 큽니다" 또는 "잘못된 선택을 할까 봐 불안합니다"와 같은 진짜 속마음을 털어놓게 만듭니다.

'개별화(Individualization®)' 강점을 가진 사람은 각 고객의 독특한 특성과 선호를 파악하여 접근 방식을 달리합니다. 이들은 세상에 똑같은 고객은 없다고 믿기에, 데이터 중심의 분석적인 담당자에게는 상세한 비교표를 제공하고, 관계 중심의 담당자에게는 실제 사용자 경험담이나 성공 사례를 들려주는 식으로 소통합니다. 이처럼 각 개인에게 맞춰진 섬세한 접근은 고객에게 존중받고 있다는 느낌을 줍니다.

'절친(Relator®)' 강점을 가진 사람은 소수의 고객과 매우 깊고 지속적인 관계를 형성합니다. 이들은 고객의 업무뿐만 아니라 개인적인 이야기를 나누며 진정한 파트너십을 구축합니다. 정기적으로 안부를 묻고, 어려운 시기에는 든든한 지지자가 되어주며, 좋은 일이 있을 때는 함께 기뻐합니다. 이런 진정성 있는 관계는 비즈니스를 넘어선 깊은 신뢰를 만들어내고, 고객은 이들을 단순한 파트너가 아닌 '믿을 수 있는 친구'로 여기게 됩니다.

② 개인 맞춤형 커뮤니케이션과 제안 방식

고객의 개인적 특성을 파악한 후에는, 각 개인에게 가장 적합한 방식으로 소통하고 제안합니다. 관계 구축 영역에 강점이 있는 사람들은 같은 내용이라도 상대방에 따라 완전히 다른 방식으로 전달하는 데 능숙합니다.

'화합(Harmony®)' 강점을 가진 사람은 고객과의 대화에서 갈등이나 불편함이 생기지 않도록 세심하게 배려합니다. 이들은 고객의 의견에 반대하기보다 "그 우려가 충분히 이해됩니다"라며 먼저 공감을 표현하고, "혹시 이런 방향은 어떠실까요?"라며 부드럽게 대안을 제시합니다. 이들의 대화 방식은 고객이 압박감을 느끼지 않고 편안한 분위기에서 합의점에 이르도록 돕습니다.

'포용(Includer®)' 강점을 가진 사람은 의사결정 과정에 참여하는 모든 사람을 고려합니다. 이들은 제안서에 실무자, 관리자, 경영진이 각각 얻게 될 편익을 나누어 담고, "혹시 다른 부서에서 우려하실 만한 부분이 있을까요?"라고 물으며 반대 의견까지 미리 수렴합니다. 나아가 설득이 어려운 사람이 있다면 함께 설명하러 가겠다고 제안하는 등, 모든 이해관계자가 소외되지 않고 함께 나아갈 수 있도록 돕습니다.

'개발(Developer®)' 강점을 가진 사람은 단순한 문제 해결을 넘어, 고객 개인과 조직의 성장에 초점을 맞춘 제안을 합니다. 이들은 "이 프로젝트를 통해 팀장님의 전문성도 한층 업그레이드되실 겁니다" 또는 "직원들의 업무 만족도도 크게 높아질 거예요"라며, 제안을 고객의 성장 스토리와 연결합니다. 이들의 제안은 현재의 필요를 채울 뿐만 아니라 미래의 더 큰 가능성을 보게 합니다.

③ 신뢰 기반의 지속적 파트너십 제안

관계 구축 영역의 강점을 가진 사람들의 제안에서 가장 독특한 부분은 일회성 거래가 아닌 지속적인 파트너십을 전제로 한다는 점입니다. 이들은 고객이 단순히 제품이나 서비스를 구매하는 것이 아니라, 믿을 수 있는 파트너를 얻는다는 느낌을 갖도록 합니다.

'긍정(Positivity®)' 강점을 가진 사람은 어려운 상황에서도 희망적인 관점을 제시하며 고객에게 긍정적인 에너지를 전달합니다. 이들은 "분명히 좋은 결과가 나올 것이라고 확신합니다"라며 성공에 대한 믿음을 심어주고, "우리가 함께하면 못할 것이 없죠"라며 팀워크를 강조합니다. 이들의 낙관적인 태도는 고객의 불안감을 해소하고 프로젝트에 대한 기대감을 높여줍니다.

'연결성(Connectedness®)' 강점을 가진 사람은 개별 프로젝트를 더 큰 맥락과 의미 속에서 바라봅니다. 이들은 고객이 하는 일이 단순한 업무 개선을 넘어, 직원들이 더 행복하게 일하는 환경을 만들고 사회적으로도 긍정적인 가치를 창출하는 일임을 느끼게 해줍니다. 이처럼 더 큰 목적과 연결된 제안은 고객에게 깊은 동기를 부여하고, 프로젝트에 대한 자부심을 갖게 만듭니다.

(4) 전략적 사고(Strategic Thinking) 영역 전략: 창의적인 솔루션 제안과 전략적 접근

전략적 사고 영역의 강점을 가진 사람들은 니즈 분석과 제안에서 가장 큰 무기인 '통찰력과 혁신'을 발휘합니다. 이들은 고객이 인식하고 있는 표면적 문제를 넘어서, 고객 스스로도 미처 깨닫지 못한 근본적 이슈나 새로운 기회를 발견해냅니다. 고객들은 이들과 함께 일할 때 "이런 관점으로는 생각해본 적이 없었는데, 정말 새로운 가능성이네"라는 깨달음과 흥미를 느끼게 됩니다.

전략적 사고 영역의 강점을 가진 사람들의 특징을 살펴보면, 이들은 현재의 문제만 보는 것이 아니라 더 큰 맥락과 패턴 속에서 바라봅니다. 고객이 "매출이 감소하고 있다"고 말할 때, 다른 사람들은 매출 증대 방안에 집중하지만, 전략적 사고 영역에 강점이 있는 사람들은 "왜 매출이 감소하는가?", "이 변화의 근본 원인은 무엇인가?", "앞으로 어떤 새로운 트렌드가 나타날 것인가?"라는 더 깊은 질문을 던집니다.

① 근본 원인 분석과 패턴 발견

전략적 사고 영역의 강점을 가진 사람들은 고객의 문제를 표면적으로 받아들이지 않습니다. 대신 그 문제가 왜 발생했는지, 어떤 패턴과 연결되어 있는지를 깊이 있게 분석하여 본질을 드러냅니다.

'분석(Analytical®)' 강점을 가진 사람은 데이터 속에 숨겨진 의미와 패턴을 찾아냅니다. 실행력의 분석이 현재 상황을 '확인'하는 데 집중한다면, 전략적 사고의 분석은 미래를 '예측'하기 위한 것입니다. 매출 감소 현상을 단순히 프로모션으로 해결하려 하기보다, 글로벌 트렌드나 인구구조 변화 같은 거시 변수와의 상관관계를 분석합니다. 이를 통해 "이 제품 카테고리 자체가 사양 산업으로 접어들고 있다"거나 "경쟁 제품이 아닌 완전히 다른 대체재가 등장했다"는 등, 누구도 보지 못한 근본적인 인사이트를 발견해냅니다.

'회고(Context®)' 강점을 가진 사람은 과거의 유사한 상황을 분석하여 현재 문제의 본질을 파악합니다. 이들은 "역사는 반복된다"는 관점에서 과거의 교훈을 현재에 적용합니다. 예를 들어, 10년 전 스마트폰이 처음 등장했을 때의 시장 변화와 현재 AI가 등장하는 시기의 변화를 비교 분석하여, 앞으로 어떤 산업이 위기를 맞고 어떤 기회가 생길지를 예측하며, 고객이 더 현명한 결정을 내리도록 돕습니다.

'전략(Strategic®)' 강점을 가진 사람은 하나의 문제에 대해 여러 가지 가능한 시나리오를 동시에 고려합니다. 이들은 "만약 이렇게 된다면?", "다른 가능성은 없을까?"라는 질문을 끊임없이 던지며, 낙관적 시나리오부터 최악의 경우까지 다각도로 분석합니다. 이들의 머릿속에서는 다양한 변수들이 어떻게 서로 영향을 미치며 미래를 만들어갈지에 대한 시뮬레이션이 끊임없이 이루어집니다.

② 창의적이고 혁신적인 솔루션 제안

근본 원인을 파악한 후에는, 기존의 관습적인 해결책이 아닌 창의적이고 혁신적인 대안을 제시합니다. 전략적 사고 영역에 강점이 있는 사람들은 "다른 방법은 없을까?"라는 질문을 항상 던지며 새로운 가능성을 탐색합니다.

'**발상(Ideation®)**' 강점이 뛰어난 사람은 기존의 틀을 벗어난 새로운 아이디어를 생성하는 데 탁월합니다. 제조업체의 재고 관리 문제에 대해 더 정확한 수요 예측 시스템을 제안하는 대신, "재고를 없애는 대신, 재고 자체를 새로운 수익원으로 만드는 방법은 어떨까요?"라고 질문합니다. 재고를 활용한 체험 센터 운영이나 구독 서비스 런칭 같은, 전혀 다른 차원의 창의적인 해결책을 제시하여 고객의 고정관념을 깨뜨립니다.

'**미래지향(Futuristic®)**' 강점을 가진 사람은 현재의 문제 해결을 넘어, 미래에 일어날 변화를 미리 예측하고 선제적으로 대응할 방안을 제시합니다. 이들은 현재의 비용 절감이라는 목표에 대해 단순한 효율화를 넘어, 미래의 무인화 트렌드를 고려한 선제적 인프라 구축을 제안함으로써 고객이 장기적인 경쟁 우위를 확보하도록 이끕니다. 이들에게 현재의 투자는 미래의 기회를 선점하는 것입니다.

'**지적사고(Intellection®)**' 강점을 가진 사람은 복잡한 문제를 깊이 있게 사색하여 본질적인 해결책을 찾아냅니다. 이들은 성급한 결론을 내리기보다 충분한 사고와 검토를 통해 문제의 다양한 측면과 장기적 영향을 고려합니다. 이들의 심층적인 접근은 문제의 근원을 해결하는, 지적으로 탄탄하고 종합적인 솔루션으로 이어집니다.

③ 혁신적 사고와 새로운 관점 제시

전략적 사고 영역의 강점을 가진 사람들의 제안에서 가장 독특한 부분은 고객에게 완전히 새로운 관점과 사고의 틀을 제공한다는 점입니다. 이들은 고객이 "이런 식으로는 생각해본 적이 없었는데!"라고 감탄하게 만듭니다.

'**수집(Input®)**' 강점을 가진 사람은 다양한 분야의 정보를 폭넓게 수집하고, 그것들을 연결하여 새로운 아이디어를 만들어냅니다. 이들은 고객의 업계뿐만 아니라 전혀 다른 산업의 혁신 사례나 해외 선진 사례, 심지어 학술 연구 동향까지 활용하여 통합적인 관점을 제시합니다. 이들의 풍부한 정보력은 고객이 우물 안에서 벗어나 더 넓은 세상의 가능성을 보게 합니다.

'**배움(Learner®)**' 강점을 가진 사람은 단발성 솔루션이 아닌, 조직이 지속적으로 학습하고 발전할 수 있는 시스템을 제안합니다. 이들은 현재 문제 해결뿐만 아니라 미래의 새로운 도전에 대응할 수 있는 조직의 역량 자체를 키우는 데 초점을 맞춥니다. 실험과 시행착오를 장려하는 문화를 만들거나 변화에 빠르게 대응할 수 있는 유연한 조직 구조를 제안하는 등, 살아 움직이는 솔루션을 제공합니다.

10장. 나의 강점으로 협상하고 최종 클로징하기

1. 협상과 클로징의 본질: 승리가 아니라 상호 만족이다

세일즈의 마지막 단계인 협상과 클로징에서 많은 영업 담당자들이 긴장하고 실수를 범합니다. "가격을 더 깎아주세요", "조건을 바꿔주세요", "시간이 더 필요해요"라는 고객의 말 앞에서 어떻게 대응해야 할지 몰라 당황하거나, 반대로 너무 강하게 밀어붙여서 관계가 틀어지는 경우가 많습니다.

하지만 성공적인 협상과 클로징에는 분명한 패턴과 방법론이 있습니다. 무작정 "안 된다"고 버티거나 "그럼 이렇게 해드리겠다"고 즉석에서 양보하는 것은 협상이 아닙니다. 진정한 협상은 체계적인 접근과 명확한 전략이 필요합니다.

(1) 협상의 4단계 프로세스

- **[1단계] 상대방 진짜 니즈 파악하기**: 고객이 "가격이 너무 비싸다"고 말할 때, 그 말을 액면 그대로 받아들이면 안 됩니다. 진짜 이유를 파악해야 합니다. 예산이 정말 부족한 것인지, 경쟁사와 비교했을 때 차이가 큰 것인지, 아니면 투자 대비 효과에 대한 확신이 부족한 것인지

를 알아야 합니다. "가격에 대한 우려가 있으시군요. 구체적으로 어떤 부분이 부담스러우신가요?"라고 물어보면, 진짜 문제가 드러나기 시작합니다.

- **[2단계] 협상 가능한 요소들 정리하기:** 가격만이 협상의 대상이 아닙니다. 납기, 결제 조건, 서비스 범위, 추가 혜택, 계약 기간 등 다양한 요소들이 있습니다. 미리 어떤 것들을 어느 정도까지 조정할 수 있는지 준비해두어야 합니다. 예를 들어, 가격은 5% 이상 할인이 어렵다면, 대신 무료 교육이나 연장 보증을 제공할 수 있는지 검토해봅니다.

- **[3단계] 상호 이익이 되는 해결책 제시하기:** 단순히 고객 요구에 맞춰주는 것이 아니라, 양쪽 모두에게 도움이 되는 방안을 찾아야 합니다. "가격을 10% 할인해드리는 대신, 계약 기간을 2년으로 연장하시면 어떨까요? 그러면 고객님은 장기적으로 더 안정적인 서비스를 받으실 수 있고, 저희도 안정적인 파트너십을 유지할 수 있습니다."

- **[4단계] 명확한 합의와 다음 단계 확정하기:** 막연하게 "검토해보겠다"로 끝내면 안 됩니다. 구체적으로 언제까지 무엇을 어떻게 할 것인지 명확하게 정해야 합니다. "그럼 제가 오늘 오후에 수정된 제안서를 보내드리고, 내일 오전에 최종 확인해주시면 될까요?"

(2) 클로징의 3가지 핵심 기법

- **가정 클로징:** 이미 계약이 성사된 것처럼 자연스럽게 다음 단계를 이야기하는 방법입니다. "언제부터 시작하시겠어요?" 또는 "담당자 교육은 언제 진행하면 좋을까요?"처럼 구매를 전제로 한 질문을 던집니

다. 고객이 자연스럽게 답변하면서 심리적으로 구매에 동의하게 됩니다.
- **대안 클로징**: 두 가지 선택지를 제시해서 고객이 선택하도록 하는 방법입니다. "A안과 B안 중에서 어느 것이 더 적합하다고 생각하세요?" 핵심은 '할 것인가 말 것인가'가 아니라 '어떤 것을 할 것인가'를 선택하게 만드는 것입니다.
- **긴급성 클로징**: 시간 제한이나 수량 제한을 활용하는 방법입니다. 단, 거짓이어서는 안 되고 진짜 제한이 있을 때만 사용해야 합니다. "이번 달 말까지 계약하시면 추가 할인이 가능합니다" 또는 "지금 남은 자리가 2개뿐입니다."

(3) 협상에서 피해야 할 3가지 실수

- **단 한 번의 거절에 포기하기**: 고객이 "아니에요, 괜찮습니다"라고 말했다고 해서 바로 포기하면 안 됩니다. 대부분의 고객은 처음에는 거절하는 것이 당연합니다. 최소 3번은 다른 각도에서 접근해봐야 합니다.
- **감정적으로 대응하기**: 고객이 까다로운 요구를 하거나 무리한 조건을 제시할 때 감정적으로 반응하면 협상이 틀어집니다. 항상 객관적이고 전문적인 태도를 유지해야 합니다.
- **근거 없는 양보하기**: 고객이 요구한다고 해서 무작정 양보하면 안 됩니다. 모든 양보에는 명확한 이유와 대가가 있어야 합니다. "이런 이유로 이 정도까지는 가능하지만, 대신 이것을 해주셔야 합니다."

2. 강점 영역별 협상 및 클로징 전략

여기서 중요한 것은, 어떤 강점이든 성공적인 협상과 클로징을 이끌어 낼 수 있다는 점입니다. 우리는 종종 "나는 단호하지 못해서 협상을 잘 못한다" 또는 "나는 순발력이 없어서 클로징 타이밍을 놓친다"는 편견에 빠지곤 합니다. 하지만 이는 협상과 클로징을 너무 획일적으로 바라보는 시각에서 비롯된 오해입니다.

뛰어난 영업 성과를 내는 사람들의 협상 스타일은 매우 다양합니다. 어떤 사람은 철저한 데이터와 논리로 상대방이 반박할 수 없게 만드는 반면, 다른 사람은 깊은 신뢰 관계와 공감을 바탕으로 부드럽게 합의를 이끌어냅니다. 또 다른 사람은 대담한 비전 제시로 가격 논쟁을 무의미하게 만들고, 또 다른 사람은 흔들리지 않는 책임감과 안정적인 실행 계획으로 마지막까지 신뢰를 줍니다.

핵심은 남의 방식을 따라 하는 것이 아니라, 내 고유의 강점을 협상과 클로징 과정에 어떻게 자연스럽게 녹여낼 수 있는가를 발견하는 것입니다. 각 강점 영역별로 제공되는 전략을 살펴보겠습니다.

(1) 실행력(Executing) 영역 전략: 약속과 책임으로 신뢰를 구축하라

실행력 영역의 강점을 가진 사람들은 협상과 클로징에서 가장 큰 무기인 '신뢰성'과 '안정성'을 발휘합니다. 이들은 화려한 언변이나 임기응변보다는, 약속한 것을 반드시 지킬 것이라는 믿음과 어떤 상황에서도 계획대로 실행될 것이라는 안정감을 통해 고객의 최종 결정을 이끌어냅니다. 고객들은 이들과 계약서에 서명할 때 "가장 안전한 선택을 했다"고 느끼게 됩니다.

① 명확한 기준과 원칙 제시

실행력 영역의 강점을 가진 사람들은 감정적인 줄다리기나 모호한 합의를 선호하지 않습니다. 대신 협상 과정에서 명확하고 객관적인 기준과 원칙을 제시하여 공정하고 투명한 논의를 이끌어 갑니다.

'**공정성(Consistency®)**' 강점을 가진 사람은 협상 테이블에서 특정인에 대한 예외나 특별 대우를 경계합니다. 이들은 "이 조건은 저희가 모든 고객에게 동일하게 적용하는 표준 정책입니다"라고 설명하며 논의의 기반을 단단히 다집니다. 이는 주관적인 흥정이 아닌 객관적인 절차에 따라 협상이 진행되고 있다는 인식을 주어, 고객이 특정 조건에 대해 불필요한 의심이나 기대를 갖지 않게 하고 상호 존중하는 분위기를 만듭니다. 고객은 이 공정한 원칙 앞에서 오히려 안정감을 느낍니다.

'**체계(Discipline®)**' 강점을 가진 사람은 협상의 잠재적인 혼돈에 질서를 부여합니다. 이들은 협상해야 할 항목들을 사전에 목록으로 만들고, 체계적인 순서에 따라 하나씩 논의를 진행합니다. 이는 감정적인 문제로 논점이 흐려지거나 중요한 계약 조건이 누락되는 것을 방지합니다. 고객은 잘 정돈된 로드맵을 따라가는 것처럼 편안함을 느끼며, 이 사람과는 모든 것을 꼼꼼하게 점검하고 넘어갈 수 있겠다는 확신을 갖게 됩니다.

② 구체적인 이행 계획과 책임 범위 명확화

실행력 영역의 강점을 가진 사람들은 "잘 해드리겠습니다"라는 막연한 약속 대신, 구체적인 이행 계획과 책임 범위를 명확히 함으로써 고객의 불안을 해소합니다.

'**책임(Responsibility®)**' 강점이 높은 사람은 계약서의 문구 하나하나를 자신의 양심과 주인의식(ownership)으로 받아들입니다. 이들은 "만약 약속된 성과가 기준에 미달할 경우, 이러한 방식으로 저희가 책임지고 개선 작업을 진행하겠습니다"라며 결과에 대한 완전한 소유권을 인정하는 태도를 보입니다. 이러한 태도는 고객에게 '이 사람은 절대 변명하거나 남 탓을 하지 않을 것'이라는 깊은 믿음을 주며, 계약의 무게감을 더합니다.

'**성취(Achiever®)**' 강점을 가진 사람은 최종 계약서에 단순히 결과물만 명시하는 것이 아니라, 프로젝트를 구체적인 실행 단위로 나누어 제시합니다. 월별, 분기별로 달성해야 할 명확한 마일스톤과 결과물을 포함시켜, 고객이 프로젝트의 진행 과정을 손에 잡힐 듯이 명확하게 예측할 수 있도록 합니다. 이는 거대하고 막막해 보이는 프로젝트를 일련의 성취 가능한 작은 목표들로 보이게 만들어, 고객이 느끼는 심리적 부담감을 크게 줄여줍니다.

③ 위험 요소에 대한 선제적 대응 및 보증

실행력 영역의 강점을 가진 사람들은 협상의 마지막 단계에서 고객이 망설이는 이유가 숨겨진 위험 요소에 대한 걱정 때문임을 잘 알고 있습니다.

'**심사숙고(Deliberative®)**' 강점을 가진 사람은 고객이 미처 생각하지 못했거나, 차마 입 밖으로 꺼내지 못하는 잠재적 리스크를 먼저 테이블 위에 올려놓습니다. 이들은 "고객님께서 가장 우려하시는 부분은 아마도 데이터 마이그레이션 과정의 오류일 것입니다. 저희는 이를 방지하기 위해 3단계의 검증 프로세스를 준비했습니다"와 같이 선제적으로 문제를 언급하고 철저한 대비책을 보여줌으로써 고객의 마지막 불안감까지 해소합니다.

'**복구(Restorative™)**' 강점을 가진 사람은 문제 해결 능력에 대한 강한 자신감을 보여줍니다. 이들은 "만약 예상치 못한 문제가 발생하더라도, 저희는 24시간 내에 가동되는 비상 대응팀과 사전에 약속된 해결 계획에 따라 즉시 조치할 수 있습니다"라며 구체적인 해결 시나리오를 제시합니다. 이는 고객에게 '희망'이 아닌 '확신'을 판매하는 것이며, 어떤 일이 생겨도 해결할 수 있는 든든한 파트너를 얻는다는 안도감을 줍니다.

(2) 영향력(Influencing) 영역 전략: 가치 극대화와 긴급성으로 결정을 이끌어내라

영향력 영역의 강점을 가진 사람들은 협상과 클로징에서 가장 큰 무기인 '동기 부여'와 '설득력'을 발휘합니다. 이들은 가격이나 조건 같은 세부 사항에 매몰되기보다, 이 계약을 통해 얻게 될 더 큰 가치와 비전을 상기시켜 고객이 스스로 결정을 내리도록 강력한 추진력을 제공합니다. 고객들은 이들과의 협상 끝에 "이 기회를 놓치면 안 된다"는 강한 열망을 느끼게 됩니다.

① 가치 재확인 및 비전 상기
　영향력 영역의 강점을 가진 사람들은 협상이 세부적인 조건으로 흐를 때, 대화의 초점을 다시 본질적인 가치와 비전으로 되돌리는 데 능숙합니다.

　'최상화(Maximizer®)' 강점을 가진 사람은 고객의 선택이 평범한 결정이 아닌 탁월한 결정임을 끊임없이 재확인시킵니다. 이들은 "지금 논의하는 이 비용은 단순히 지출이 아니라, 귀사의 독보적인 강점을 업계 최고 수준으로 끌어올려 누구도 넘볼 수 없는 위치를 차지하기 위한 가장 효과적인 투자입니다"라며 가격 논쟁을 가치 논쟁으로 승화시킵니다. 고객은 이를 통해 자신이 현명한 투자를 하고 있다는 자부심을 느끼게 됩니다.

　'존재감(Significance®)' 강점을 가진 사람은 고객이 꿈꾸는 가장 원대한 목표를 다시 한번 눈앞에 생생하게 그려줍니다. 이들은 "잠시 이 숫자들은 잊고, 이 프로젝트가 성공적으로 마무리되었을 때, 업계 컨퍼런스에서 모든 사람의 주목을 받으며 발표하고 계실 대표님의 모습을 상상해보십시오"라며 고객의 명예와 자부심을 자극합니다. 사소한 이견들은 이 거대한 비전 앞에서 부차적인 것으로 축소됩니다.

② 결정의 긴급성과 기회비용 강조
　영향력 영역의 강점을 가진 사람들은 고객이 결정을 망설일 때, '지금' 행동해야 하는 이유를 강력하게 제시하여 모멘텀을 만들어냅니다.

　'행동(Activator®)' 강점을 가진 사람은 지연이 가져오는 손실을 명확하게 제시하여 의사결정을 촉진합니다. 이들은 "이 결정이 한 달 늦어질수록, 우리가 함께 만들어낼 멋진 미래와 그로 인한 수익 역시 한 달씩 멀어지는 것입니다. 시간은 우리를 기다려주지 않습니다"라며 머뭇거림의 대가를 구체적으로 느끼게 합니다. 이들은 망설임에 빠진 고객의 등을 가장 효과적으로 떠밀어주는 존재입니다.

'승부(Competition®)' 강점을 가진 사람은 경쟁 구도를 활용하여 고객의 승부욕을 자극하고, 신속한 결정을 촉구합니다. 이들은 "경쟁사인 B사 역시 최근 이 분야에 대한 투자를 발표했습니다. 시장의 주도권을 잡기 위해서는 반 보라도 먼저 움직이는 기업이 모든 것을 가져가게 될 것입니다. 지금이 바로 그 순간입니다"라며, 협상을 내부의 문제가 아닌 외부와의 치열한 경쟁 상황으로 인식시킵니다.

③ 확신에 찬 태도와 담대한 결정 유도

영향력 영역의 강점을 가진 사람들은 클로징 순간에 특유의 자신감과 에너지로 분위기를 압도하며 고객의 결정을 이끌어냅니다.

'자기확신(Self-Assurance®)' 강점이 높은 사람은 자신의 제안과 능력에 대한 흔들림 없는 믿음을 온몸으로 보여줍니다. 이들의 단단한 목소리와 확신에 찬 눈빛은 그 자체로 가장 강력한 설득의 도구가 됩니다. 이러한 압도적인 확신은 고객에게 그대로 전이되어, "이 사람의 자신감에는 분명한 이유가 있을 것이다. 믿고 가도 되겠다"는 생각을 갖게 만들어 마지막 망설임을 걷어냅니다.

'주도력(Command®)' 강점이 높은 사람은 고객이 여러 선택지 앞에서 혼란스러워할 때, 단호하고 명쾌하게 방향을 제시하여 상황을 정리합니다. 이들은 "지금 상황에서는 여러 가능성을 저울질하기보다, 가장 강력하고 확실한 C안으로 모든 역량을 집중하는 것이 필요합니다. 저를 믿고 결단하십시오. 실행은 저희가 책임지겠습니다"라며 리더가 결정을 내릴 수 있도록 길을 터주고, 그 결정에 대한 부담을 덜어줍니다.

(3) 관계 구축(Relationship Building) 영역 전략: 장기적 파트너십으로 합의점을 찾아라

관계 구축 영역의 강점을 가진 사람들은 협상과 클로징에서 가장 큰 무기인 '신뢰'와 '공감'을 발휘합니다. 이들은 협상을 이기고 지는 싸움으로 보지 않고, 양측 모두가 만족하고 앞으로의 관계가 더욱 돈독해지는 과정으로 만듭니다. 고객들은 이들과의 협상을 통해 "내 입장을 존중받고 있다"는 느낌을 받으며, 기꺼이 마음을 열고 합의에 이르게 됩니다.

① 고객의 입장과 감정에 대한 공감적 이해

관계 구축 영역의 강점을 가진 사람들은 협상 테이블에서 상대방의 요구사항 이면에 있는 감정과 개인적 상황을 먼저 헤아립니다.

'공감(Empathy®)' 강점을 가진 사람은 고객이 가격 할인을 요청할 때, 그저 비용을 아끼려는 의도뿐만 아니라 예산 승인을 받아야 하는 내부적인 압박감이나 스트레스를 느끼고 있음을 민감하게 감지합니다. 이들은 "이 문제를 해결하셔야 하는 팀장님의 어려운 입장이 충분히 이해됩니다. 저라도 같은 고민을 했을 겁니다"라며 먼저 고객의 감정을 깊이 인정하고, 대립 구도가 아닌 따뜻한 협력의 분위기를 조성합니다.

'절친(Relator®)' 강점을 가진 사람은 이미 깊게 형성된 신뢰 관계를 바탕으로, 협상의 막후에서 진솔한 대화를 유도합니다. 이들은 공식적인 미팅이 끝난 후 "솔직하게 말씀해 주실 수 있나요? 다른 사람들 앞에서는 하기 어려운, 진짜 우려되시는 부분이 무엇인지 알아야 저도 최선을 다해 도울 수 있습니다."라며, 고객이 개인적인 고민까지 털어놓을 수 있는 안전한 공간을 제공합니다.

② 상호 이익이 되는 창의적 대안 모색

관계 구축 영역의 강점을 가진 사람들은 한 가지 쟁점에 대해 대립하기보다, 양측 모두에게 이익이 되는 창의적인 대안을 찾아내는 데 뛰어납니다.

'화합(Harmony®)' 강점을 가진 사람은 양측의 입장이 팽팽하게 맞서는 상황에서 갈등을 피하면서도 실질적인 합의점을 찾는 데 능숙합니다. 이들은 가격 할인 요구에 대해 단순히 거절하기보다, "가격 조정은 어렵지만, 그 대신 저희가 무상 유지보수 기간을 1년 더 연장해드리는 것은 어떨까요? 그것이 장기적으로는 더 큰 이익이 되실 수 있습니다"라며 모두가 만족할 수 있는 제3의 길을 모색합니다.

'개별화(Individualization®)' 강점을 가진 사람은 고객의 독특한 상황과 제약 조건을 해결해 줄 맞춤형 해결책을 제시합니다. 이들은 "다른 고객들과 달리 초기 도입 비용이 특히 부담스러우시다면, 이번 프로젝트에 한해 월별 분납 방식으로 지불 조건을 조정해 드릴 수 있습니다"라며, 표준 정책을 고수하기보다 고객 한 사람을 위한 유연성을 발휘하여 교착 상태를 현명하게 해결합니다.

③ 장기적 파트너십 약속과 신뢰 강화

관계 구축 영역의 강점을 가진 사람들에게 클로징은 거래의 끝이 아니라, 장기적인 파트너십의 공식적인 시작입니다.

'개발(Developer®)' 강점을 가진 사람은 계약을 고객의 성장을 돕는 약속으로 생각합니다. 이들은 "이번 계약은 시작일 뿐입니다. 저희는 앞으로 3년간 귀사의 성장을 돕는 최고의 파트너가 되어 드릴 것을 약속합니다. 분기별 성장 보고서를 함께 검토하며 다음 단계를 모색하시죠"라며, 계약이 일회성 이벤트가 아닌 지속적인 성장 여정의 일부임을 강조합니다.

'긍정(Positivity®)' 강점을 가진 사람은 협상 과정에서 발생할 수 있는 약간의 긴장감마저도 긍정적인 에너지로 전환시키는 힘이 있습니다. 이들은 협상이 마무리될 때 "이렇게 함께 고민하고 솔직하게 의견을 나누는 과정이 있었기에 우리의 파트너십은 시작부터 더욱 단단해질 것이라고 믿습니다. 앞으로가 정말 기대됩니다!"라며, 계약의 성사를 모두가 함께 축하하는 즐거운 이벤트로 만듭니다.

(4) 전략적 사고(Strategic Thinking) 영역 전략: 객관적 기준과 대안 제시로 합의 도출

전략적 사고 영역의 강점을 가진 사람들은 협상과 클로징에서 가장 큰 무기인 '논리'와 '통찰력'을 발휘합니다. 이들은 감정적인 줄다리기나 힘겨루기 대신, 객관적인 데이터와 합리적인 분석을 통해 양측 모두에게 가장 이익이 되는 최적의 합의점을 찾아냅니다. 고객들은 이들과의 협상을 통해 "가장 현명하고 이성적인 결정을 내렸다"는 만족감을 느끼게 됩니다.

① 객관적인 기준과 데이터 제시

전략적 사고 영역의 강점을 가진 사람들은 협상의 출발점을 '주장'이 아닌 '사실'에 둡니다. 이들은 감정적인 논쟁을 피하기 위해 객관적인 기준을 협상 테이블 위로 가져옵니다.

'분석(Analytical®)' 강점을 가진 사람은 가격 협상 시, 자신의 주장을 뒷받침하는 구체적인 데이터를 제시합니다. 이들은 "저희 제안 가격은 동종 업계의 평균 시장 가격 및 경쟁사 가격과 비교했을 때, 저희가 제공하는 서비스 수준과 기술적 우위를 고려하면 매우 합리적인 수준에 있습니다. 여기 관련 자료를 보시죠"라며, 논의를 주관적인 감정의 영역에서 객관적인 사실의 영역으로 이동시킵니다.

'지적사고(Intellection®)' 강점을 가진 사람은 논의의 본질을 파고들어 프레임을 재설정합니다. 이들은 "이 논의의 핵심은 단순히 몇 퍼센트의 비용을 줄이는 것이 아니라, 이 투자를 통해 얻게 될 장기적인 ROI를 어떻게 극대화할 것인가 하는 점입니다. 이 관점에서 본다면, 초기 비용보다 더 중요한 것은…"이라며, 고객이 더 높은 차원에서 이성적인 판단을 할 수 있도록 시야를 넓혀줍니다.

② 다양한 대안 비교 분석

전략적 사고 영역의 강점을 가진 사람들은 '이것 아니면 저것'이라는 이분법적 사고에서 벗어나, 여러 대안을 동시에 고려하고 각각의 장단점을 분석하는 데 능숙합니다.

'전략(Strategic®)' 강점을 가진 사람은 협상이 교착 상태에 빠졌을 때, 현재의 제안 외에 실행 가능한 여러 대안(creative alternatives)을 테이블 위에 올려놓습니다. 그리고 각 대안을 선택했을 때 1년, 3년 후에 펼쳐질 결과를 논리적으로 시뮬레이션하여, 현재의 합의안이 왜 장기적으로 가장 현명한 선택인지를 고객이 스스로 깨닫게 만듭니다. 이들은 답을 강요하는 것이 아니라, 최선의 답으로 가는 길을 보여줍니다.

'발상(Ideation®)' 강점을 가진 사람은 막혀 있는 협상의 물꼬를 트기 위해 기존에 논의되지 않았던 완전히 새로운 형태의 거래 구조나 협력 방식을 제안합니다. 예를 들어, "만약 저희가 솔루션만 제공하는 것이 아니라, 운영 수익의 일부를 공유하는 파트너십 모델을 도입한다면 어떻겠습니까?"와 같은 창의적인 아이디어를 통해 양측의 이해관계를 일치시키는 새로운 판을 짭니다.

③ 미래 가치와 장기적 관점에서의 설득

전략적 사고 영역의 강점을 가진 사람들은 현재의 비용이나 조건에만 매몰되지 않고, 이 결정이 가져올 미래의 가치와 장기적인 이익에 초점을 맞춰 고객을 설득합니다.

'미래지향(Futuristic®)' 강점을 가진 사람은 현재의 비용을 미래를 위한 전략적 투자로 완벽하게 재정의합니다. 이들은 "지금 논의되는 이 투자는 단순히 비용이 아니라, 3년 후 귀사가 상상하는 바로 그 미래, 즉 시장을 선도하는 혁신 기업이 되기 위한 입장권과도 같습니다. 그 미래를 위해 이 정도의 투자는 기꺼이 하실 수 있지 않겠습니까?"라며, 고객의 시선을 현재가 아닌 미래로 향하게 합니다.

'회고(Context®)' 강점을 가진 사람은 과거의 역사를 통해 현재 결정의 중요성을 설득력 있게 증명합니다. 이들은 "10년 전, 인터넷이 처음 도입될 때 과감한 투자를 망설였던 기업들은 모두 사라졌습니다. 반면 그때 기회를 잡았던 기업들은 지금 업계의 리더가 되었습니다. 역사가 증명하듯이, 지금 AI 시대의 초입에서 내리는 이 결정이 바로 그때와 같은 무게를 가집니다"라며, 역사적 통찰을 통해 제안에 힘을 싣습니다.

11장. 나의 강점으로 고객 유지 및 장기 관계 구축하기

1. 고객 유지의 핵심: 거래의 끝이 아니라 관계의 시작이다.

세일즈에서 가장 간과되기 쉬운 진실이 하나 있습니다. 바로 신규 고객 1명을 획득하는 비용이 기존 고객 한 명을 유지하는 비용보다 5~25배 더 비싸다는 것입니다. 그럼에도 불구하고 대부분의 영업 담당자들은 계약서에 서명을 받는 순간 "미션 컴플리트"라고 생각하며 다음 신규 고객 발굴에만 몰두합니다. 이는 마치 큰 노력으로 얻은 다이아몬드를 길바닥에 버리고 새로운 다이아몬드를 찾으러 가는 것과 같습니다.

하지만 더 중요한 것은 숫자가 아닙니다. 진정한 세일즈의 성공은 고객 생애 가치에서 결정됩니다. 한 번 거래하고 끝나는 고객과 10년간 지속적으로 거래하는 고객의 가치는 하늘과 땅 차이입니다. 더 나아가 만족한 고객이 추천을 통해 가져다주는 신규 고객까지 고려하면, 고객 유지의 경제적 가치는 상상을 초월합니다.

(1) 고객 유지의 3단계 진화 과정

성공적인 고객 유지는 단순히 "연락을 자주 하기"나 "문제가 생기면 해결해주기"가 아닙니다. 진정한 고객 유지는 다음과 같은 진화 과정을 거칩니다.

- **[1단계] 만족(Satisfaction)**: 약속한 가치 실현하기 첫 번째 단계는 애초에 약속했던 가치를 확실히 전달하는 것입니다. 도입 효과가 기대만큼 나오지 않거나, 사용법을 제대로 모르거나, 예상치 못한 문제가 발생하면 고객은 실망하게 됩니다. 이 단계에서는 고객이 "계약할 때 들었던 그 이야기가 정말이었구나"라고 느끼게 만드는 것이 핵심입니다. 정기적인 점검, 사용 현황 모니터링, 문제 해결 지원 등이 주요 활동입니다.
- **[2단계] 성공(Success)**: 기대 이상의 성과 창출하기 두 번째 단계는 고객이 애초 기대했던 것보다 더 큰 성과를 거두도록 돕는 것입니다. 단순히 문제없이 사용하는 것을 넘어서, 추가적인 활용 방법을 제안하고, 더 큰 효과를 낼 수 있는 방안을 함께 찾아냅니다. 이 단계에서 고객은 "이 사람들과 일하길 정말 잘했다"고 느끼게 됩니다.
- **[3단계] 확산(Advocacy)**: 자발적 홍보대사 만들기 세 번째 단계는 고객이 우리의 자발적인 홍보대사가 되도록 하는 것입니다. 성공 경험이 너무 좋아서 다른 사람들에게도 추천하고 싶어 하고, 우리와의 파트너십을 자랑스럽게 여기게 됩니다. 이 단계의 고객은 우리에게 새로운 기회를 소개해주고, 레퍼런스를 제공하며, 때로는 우리 제품이나 서비스 개선에 대한 아이디어까지 제공합니다.

(2) 고객 이탈의 5가지 주요 원인과 예방법

고객이 떠나는 이유를 정확히 알아야 효과적인 유지 전략을 세울 수 있습니다. 연구에 따르면 고객 이탈의 주요 원인과 그 비중은 다음과 같습니다.

- **무관심과 소홀함 (68%)**: 가장 큰 원인은 "관심 부족"입니다. 제품에 문제가 있어서가 아니라, 계약 후 연락이 뜸해지고 관심을 보이지 않아서 떠나는 경우가 가장 많습니다. 고객은 "우리는 돈만 받고 나면 끝인가보다"라고 느끼게 됩니다. 정기적인 접촉과 관심 표현이 핵심입니다. "잘 사용하고 계신가요?"가 아니라 "더 좋은 효과를 내실 방법을 찾았는데 공유드려도 될까요?"처럼 가치 있는 접촉을 유지해야 합니다.

- **문제 해결 미흡 (14%)**: 두 번째는 문제가 발생했을 때 제대로 해결해주지 못하는 경우입니다. 특히 문제 해결 과정에서의 소통 부족이나 책임 회피가 고객의 신뢰를 크게 손상시킵니다. 문제 발생 시 즉시 대응하고, 해결 과정을 투명하게 공유하며, 재발 방지 대책까지 함께 제시해야 합니다.

- **가격 대비 가치 부족 (9%)**: 세 번째는 시간이 지나면서 가격 대비 가치가 떨어진다고 느끼는 경우입니다. 처음에는 만족했지만, 점차 "이 정도 비용에 이 정도 효과면 다른 대안도 있을 것 같다"고 생각하게 됩니다. 지속적인 가치 증명과 새로운 혜택 제공이 필요합니다. 정기적으로 성과를 측정하고 공유하며, 추가적인 가치를 창출할 방법을 제안해야 합니다.

- **경쟁사의 더 좋은 조건 (5%)**: 네 번째는 경쟁사가 더 좋은 조건을 제시하는 경우입니다. 가격이 더 저렴하거나 기능이 더 우수한 대안이 나타날 때 고객이 이탈할 수 있습니다. 시장 동향을 지속적으로 모니터링하고, 우리만의 차별화된 가치를 강화해야 합니다. 경쟁사가 따라할 수 없는 서비스나 관계적 가치를 구축하는 것이 중요합니다.
- **비즈니스 환경 변화 (4%)**: 다섯 번째는 고객사의 사업 환경이나 전략이 바뀌는 경우입니다. 인수합병, 사업 구조 조정, 새로운 경영진 부임 등으로 기존 관계가 무력화될 수 있습니다. 고객사의 변화를 미리 감지하고, 새로운 환경에 맞는 가치 제안을 준비해야 합니다. 다양한 레벨의 관계자들과 폭넓은 관계를 유지하는 것도 중요합니다.

2. 강점 영역별 고객 유지 전략 및 관계 강화 전략

여기서 중요한 것은, 어떤 강점이든 고객의 충성도를 높이고 장기적인 파트너십을 구축할 수 있다는 점입니다. 우리는 종종 "나는 새로운 고객을 만나는 것은 잘하지만, 기존 고객 관리는 서툴다" 또는 "나는 꼼꼼하지 못해서 고객을 잘 챙기지 못한다"는 편견에 빠지곤 합니다. 하지만 이는 고객 유지를 너무 획일적인 방식으로만 바라보기 때문에 생기는 오해입니다.

고객과 오랫동안 훌륭한 관계를 유지하는 사람들의 스타일은 매우 다양합니다. 어떤 사람은 칼날 같은 분석과 통찰력으로 고객에게 없어서는 안 될 전략적 파트너가 되는 반면, 다른 사람은 한결같은 책임감과 안정감으로 고객이 두 발 뻗고 잘 수 있게 해줍니다. 또 다른 사람은 특유의 친화력과 인간적인 매력으로, 또 다른 사람은 끊임없는 격려와 성공 경험의 공유로 고객의 마음을 사로잡습니다.

핵심은 남의 방식을 따라 하는 것이 아니라, 내 고유의 강점을 고객 유지 활동에 어떻게 자연스럽게 녹여낼 수 있는가를 발견하는 것입니다. 각 강점 영역별로 제공되는 전략을 살펴보겠습니다.

(1) 실행력(Executing) 영역 전략: 체계적인 관리와 책임감으로 신뢰를 증명하라

실행력 영역의 강점을 가진 사람들은 고객 유지에서 가장 큰 무기인 '신뢰성'과 '예측 가능성'을 발휘합니다. 이들은 한번 뱉은 말은 반드시 지키고, 계획된 것은 반드시 실행합니다. 고객들은 이들과의 관계에서 어떤 일이 생겨도 약속대로 처리될 것이라는 강한 믿음을 갖게 되며, 이러한 흔들림 없는 안정감 때문에 이들을 계속해서 찾게 됩니다.

① 정기적인 점검과 체계적인 성과 관리
실행력 영역의 강점을 가진 사람들은 계약 이후의 과정을 방치하지 않고, 체계적인 시스템을 통해 고객의 성공을 관리하고 증명합니다.

'체계(Discipline®)' 강점을 가진 사람은 계약 후 고객 관리 프로세스를 명확하게 수립하고, 정해진 주기에 따라 정기적으로 소통하며 약속된 성과가 제대로 나타나고 있는지 꼼꼼하게 점검합니다. 이들은 분기별 성과

보고서나 연간 리뷰 미팅을 통해 고객이 투자 효과를 명확히 인지하게 함으로써, 관계가 느슨해지는 것을 방지하고 지속적인 가치를 증명합니다.

'공정성(Consistency®)' 강점을 가진 사람은 모든 고객에게 동일한 수준의 높은 품질의 서비스를 제공하기 위해 노력합니다. 이들은 특정 고객에게만 집중하는 대신, 모든 고객이 표준화된 절차에 따라 공정한 지원을 받고 있다는 느낌을 갖게 합니다. 이러한 일관된 관리 시스템은 고객에게 "모든 과정이 명확하고 일관되게 운영되고 있다"는 안정감을 주며, 이는 장기적인 신뢰의 기반이 됩니다.

② 문제 발생 시 신속하고 책임감 있는 해결

실행력 영역의 강점을 가진 사람들은 문제가 발생했을 때 진정한 가치를 드러냅니다. 이들은 문제를 회피하거나 변명하지 않고, 해결해야 할 과제로 정면 돌파합니다.

'복구(Restorative™)' 강점을 가진 사람은 고객에게 문제가 생겼다는 소식을 들었을 때, 오히려 자신의 문제 해결 능력을 증명할 기회로 여기고 활력을 느낍니다. 이들은 문제의 원인을 진단하고 해결책을 찾아 실행하는 과정 자체를 즐기며, 고객의 문제를 완벽하게 해결해 줌으로써 이전보다 더 강한 신뢰를 얻어냅니다. 고객은 이들을 통해 '문제가 생겨도 괜찮다'는 확신을 갖습니다.

'책임(Responsibility®)' 강점이 높은 사람은 문제가 발생했을 때 절대 고객이나 다른 사람을 탓하지 않습니다. 이들은 "저희의 책임입니다. 반드시 해결하겠습니다"라며 문제에 대한 완전한 소유권을 인정하고, 밤을 새워서라도 해결책을 찾아냅니다. 이처럼 자신의 약속과 결과물에 대해 끝까지 책임을 지는 모습은 고객에게 그 어떤 말보다 깊은 신뢰감을 줍니다.

③ 약속의 지속적인 이행과 안정적인 지원

실행력 영역의 강점을 가진 사람들은 시간이 지나도 변치 않는 꾸준함으로 고객과의 약속을 이행하며, 관계의 안정성을 유지합니다.

'성취(Achiever®)' 강점을 가진 사람은 계약 시 약속했던 교육, 기술 지원, 추가 제공 자료 등 모든 항목을 체크리스트로 만들어 하나도 빠짐없이 완료합니다. 이들은 '할 일 목록'을 모두 지워나가는 과정에서 스스로 큰 만족감을 느끼며, 이러한 성실함은 고객에게 "이 사람은 작은 약속 하나도 허투루 넘기지 않는다"는 믿음을 줍니다.

'심사숙고(Deliberative®)' 강점을 가진 사람은 고객이 앞으로 겪을 수 있는 잠재적 위험을 미리 예측하고, 사전에 예방할 수 있는 방법을 제안합니다. 이들은 "현재 시스템을 이렇게 사용하시면 1년 뒤에 데이터 용량 문제가 발생할 수 있습니다. 미리 대비하시는 것이 좋겠습니다"와 같이 신중한 조언을 통해, 고객이 미래의 문제를 피할 수 있도록 돕는 든든한 위험 관리 파트너가 되어줍니다.

(2) 영향력(Influencing) 영역 전략: 성공을 전파하여 열정적인 팬으로 만들어라

영향력 영역의 강점을 가진 사람들은 고객 유지에서 가장 큰 무기인 '영감'과 '열정'을 발휘합니다. 이들은 단순히 고객으로 머무르게 하는 것이 아니라, 그들의 성공을 널리 알리고 더 큰 비전을 제시함으로써 고객을 열정적인 '팬'으로 만듭니다. 고객들은 이들과의 관계를 통해 지속적으로 성장하고 있다는 느낌과 함께, 더 큰 성공을 향한 강한 동기를 부여받습니다.

① 고객의 성공을 대외적으로 알리고 함께 축하하기

영향력 영역의 강점을 가진 사람들은 고객의 성공을 자신의 성공처럼 기뻐하고, 그 성공이 더 빛나도록 돕는 일에 앞장섭니다.

'존재감(Significance®)' 강점을 가진 사람은 고객의 성공을 단순히 고객만의 성과가 아닌, 자신의 안목과 노력이 만들어낸 중요한 결과물로 여깁니다. 따라서 이들은 자신이 이뤄낸 이 '의미 있는 성공'이 조용히 묻히는 것을 원치 않습니다. 그들은 이 성공 사례를 외부에 적극적으로 알림으로써 자신과 자신의 회사의 신뢰를 높입니다.

'커뮤니케이션(Communication®)' 강점이 뛰어난 사람은 고객의 성공 스토리를 한 편의 영화처럼 흥미진진하게 만들어냅니다. 이들은 성공 사례 발표 자료나 인터뷰 기사를 작성할 때, 딱딱한 데이터 나열이 아닌 감동적인 스토리텔링을 통해 그 성공의 의미를 극대화합니다. 이들이 만들어준 멋진 이야기는 고객에게 큰 선물이 되며, 둘 사이의 유대를 강화합니다.

② 새로운 목표와 비전 제시를 통한 지속적인 동기 부여

영향력 영역의 강점을 가진 사람들은 하나의 성공에 안주하지 않고, 고객이 더 높은 곳을 바라보도록 끊임없이 자극하고 격려합니다.

'**최상화(Maximizer®)**' 강점을 가진 사람은 고객이 거둔 성공을 분석하여, 그 안에 숨겨진 또 다른 잠재력과 강점을 발견해냅니다. 이들은 "이번 성공을 통해 우리는 OO라는 새로운 강점을 발견했습니다. 이 강점을 활용하면, 우리가 아직 진출하지 않은 새로운 시장까지 공략할 수 있습니다"라며, 현재의 성공을 더 큰 성공을 위한 발판으로 재해석하고 제시합니다.

'**승부(Competition®)**' 강점을 가진 사람은 고객이 업계 1위의 자리를 유지하고 경쟁자들과의 격차를 더욱 벌릴 수 있도록 동기를 부여합니다. 이들은 "이번 성공으로 우리는 경쟁사보다 한발 앞서 나갔습니다. 하지만 그들도 곧 우리를 따라올 것입니다. 2위가 도저히 따라올 수 없는 압도적인 격차를 만들기 위한 다음 전략을 지금부터 준비해야 합니다"라며, 고객이 긴장의 끈을 놓지 않고 끊임없이 전진하도록 이끕니다.

③ 내부 영향력 강화 및 관계 확장 지원

영향력 영역의 강점을 가진 사람들은 고객 담당자가 조직 내에서 더 큰 영향력을 발휘하고 인정받을 수 있도록 적극적으로 서포트합니다.

'**주도력(Command®)**' 강점을 가진 사람은 고객 담당자가 경영진에게 프로젝트의 성과를 보고하고 다음 단계의 예산을 확보해야 할 때, 기꺼이 함께 미팅에 참여하여 지원 사격을 해줍니다. 이들의 단호하고 설득력 있는 발언은 고객 담당자의 주장에 힘을 실어주며, 조직 내 입지를 강화하는 데 큰 도움이 됩니다.

'**사교성(Woo®)**' 강점을 가진 사람은 고객 담당자가 조직 내 다른 부서의 핵심 인물들과 좋은 관계를 맺을 수 있도록 자연스럽게 다리를 놓아줍니다. 이들은 특유의 친화력으로 새로운 사람들을 소개하고 긍정적인 분위기를 만들어, 고객 담당자가 더 넓은 지지 기반을 확보하도록 돕습니다. 이들에게 고객 유지는 한 사람과의 관계가 아닌, 조직 전체와의 관계로 확장됩니다.

(3) 관계 구축(Relationship Building) 영역 전략: 진정성 있는 관계로 평생 고객을 만들어라

관계 구축 영역의 강점을 가진 사람들은 고객 유지에서 가장 큰 무기인 '진정성'과 '인간적인 유대감'을 발휘합니다. 이들은 비즈니스라는 틀을 넘어, 고객 한 사람 한 사람을 소중한 인연으로 여기고 진심으로 대합니다. 고객들은 이들과의 관계에서 비즈니스 파트너 이상의 깊은 신뢰와 편안함을 느끼며, 어떤 상황에서도 자신을 지지해 줄 평생의 동반자를 얻었다고 생각하게 됩니다.

① 비즈니스를 넘어선 개인적인 관심과 교류

관계 구축 영역의 강점을 가진 사람들은 비즈니스와 관련 없는 순간에도 고객을 기억하고, 인간적인 관계를 꾸준히 이어갑니다.

'절친(Relator®)' 강점을 가진 사람은 고객의 개인적인 대소사를 진심으로 챙깁니다. 자녀의 대학 입학 소식에 축하 메시지를 보내고, 건강 문제로 힘들어할 때는 따뜻한 위로를 건네는 등 고객의 삶에 자연스럽게 스며듭니다. 이러한 꾸준하고 진정성 있는 교류는 고객에게 '이 사람은 나를 비즈니스 상대로만 보는 것이 아니구나'라는 깊은 감동과 신뢰를 줍니다.

'공감(Empathy®)' 강점을 가진 사람은 고객의 감정 변화를 예민하게 감지하고, 그들이 힘든 시기를 겪고 있을 때 가장 먼저 알아차리고 다가갑니다. 이들은 해결책을 제시하기보다 먼저 "요즘 많이 힘드시죠"라며 그 마음을 알아주고, 묵묵히 이야기를 들어주는 것만으로도 고객에게 큰 위안이 됩니다. 이들은 고객의 가장 든든한 감정적 지지자가 됩니다.

② 고객 맞춤형 정보 제공과 진정성 있는 도움

관계 구축 영역의 강점을 가진 사람들은 고객 개개인에게 실질적으로 도움이 되는 것을 끊임없이 고민하고 제공합니다.

'개별화(Individualization®)' 강점을 가진 사람은 전체 고객에게 보내는 일관된 뉴스레터 대신, 특정 고객 한 사람의 관심사에 딱 맞는 맞춤형 정보를 찾아 공유합니다. 예를 들어, 특정 산업 동향에 관심이 많은 고객에게는 관련 아티클을 보내주고, 특정 취미를 가진 고객에게는 관련 정보를 알려주는 등, 그 사람만을 위한 세심한 배려를 통해 감동을 줍니다.

'**개발(Developer®)**' 강점을 가진 사람은 고객 개인의 성장뿐만 아니라, 고객사 직원들의 잠재력을 발견하고 그들의 성장을 돕는 데서 큰 보람을 느낍니다. 이들은 고객사 주니어 직원의 작은 성공을 칭찬해주거나, 그들의 역량 개발에 도움이 될 만한 자료나 교육을 추천하는 등, 고객 조직 전체의 성장에 기여하는 멘토와 같은 역할을 합니다.

③ 고객 커뮤니티 형성과 긍정적 관계망 구축

관계 구축 영역의 강점을 가진 사람들은 고객들을 서로 연결하여, 긍정적이고 지지적인 관계망, 즉 커뮤니티를 형성하는 데 기여합니다.

'**포용(Includer®)**' 강점을 가진 사람은 자신들의 고객들을 초청하여 함께 교류할 수 있는 소규모 세미나나 간담회를 주최하는 것을 즐깁니다. 이들은 모든 고객이 소외되지 않고 서로의 경험과 지식을 나눌 수 있는 자리를 만들어, 고객들이 자신들 외에도 다른 든든한 동료들을 얻었다는 소속감을 느끼게 합니다.

'**긍정(Positivity®)**'과 '**연결성(Connectedness®)**' 강점을 가진 사람은 이러한 고객 모임이 항상 즐겁고 의미 있는 시간이 되도록 만듭니다. 이들은 밝고 따뜻한 에너지로 분위기를 주도하고, 고객들이 함께 모여 시너지를 내는 것이 얼마나 가치 있는 일인지를 강조하며, 고객과 자신, 그리고 고객들 사이의 관계가 단순한 비즈니스를 넘어 더 큰 의미로 연결되어 있음을 느끼게 합니다.

(4) 전략적 사고(Strategic Thinking) 영역 전략: 통찰과 비전으로 대체 불가능한 존재가 되라

전략적 사고 영역의 강점을 가진 사람들은 고객 유지에서 가장 큰 무기인 '지적인 가치'와 '미래에 대한 통찰력'을 발휘합니다. 이들은 단순히 친절한 담당자를 넘어, 고객 비즈니스에 없어서는 안 될 전략적 파트너가 됩니다. 고객들은 이들과의 관계를 통해 혼자서는 결코 얻을 수 없는 귀중한 통찰을 얻게 되며, 이들을 잃는 것을 심각한 비즈니스 손실로 여기게 되어 관계를 계속 유지하려고 합니다.

① 정기적인 산업 동향 및 데이터 기반 인사이트 제공

전략적 사고 영역의 강점을 가진 사람들은 고객이 미처 신경 쓰지 못하는 거시적인 변화와 데이터를 분석하여, 가치 있는 정보를 정기적으로 제공합니다.

'분석(Analytical®)' 강점을 가진 사람은 고객의 데이터를 정기적으로 분석하여, 눈에 띄는 성과나 잠재적인 문제점을 담은 인사이트 보고서를 제공합니다. 이들은 "지난 분기 데이터를 분석해보니, A 제품의 고객 이탈률이 소폭 상승한 경향이 보입니다. 원인을 좀 더 깊이 파악해볼 필요가 있겠습니다"와 같이, 데이터에 기반한 객관적인 사실을 통해 고객이 더 나은 의사결정을 하도록 돕습니다.

'수집(Input®)' 강점을 가진 사람은 정보의 바다 속에서 고객에게 꼭 필요한 '진주'를 걸러내어 전달하는 뛰어난 큐레이터입니다. 이들은 매일 수많은 뉴스와 보고서를 접하며, 그중에서 특정 고객의 비즈니스에 직접적인 영향을 줄 수 있는 핵심 정보만을 선별하여 "대표님, 오늘 아침에 나온 이 기사가 대표님의 신사업 계획에 중요한 시사점을 줄 것 같아 공유드립니다"라며 맞춤형 정보를 제공합니다.

② 고객의 다음 전략에 대한 지적 파트너 역할

전략적 사고 영역의 강점을 가진 사람들은 고객의 현재 상황을 넘어, 미래 전략을 함께 고민하는 핵심적인 지적 파트너의 역할을 수행합니다.

'**전략(Strategic®)**' 강점을 가진 사람은 정기적으로 고객과 만나 다음 분기나 내년도 사업 계획에 대해 함께 논의하는 것을 즐깁니다. 이들은 고객의 계획을 듣고, "그 전략을 실행할 경우, 경쟁사 C는 아마 이렇게 대응할 것입니다. 그에 대한 대비책은 무엇입니까?"와 같이 체스 파트너처럼 상대의 다음 수를 예측하고 더 나은 전략을 짜도록 돕습니다.

'**지적사고(Intellection®)**' 강점을 가진 사람은 고객이 당면한 복잡하고 어려운 문제에 대해 함께 깊이 사색하는 시간을 갖습니다. 이들은 성급한 조언 대신, 문제의 본질이 무엇인지, 다양한 관점에서 어떻게 해석할 수 있는지 함께 고민하며, 고객이 스스로 최적의 해답을 찾을 수 있도록 생각의 깊이를 더해주는 역할을 합니다.

③ 미래 변화 예측 및 선제적 기회/위험 공유

전략적 사고 영역의 강점을 가진 사람들은 항상 미래를 내다보며, 다가올 기회나 위협에 대해 고객이 미리 대비할 수 있도록 돕습니다.

'**미래지향(Futuristic®)**' 강점을 가진 사람은 아직 다른 사람들이 주목하지 않는 새로운 기술이나 사회적 변화가 미래에 가져올 파급력에 대해 생생한 그림을 그려줍니다. 이들은 "5년 뒤, ○○ 기술이 보편화되면 지금 우리가 하는 비즈니스는 완전히 다른 모습일 것입니다. 우리는 지금부터 그 미래를 준비해야 합니다"라며, 고객이 변화의 선도자가 될 수 있도록 영감을 줍니다.

'**회고(Context®)**' 강점을 가진 사람은 과거의 역사를 거울삼아 미래에 다가올 위기를 경고합니다. 이들은 "현재 상황은 마치 20년 전 필름 산업이 디지털 카메라의 등장을 애써 무시했던 그때와 매우 유사합니다. 이 변화의 흐름을 놓치면 돌이킬 수 없는 위기를 맞을 수 있습니다"라며, 역사적 교훈을 통해 고객이 현재의 상황을 더 객관적으로 인식하고 위험을 미리 피할 수 있도록 돕습니다.

4부

강점 기반 세일즈 팀 운영과 리더십 전략

12장. 왜 강점 기반 팀 운영인가?

1. 개인 강점을 넘어 팀의 시너지를 극대화하는 방법

세일즈 현장에서 흔히 "슈퍼스타"에 집중하는 경우가 많습니다. 개인적으로 뛰어난 성과를 내는 세일즈맨이 조직 전체의 성과를 견인한다고 무의식적으로 믿고 있기 때문이죠. 물론 개인의 뛰어난 강점이 중요한 것은 맞습니다. 하지만 진정으로 탁월한 세일즈 조직을 만들기 위해서는 일부 뛰어난 개인의 성과에만 의존하는 것이 아니라, 팀 전체가 가진 다양한 강점을 서로 연결하고 조화를 이루어 시너지를 창출해야 합니다.

갤럽(Gallup®)의 연구 결과에 따르면, 팀 구성원들의 강점에 집중한 조직은 그렇지 않은 조직보다 최대 19% 더 높은 매출 성과를 달성하고, 직원들의 몰입도 역시 최대 6배 높게 나타난다고 합니다. 이는 단지 개개인의 강점을 잘 이해하고 활용하는 것에서 그치지 않습니다. 진정한 강점 중심의 팀 운영은 개개인의 강점이 어떻게 상호 연결되고 서로를 보완하며, 이를 통해 조직의 목표를 더 효과적으로 달성하는 데 기여할 수 있는지 정확하게 이해하는 데 있습니다.

팀 강점 기반 운영의 중요성은 특히 세일즈와 같은 조직 단위의 성과가 강조되는 분야에서 더욱 두드러집니다. 세일즈는 개인이 혼자 독립적으로 성과를 내는 업무가 아니라, 서로 협력하여 고객을 상대하고, 조직적인 노력을 통해 목표를 달성하는 업무입니다. 한 고객을 상대하는 데에도 전략적 사고를 하는 사람, 실행력이 강한 사람, 관계를 깊이 쌓는 사람, 상대의 마음을 움직이는 영향력 있는 사람 등 다양한 유형의 재능을 가진 팀원들이 함께 움직일 때 비로소 진정한 성과를 낼 수 있습니다.

즉, 뛰어난 세일즈 조직은 개별 팀원들이 각자의 역할만 수행하는 것이 아니라, 각자의 강점이 서로 연결되고 협력하여 궁극적으로 더 큰 목표를 이루어내는 구조를 가지고 있습니다. 이러한 강점 기반 접근법이 성과에 긍정적인 영향을 미치는 이유는 개개인의 강점이 제대로 발현될 때, 업무 몰입도가 증가하고 팀 구성원들 간의 신뢰와 협력이 자연스럽게 이루어지기 때문입니다.

이렇게 팀의 시너지를 극대화하기 위해서는 다음 네 가지를 수행해야 합니다.

(1) 각 팀원의 강점을 이해하고 정의하기

강점 기반의 팀 운영을 위해 가장 먼저 해야 할 일은 팀원 개개인이 가진 강점을 명확히 이해하고 정의하는 것입니다. 이는 단순히 "누구는 추진력이 있다"거나 "누구는 성격이 원만하다"와 같은 모호한 평가가 아니라, 각 팀원의 CliftonStrengths® 결과를 통해 구체적인 강점 테마를 확인하고, 그것이 실제 업무에서 어떻게 발휘되는지를 세밀하게 파악하는 과정입니다. 그래야만 팀이 강점을 전략적으로 활용할 수 있는 출발점을 마련할 수 있습니다.

예를 들어, 존재감(Significance®) 강점이 두드러진 사람은 자신이 하는 일이 의미 있고 중요한 가치를 가진다는 확신 속에서 일할 때 최고의 성과를 냅니다. 이들은 팀이 도전적인 목표를 세울 때 "우리가 이 일을 왜 해야 하는가"를 분명히 해 주며, 팀 전체의 동기부여를 높이는 데 기여합니다. 반대로 회고(Context®) 강점이 강한 사람은 과거의 경험과 사례를 바탕으로 현재의 의사결정을 돕습니다. 이들은 "이전 프로젝트에서 무엇이 효과적이었는가"를 되짚어보며 실수를 줄이고 더 나은 실행 방안을 제시합니다.

또 다른 예로, 주도력(Command®) 강점을 가진 사람은 의견이 분분한 상황에서도 방향을 제시하고 결정을 이끌어내는 힘을 발휘합니다. 팀이 우유부단하게 시간을 허비할 때, 주도력이 강한 팀원은 "이제 이렇게 진행합시다"라고 말하며 실행을 앞당깁니다. 반대로 화합(Harmony®) 강점이 강한 사람은 불필요한 갈등을 줄이고 공통의 합의를 찾아내는 데 능합니다. 이들이 있으면 팀 내 논쟁이 극단으로 치닫지 않고, 협력적인 분위기 속에서 건설적인 논의가 가능해집니다.

절친(Relator®) 강점을 가진 사람은 깊고 진솔한 관계를 통해 팀 내 신뢰를 쌓습니다. 이들은 단순한 동료를 넘어 서로에게 진심 어린 파트너가 되도록 만들며, 장기적 협업의 안정성을 높입니다. 자기확신(Self-Assurance®) 강점이 두드러진 사람은 어려운 상황에서도 "우리는 해낼 수 있다"는 확신을 보여줍니다. 이들의 자신감은 불확실성 속에서도 팀원들에게 안정감을 주고, 도전적인 목표에 과감히 나설 수 있는 용기를 불어넣습니다.

마지막으로, 복구(Restorative™) 강점을 가진 사람은 문제가 발생했을 때 이를 해결하고 다시 정상 궤도로 돌려놓는 데 강점을 발휘합니다. 세일즈 현장에서 고객 불만이나 서비스 장애가 발생했을 때, 이들의 문제 해결 능력은 고객 신뢰를 지켜내는 데 결정적 역할을 합니다.

이처럼 각 팀원의 강점을 정확히 정의하고 팀원 모두가 공유하는 것은 단순히 개인의 역량을 파악하는 수준을 넘어섭니다. 누가 어떤 강점을 가지고 있으며, 그 강점이 어떤 상황에서 가장 효과적으로 발휘되는지 팀 차원에서 명확히 알 때, 팀은 단순한 개별 역량의 합을 넘어 훨씬 큰 시너지를 발휘할 수 있습니다. 강점은 혼자일 때보다 함께할 때 더 강해지고, 그 다양성이 모일 때 팀은 변화무쌍한 세일즈 환경 속에서도 흔들림 없는 경쟁력을 확보할 수 있습니다.

(2) 팀 강점표(CliftonStrengths® Team Grid) 그리기

강점 기반 팀 운영을 실제로 실행에 옮길 때 가장 유용하게 활용할 수 있는 도구가 바로 '팀 강점표(CliftonStrengths® Team Grid)'입니다. 이 도구는 단순히 개인의 강점을 나열하는 수준을 넘어, 팀 전체가 어떤 강점을 갖추고 있고 또 어떤 부분이 비어 있는지를 한눈에 보여주는 일종의 지도 역할을 합니다. 그래서 흔히 팀 강점표를 팀의 설계도라고 부르기도 합니다.

팀 강점표를 작성하는 과정은 의외로 간단합니다. 먼저 팀원들의 이름을 표 왼쪽 열에 적고, 그 옆으로 CliftonStrengths®의 34개 강점 테마가 네

가지 영역(실행력, 영향력, 관계 구축, 전략적 사고)에 따라 배열된 표를 준비합니다. '

그 다음 각 팀원이 보유한 Top 5 또는 Top 10 강점 테마를 확인해 해당 칸에 표시합니다. 이때 표시하는 방식에는 두 가지가 있습니다. 하나는 각 테마의 순위를 해당 칸에 적어 넣는 방법이고, 다른 하나는 단순히 'X'로 체크하는 방식입니다. (이 책에서는 첫 번째 방법으로 작성합니다.) 중요한 것은 팀 전체가 하나의 방식으로 통일해서 사용해야 한다는 점입니다. 예를 들어 한 명은 숫자를 쓰고 다른 한 명은 X로 표시한다면 해석 과정에서 혼란이 생길 수 있습니다.

팀원	실행력							영향력						관계 구축								전략적 사고					
	성취	책임	신중함	공정성	체계	복구	집중	자기확신	최상화	커뮤니케이션	경쟁	존재감	승부	화합	공감	개발자	개별화	포용	연결성	긍정	적응	미래지향	분석	사고	배움	수집	전략
이O혜		5	3	4		1																2					
양O슬									4		2		1		3									5		3	
김O연	5					2						4								1							
강O일												1	2			4								3	5		
양O식														3	4	1		2			5						

팀 강점표 예시 (본 예시의 숫자는 본문 내용과 무관함)

표를 다 채우고 나면, 강점표 위에는 팀원들의 강점 표시가 완성됩니다. 어떤 팀원은 실행력 영역에 강점이 집중되어 있을 수 있고, 또 다른 팀원은 전략적 사고 영역에 강점이 많을 수도 있습니다. 이렇게 팀원들의 강점을 모두 시각화한 표를 바라보면, 팀의 강점 분포가 어디에 집중되어 있는지, 그리고 어떤 영역이 상대적으로 부족한지를 직관적으로 파악할 수 있습니다.

예를 들어 팀원 대부분이 관계 구축(Relationship Building) 영역에 강점을 가지고 있다면, 이 팀은 고객과의 신뢰와 관계 관리에서는 탁월할 수 있지만, 새로운 기회를 만들어내는 영향력(Influencing) 영역의 강점이 부족할 수 있다는 신호로 볼 수 있습니다.

여기서 중요한 점은 강점표가 새로운 정보를 드러내는 도구가 아니라는 것입니다. 이미 팀 내에서 공유한 Top 5나 Top 10 정보를 단순히 시각적으로 정리하는 것이 팀 강점표의 역할입니다.

강점표를 다 그리고 나면, 본격적으로 팀 차원의 대화가 시작됩니다. 팀 리더는 먼저 전체 표를 살펴보며 팀에 어떤 패턴이 보이는지 질문을 던질 수 있습니다. 예를 들어 "우리 팀의 강점은 어느 영역에 가장 몰려 있는가?", "현재 목표를 달성하는 데 어떤 강점이 가장 큰 힘이 될 수 있는가?", "부족한 영역은 다른 팀과의 협업이나 채용으로 어떻게 보완할 수 있을까?"와 같은 질문들이 대표적입니다. 이러한 대화를 통해 팀원들은 자신이 가진 고유한 강점을 다시 확인하고, 동시에 동료의 강점이 팀 전체에서 어떤 의미를 가지는지도 깨닫게 됩니다.

결국 팀 강점표는 단순한 표 이상의 가치가 있습니다. 각자의 강점을 명확히 보여줌으로써, 팀이 가진 집단적 재능을 전략적으로 활용할 수 있도록 도와주고, 부족한 영역은 의식적으로 보완할 수 있는 출발점을 제공합니다. 그리고 무엇보다도, 팀 강점표는 팀이 "없는 것"이 아니라 "이미 갖고 있는 것"에 초점을 맞추도록 이끌어 줍니다. 그것이 바로 강점 기반 팀 운영의 본질이자, 팀 강점표가 제공하는 가장 큰 힘입니다.

(3) 팀 강점표로부터 얻을 수 있는 통찰

팀 강점표를 통해 팀 리더와 구성원들은 팀의 강점을 분석하고 개선 방향을 찾는 데 도움이 되는 몇 가지 핵심 통찰을 얻을 수 있습니다.

- **팀 전체의 강점 분포를 한눈에 확인:** 개인별 강점을 단순히 나열하면 전체적인 그림을 놓치기 쉽습니다. 그러나 팀 강점표는 각 팀원의 강점들을 네 가지 영역별로 배치하기 때문에, 팀 차원의 강점 집중도와 균형을 직관적으로 볼 수 있습니다. 예를 들어, 한 팀의 강점이 영향력(Influencing) 영역에 많이 모여 있다면, 이 팀은 설득이나 관계 확장에 강점을 발휘할 가능성이 높습니다. 반대로 실행력(Executing)이나 관계 구축(Relationship Building) 영역의 강점이 상대적으로 적다면, 해당 영역에서 안정적 성과를 내기 위해 보완이 필요한지 검토할 수 있습니다.

- **팀 내 강점의 중복과 부족을 파악:** 특정 강점 테마가 여러 명에게 반복될 경우, 팀은 그 부분에서는 탁월한 역량을 발휘할 수 있습니다. 반대로 어떤 영역이나 테마가 거의 나타나지 않는다면, 해당 부분이 팀의 잠재적 리스크 요인임을 알 수 있습니다. 예를 들어, 관계 구축(Relationship Building) 영역의 강점이 거의 없는 팀은 장기적 파트너십 유지가 어렵고, 고객 이탈률이 높아질 가능성이 있습니다.

- **역할 배분과 협업 전략 수립에 활용:** 팀 강점표는 실제 업무에 활용될 때 진가를 발휘합니다. 팀 리더는 팀 강점표를 근거로 팀원들의 역할을 조정하고, 협업 시너지를 낼 수 있는 조합을 설계할 수 있습니다. 예를 들어, 커뮤니케이션(Communication®) 과 승부(Competition®) 강점을 가진 팀원들은 매력적인 언어와 프레젠테이션으로 고객의 관심

을 끌고, 경쟁 상황에서 자신감을 발휘하여 고객을 상대하면서 강한 인상을 남깁니다. 반면, 집중(Focus®)과 체계(Discipline®) 강점을 가진 팀원들은 핵심 목표에 집중하며 모든 조건과 세부 사항을 꼼꼼하게 관리하여 협상을 안정적으로 마무리 할 수 있습니다.

(4) 강점 조합을 통한 효과적인 역할 배치

팀원 개개인의 강점을 이해하고 정의했다면, 이는 팀의 잠재적 에너지를 파악한 것에 불과합니다. 진정한 변화는 그 다음 단계, 즉 각 강점을 가장 효과적으로 발휘할 수 있도록 역할과 업무를 전략적으로 재분배하는 과정에서 시작됩니다. 강점 기반 접근법의 핵심은 단순히 개인이 잘하는 일을 맡기는 것을 넘어, 각자의 타고난 재능이 팀 전체의 목표 달성을 위한 필수적인 톱니바퀴로 기능하도록 상호 보완적인 구조를 설계하는 데 있습니다. 이는 '약점을 보완하라'는 전통적 관점에서 벗어나, '강점에 집중하여 탁월함을 만들라'는 패러다임의 전환을 의미하며, 이는 구성원의 몰입도 향상과 번아웃 감소에 직접적으로 기여합니다.

예를 들어, 관계 구축(Relationship Building) 영역의 강점을 지닌 팀원은 사람들과의 깊은 유대감을 형성하고 신뢰를 쌓는 과정에서 가장 큰 에너지를 얻습니다. 이들에게 신규 고객 발굴을 위한 무작위 콜드콜이나 단기 실적 압박이 심한 업무를 맡기는 것은 재능을 낭비하는 일입니다. 대신, 기존 핵심 고객을 전담 관리하며 장기적인 파트너십을 구축하거나, 내부 팀원 간의 갈등을 중재하고 협력적인 분위기를 조성하는 역할을 부여할 때 이들의 진가가 발휘됩니다. 이들은 관계를 자산으로 키워가는 과정에서 최고의 성과와 직업적 만족감을 동시에 얻게 됩니다.

반면, 실행력(Executing) 영역의 강점이 뛰어난 팀원은 아이디어를 현실로 만드는 구체적인 실행 과정에서 동기를 부여받습니다. 이들은 '어떻게(How)'를 끊임없이 고민하며, 명확한 목표와 기한이 주어졌을 때 가장 안정적으로 성과를 냅니다. 꾸준하고 체계적인 실행이 요구되는 신규 고객 데이터베이스 구축, 정교한 프로젝트 관리, 세부적인 고객 관리 프로세스 설계 등의 업무에 투입될 때 최고의 역량을 발휘합니다. 이들에게는 추상적인 비전 제시보다는 구체적인 실행 계획과 체크리스트를 제공하고, 이를 꾸준히 수행하며 성취감을 느낄 수 있도록 업무 환경을 조성하는 것이 무엇보다 중요합니다.

실제로 제가 코칭했던 한 중견기업의 영업팀은 팀 강점표 분석을 통해 역할을 재조정하면서 눈에 띄는 변화를 경험했습니다. 이 팀은 원래 모든 영업사원에게 신규 고객 발굴, 제안서 작성, 계약 협상, 사후 관리까지 전 과정을 똑같이 맡겼습니다. 하지만 성과가 들쭉날쭉했고, 일부 직원들은 강점과 맞지 않는 업무 때문에 쉽게 지치곤 했습니다.

팀 강점표를 분석해 보니, 몇몇 팀원은 최상화(Maximizer®)와 발상(Ideation®) 강점이 두드러졌습니다. 이들은 기존 고객사의 니즈를 한 단계 업그레이드된 솔루션으로 연결하거나, 창의적인 아이디어와 새로운 접근 방식을 통해 차별화된 제안과 전략을 제시하는 데 탁월했습니다. 다른 팀원은 개발(Developer®)과 책임(Responsibility®) 강점이 강하게 나타났는데, 이들은 동료와 고객의 성장을 세심하게 지원하고 맡은 약속을 끝까지 지켜내며 프로젝트 진행 상황을 꼼꼼히 관리하는 데 강했습니다. 또 다른 팀원은 사교성(Woo®)과 개별화(Individualization®) 강점을 가지고 있어, 새로운 고객을 발굴하고 각 고객사 상황에 맞는 맞춤형 제안을 만드는 데 뛰어났습니다.

이 강점들을 토대로 역할을 재배치했습니다. 사교성(Woo®)과 개별화(Individualization®) 강점을 가진 팀원은 새로운 고객 발굴과 초기 미팅을 맡아, 첫 만남에서 신뢰를 빠르게 쌓고 각 고객사에 맞춘 맞춤형 접근을 주도했습니다. 최상화(Maximizer®)와 발상(Ideation®) 강점을 가진 팀원은 기존 고객의 니즈를 한 단계 발전시켜 창의적인 솔루션으로 연결하고, 차별화된 제안과 장기적인 전략을 설계하는 역할을 담당했습니다. 마지막으로 개발(Developer®)과 책임(Responsibility®) 강점이 두드러진 팀원은 프로젝트 실행과 사후 관리에 집중하여, 고객과의 약속을 철저히 지키고 안정적으로 관계를 이어갔습니다.

이후 불필요한 시행착오가 줄고, 구성원들이 자신이 가장 잘할 수 있는 업무에 집중하게 되면서 업무 효율이 크게 개선되었습니다. 특히 기존 고객으로부터의 재계약 비율이 상승했고, 신규 고객 확보 속도도 빨라졌습니다. 팀 리더는 "예전에는 모두가 비슷한 일을 하느라 에너지가 분산됐는데, 지금은 각자의 강점이 톱니바퀴처럼 맞물려 돌아간다"는 경험을 말했습니다.

이 사례는 강점 기반의 역할 배치가 단순히 업무를 나누는 수준을 넘어, 팀의 성과와 고객 경험을 동시에 끌어올릴 수 있는 전략임을 잘 보여줍니다.

(5) 강점 중심의 조직 문화 구축하기

개개인의 강점 이해와 그에 기반한 효과적인 역할 배치가 성공적으로 이루어졌다면, 이는 팀의 엔진을 새로 장착하고 최적의 위치에 배치한 것과 같습니다. 하지만 이 강력한 엔진이 쉼 없이 돌아가게 하려면, '강점 중심의 조직 문화'라는 최상급 연료를 지속적으로 공급해야 합니다. 강점 중심의 조직 문화란 단순히 서로를 칭찬하는 분위기를 넘어서, 모든 팀원이 자신의 강점을 업무 속에서 자연스럽게 표현하는 것을 당연하게 여기고, 동료의 강점을 팀 성과의 핵심 자산으로 인식하며 적극적으로 존중하는 환경을 말합니다. 이러한 문화적 기반이 없다면 강점 기반 역할 재배치의 효과는 단기적 성과에 그치고, 기존의 약점 보완 패러다임으로 다시 돌아갈 위험이 있습니다.

이를 위해 효과적인 방법 중 하나는 강점을 가시화하고 공유하는 공식적인 장치를 만드는 것입니다. 예를 들어, 팀 차원에서 월간 강점 미팅을 운영하며 각자가 자신의 강점을 실무에 어떻게 활용했는지를 나누는 시간을 가질 수 있습니다. 팀원들은 "지난달 A 고객사와의 협상에서 저의 전략(Strategic®) 강점을 활용해 계약을 성사시킬 수 있었습니다"와 같이 자신의 경험을 강점이라는 언어로 구체적으로 공유하기 시작합니다. 이렇게 되면 동료들은 서로의 기여를 명확히 이해하고 존중하게 되며, 자연스럽게 "이 문제는 B의 분석(Analytical®) 강점이 필요하겠구나"라며 도움을 요청하는 협력적 관계가 형성됩니다. 이는 단순한 사례 공유가 아니라 강점을 팀의 공용 언어로 채택하는 과정입니다.

물론 이러한 강점 중심 문화는 리더의 적극적인 역할이 뒷받침되지 않으면 뿌리내리기 어렵습니다. 리더는 팀의 '강점 문화 촉진자'가 되어야 하며, 각 팀원의 강점을 업무 성과와 연결해 수시로, 그리고 공개적으로 인정해야 합니다. 예컨대 팀 미팅에서 "지난달 김 대리의 포용(Includer®) 강점 덕분에 소외감을 느끼던 고객이 다시 대화에 참여하게 되었고, 이어서 박 차장의 절친(Relator®) 강점으로 고객과의 신뢰 관계가 깊어져 결국 어려운 계약을 성사시킬 수 있었습니다"라고 구체적으로 말할 때, 그 파급력은 큽니다. 해당 팀원은 자신의 재능이 팀에 실질적으로 기여했다는 사실에 강한 자부심을 느끼고, 앞으로 더욱 적극적으로 강점을 활용할 동기를 얻게 됩니다. 이는 단순한 칭찬을 넘어 "우리 팀은 당신의 그 강점을 필요로 한다"는 강력한 신뢰의 메시지가 됩니다.

이러한 문화가 정착되면 개인은 자신의 강점을 꾸준히 강화하고 발전시키려는 선순환에 들어갑니다. 강점을 인정받은 직원은 스스로 더 배우고 성장하려는 의지를 갖게 되고, 조직은 이를 지원하기 위해 강점 기반 코칭이나 맞춤형 성장 계획을 제공할 수 있습니다. 이는 장기적으로 세일즈 성과 향상으로 이어질 뿐 아니라, 뛰어난 인재가 조직에 머무를 수 있는 강력한 요인이 됩니다.

결국 강점 기반 팀 운영의 완성은 단순히 개인 성과 극대화에 머무르지 않고, 각자의 강점이 서로 엮여 팀의 시너지를 창출하는 데 있습니다. 최고의 세일즈 조직은 뛰어난 개인의 집합이 아니라, 각자의 강점이 서로의 약점을 보완하며 결합해 혼자서는 달성할 수 없는 더 큰 목표를 이루는 유기적 팀입니다. 이렇게 구축된 강점 중심의 조직 문화야말로 변화무쌍한 시장 환경에서 지속 가능한 성장을 이끌어내는 가장 본질적인 경쟁력입니다.

2. 강점 기반 팀 운영이 세일즈 조직에 미치는 영향

강점 기반 팀 운영은 단순한 경영 이론이나 이상적인 구호에 그치지 않고, 현장에서 즉각적으로 체감할 수 있는 성과를 만들어내는 검증된 실행 전략입니다. 이 접근법은 조직의 핵심 지표인 세일즈 성과, 업무 몰입도, 고객 만족도에 직접적이고 긍정적인 파급 효과를 가져옵니다. 강점 중심의 팀 운영이 세일즈 조직에 가져오는 구체적이고 가시적인 변화는 다음과 같습니다.

(1) 매출과 성과의 뚜렷한 증가: 세일즈 조직의 궁극적인 목표는 결국 명확한 매출 성과입니다. 강점 중심으로 팀을 운영하면, 각자의 재능이 가장 잘 발휘될 수 있는 역할과 업무가 명확해집니다. 이는 팀원 개개인의 업무 효율성을 높일 뿐만 아니라, 팀 전체의 성과로도 연결됩니다. 한 중소기업의 B2B 영업팀은 강점 진단을 통해 팀원 각자의 특성과 강점을 파악하고, 이를 기반으로 업무를 새롭게 재조정했습니다. 예를 들어, 집중(Focus®) 과 화합(Harmony®) 강점이 뛰어난 팀원에게는 신규 고객 발굴과 미팅 주도를 맡기고, 체계(Discipline®) 와 심사숙고(Deliberative®) 강점이 뛰어난 팀원에게는 제안서 작성과 계약 진행을 맡겼습니다. 그 결과, 전체 영업팀의 신규 고객 확보율은 15% 이상 증가했고, 기존 고객 유지율도 20%가량 높아졌습니다. 특히 팀원들이 스스로의 강점을 잘 이해하게 되면서, 업무를 처리하는 속도와 품질이 눈에 띄게 향상되었습니다.

(2) 팀 내 협력과 소통의 극적인 개선: 세일즈는 혼자 일하는 업무가 아닙니다. 고객을 만나기 위한 사전 준비, 미팅, 제안 작성, 계약 진행 등 여러 단계에서 팀원들의 원활한 협력이 필요합니다. 그러나 서로의 강점을 모르고 업무를 하다 보면, 갈등이나 소통의 어려움이 자주 발생합니다. 강점 기반 팀 운영은 이러한 문제를 해결하는 데 큰 도움을 줍니다. 자신의 강점과 약점을 정확히 파악하고, 상대방의 강점 역시 이해하게 되면서 서로에게 어떤 도움을 주고받아야 하는지 명확해집니다. 한 제조업체 영업팀에서는 과거에 제안서 작성 단계에서 큰 갈등이 있었습니다. 관계 구축(Relationship Building)에 강한 팀원들은 고객의 요구를 많이 수용하고 싶어했고, 전략적 사고(Strategic Thinking)가 강한 팀원들은 전략적인 효율성을 높이는 데 초점을 맞추려 했기 때문입니다. 이 회사는 강점 기반 '팀 강점표'(CliftonStrengths® Team Grid)를 활용하여 서로의 강점을 시각화하고, 각 팀원이 제안서의 어떤 부분에 가장 강점을 발휘할 수 있는지를 분명히 정했습니다. 그 결과, 각 팀원은 자신에게 맞는 영역에서 최상의 업무를 수행하게 되었고, 팀 내 갈등은 크게 줄어들었으며, 협력과 소통의 질이 비약적으로 개선되었습니다.

(3) 팀원의 업무 몰입도와 조직 만족도 향상: 영업 조직의 큰 과제 중 하나는 구성원의 지속적인 업무 몰입과 만족도를 유지하는 것입니다. 많은 영업 담당자들은 자신의 업무가 반복적이고 힘들다고 느끼며, 이로 인해 이직률이 높아지는 문제가 발생합니다. 강점 기반 팀 운영은 팀원들이 자신의 강점과 연결된 업무를 수행하게 만듭니다. 이 과정에서 업무의 의미와 목적이 명확해지고, 자신이 조직에서 어떤 가치를 만들어내는지 분명히 인지하게 됩니다. 한 IT 기업에서는 정기적으로 팀원들이 자신이 맡고 있는 역할이 자신의 강점과 얼마나 연결되어 있는지 평가하고, 필요하다면 업

무 조정을 통해 강점과 업무를 더욱 잘 맞춰주는 프로세스를 도입했습니다. 이 과정에서 자신이 가진 '배움(Learner®)' 강점을 발휘할 수 있도록 최신 트렌드를 연구하는 업무를 담당하게 된 직원은 업무 만족도와 몰입도가 급격히 상승하여, 전년도 대비 25% 이상의 개인 매출 증가를 기록하기도 했습니다.

(4) 고객 만족도 향상으로 인한 장기적 성과 증대: 강점 기반 세일즈 팀 운영은 궁극적으로 고객의 신뢰와 만족도를 높이는 데에도 탁월한 효과가 있습니다. 각 영업 담당자들이 자신의 강점을 바탕으로 가장 잘할 수 있는 영역에서 전문성을 발휘하면, 고객 입장에서도 세일즈팀의 신뢰성과 전문성을 분명히 느낄 수 있습니다. 예를 들어, 관계 구축(Relationship Building) 영역의 강점이 뛰어난 팀원이 고객 관계 유지와 사후 관리에 집중하게 되면서, 고객 만족도가 눈에 띄게 증가하는 사례가 많습니다. 또한 전략적 사고(Strategic Thinking)에 뛰어난 팀원이 고객의 문제를 정확히 진단하고 해결책을 제안함으로써, 고객의 신뢰와 장기 계약 가능성이 크게 높아지기도 합니다. 한 스타트업에서는 강점 기반 팀 운영을 도입한 후, 주요 고객사의 만족도 조사가 큰 폭으로 상승했고, 기존 고객으로부터의 추가 계약(업셀링 및 크로스셀링)이 20% 이상 증가하는 성과를 거두기도 했습니다.

(5) 리더의 효율적 팀 관리와 조직 성과 극대화: 마지막으로, 강점 기반 운영은 팀 리더가 조직을 보다 효율적으로 관리하고 성과를 극대화하는 데도 큰 도움이 됩니다. 리더가 팀원의 강점을 정확히 파악하면, 각 구성원의 강점과 역할을 정확히 매칭하여 효과적으로 업무를 배치할 수 있습니다. 팀 리더가 강점 기반으로 팀을 관리하기 시작하면 팀원들의 만족도는 물론

이고, 업무 수행 과정에서 발생하는 갈등이나 업무 중복이 크게 줄어듭니다. 팀원 각자가 자신의 강점을 활용하여 서로 시너지를 내도록 리더가 적극적으로 지원하게 되면서 조직 전체의 성과가 향상됩니다. 한 기계 장비 기업의 영업팀장은 강점 진단 후 팀 구성원 각각의 강점이 서로를 보완하도록 업무 배분을 다시 설계했습니다. 특정 직원에게 지나치게 업무가 쏠리는 현상이 줄어들었고, 팀 전체가 자신의 강점을 활용하여 높은 성과를 거두게 되었습니다. 팀장은 강점 진단을 정기적으로 활용하여 조직 운영 전략을 세우고, 이를 통해 전년 대비 팀 매출을 25% 이상 증가시키는 성과를 올렸습니다.

3. 강점 기반 팀 운영의 성공 사례: 실제 조직의 생생한 변화

강점 기반 팀 운영은 단순히 이론에 머무르지 않습니다. 이 방식이 실제로 세일즈 조직에서 어떻게 성공적으로 활용되었는지, 구체적인 사례를 통해 살펴보겠습니다.

(1) 사례1 : "서로의 강점을 알게 된 후, 팀이 완전히 바뀌었습니다."

김 팀장은 한 스타트업의 영업팀을 이끌고 있었습니다. 그의 팀은 개별 영업사원들의 역량은 뛰어났지만, 협력과 소통의 부족으로 기대만큼의 성과를 내지 못하고 있었습니다. 팀 내에서는 서로의 업무 스타일 차이로 불필요한 갈등이 자주 발생했고, 고객에게 일관된 메시지를 전달하는 데도 어려움이 많았습니다.

김 팀장은 이 문제를 해결하기 위해 강점 기반 팀 코칭을 도입했습니다. 팀원 전원이 Gallup®의 CliftonStrengths® 강점 진단을 받고, 자신과 서로의 강점에 대해 심층 워크숍을 진행했습니다. 팀원들이 서로의 강점을 이해하게 되자, 업무 스타일에 대한 불만은 존중과 이해로 바뀌었습니다. 특히 두 명의 주요 팀원 사례는 강점 기반 팀 운영의 성공을 잘 보여줍니다.

알렉스(Alex)는 전형적인 실행력(Executing) 영역 중심의 사람이었습니다. 그는 철저한 계획 수립과 체계적인 프로세스를 중시하며, 매사에 신중하고 꼼꼼했습니다. 반면 크리스(Chris)는 영향력(Influencing) 영역 중심으로 매우 적극적이고 새로운 시도를 두려워하지 않았으며, 관계 중심의 영업에 강점을 가지고 있었습니다. 이전까지 두 사람은 업무 스타일이 너무 달라 서로를 이해하지 못하고 종종 갈등을 겪었습니다.

그러나 강점 코칭 이후 두 사람은 서로의 차이가 '틀린 것'이 아니라 '보완적 강점'이라는 것을 깨닫게 되었습니다. 이후 알렉스(Alex)는 고객사에 제출하는 제안서와 계약서를 철저히 검토하고 책임졌으며, 크리스(Chris)는 새로운 고객 미팅과 영업 활동을 적극적으로 주도했습니다. 이 두 사람의 시너지는 팀 전체 성과에 빠른 변화를 가져왔고, 고객 만족도 역시 눈에 띄게 향상되었습니다.

무엇보다도 큰 변화는 팀 분위기였습니다. 서로의 강점을 이해하고 존중하는 문화가 자리 잡으면서 불필요한 갈등이 줄었고, 팀원 모두가 자신이 가장 잘할 수 있는 영역에서 즐겁게 일하게 되었습니다. 김 팀장은 이렇게 말했습니다.

"팀원들이 각자의 강점을 이해한 후, 서로의 차이를 존중하면서 보완하는 진짜 팀이 되었습니다. 성과도 성과지만, 조직 문화 자체가 좋아졌다는 것이 가장 큰 성과입니다."

(2) 사례2: 팀 강점표를 활용한 세일즈 조직의 성과 향상

물류 회사에서 영업본부장을 맡고 있던 한 이사는 Gallup®의 팀 강점표를 팀 운영에 적극 활용했습니다. 그는 팀원들의 CliftonStrengths® for Sales 리포트에 나타난 Top 10 강점을 모두 분석하여, 각 팀원이 어떤 영역에 강점을 가지고 있는지 명확히 파악했습니다. 그리고 팀 강점표를 통해 조직 전체의 강점 분포를 시각적으로 확인했습니다.

그 결과, 팀 내에 전략적 사고(Strategic Thinking) 영역 강점을 가진 멤버가 다수 포진해 있다는 사실을 발견했습니다. 이전까지 이 영업팀은 주로 자사 물류 서비스의 속도, 가격 경쟁력, 안정성 등 제품 자체의 우수성만을 강조하며 영업을 진행했습니다.

그러나 강점 코칭 이후 전략적 사고 강점을 가진 팀원들은 단순히 서비스를 설명하는 데 그치지 않고, 고객사의 공급망 구조와 비용 구조를 분석하고 물류 과정의 병목 구간을 진단했습니다. 더 나아가 서비스 제안 단계에서 고객의 비즈니스 목표(예: 재고 비용 절감, 납기 단축, 글로벌 진출 지원)에 서비스가 어떻게 기여할 수 있는지를 구체적으로 연결해 설명했습니다.

이처럼 고객의 문제를 깊이 이해하고 맞춤형 솔루션을 제시하는 방식으로 접근하면서, 영업팀은 단순히 서비스를 판매하는 공급자가 아니라 고객의 비즈니스 성과를 높이는 전략적 파트너로 자리매김할 수 있었습니다. 주요 고객들로부터 "여러 업체와 협력해 봤지만, 이렇게 깊이 있는 분석과 통찰을 제공한 곳은 처음"이라는 긍정적 피드백을 받게 되었습니다.

한 이사는 이렇게 말했습니다.

"팀 강점표(CliftonStrengths® Team Grid)는 우리 조직이 가지고 있는 가장 강력한 무기가 무엇인지 한눈에 보여주고, 그것을 시장에서 경쟁력으로 전환할 수 있게 해준 툴입니다."

13장. 팀 강점표(CliftonStrengths® Team Grid)를 활용한 팀 강점 분석

1. '팀 강점표'의 활용법 이해하기

영업팀을 관리하는 리더에게 가장 큰 과제는 '팀원 개개인이 가진 잠재력을 어떻게 발휘시켜서 팀 전체의 성과를 극대화할 수 있을까?'입니다. 뛰어난 개인이 모여 있다고 해서 팀 전체가 뛰어난 성과를 내는 것은 아닙니다. 특히 영업팀에서는 서로의 강점이 효과적으로 조화를 이루어야 고객과 시장에서 진정한 경쟁력을 갖출 수 있습니다.

'팀 강점표'는 이러한 팀 리더의 고민을 효과적으로 해결해 주는 강력한 도구입니다. 팀 강점표는 갤럽(Gallup®)의 CliftonStrengths® 강점 진단을 통해 구성원 각자가 가진 강점들을 한눈에 시각적으로 파악할 수 있도록 보여주는 매핑(mapping) 도구입니다. 구성원의 개별 강점이 팀 전체로 확장되고, 어떻게 서로 영향을 주고받으며 시너지를 만들어낼 수 있는지 명확하게 파악할 수 있도록 돕습니다.

'팀 강점표'를 통해 리더가 확인할 수 있는 구체적인 내용은 다음과 같습니다.

(1) 팀 구성원의 강점 분포 파악하기

'팀 강점표(CliftonStrengths® Team Grid)'는 팀원 각자가 가진 상위 5가지(혹은 10가지) 강점 테마를 한눈에 보여줍니다. 단순히 개인별 리포트를 따로 보는 것에서 끝나지 않고, 팀 전체를 하나의 지도처럼 시각화해주기 때문에 "우리 팀의 자산은 어디에 집중되어 있는가?"라는 질문에 힌트를 줍니다.

이를 통해 우리는 다음과 같은 사실들을 구체적으로 알 수 있습니다.

- **팀 내에서 가장 많이 나타나는 강점 테마는 무엇인가?** 실행력(Executing) 영역의 책임(Responsibility®) 테마를 가진 구성원이 많다면, 이 팀은 약속을 철저히 지키고 계획을 끝까지 밀어붙여 결과를 내는 데 강력한 능력을 보유하고 있을 것입니다. 이는 장기적 신뢰를 쌓는 데 큰 무기가 됩니다.

- **팀 내에서 흔하지 않거나, 특정 팀원만 가진 강점 테마는 무엇인가?** 전략적 사고(Strategic Thinking) 영역의 미래지향(Futuristic®) 강점을 팀 내 한 명만 보유하고 있다면, 그는 미래의 가능성을 내다보고 혁신적인 제안을 도출하는 데 독보적인 가치를 발휘할 수 있습니다. 흔하지 않은 강점일수록, 그 팀원은 "우리 팀의 차별화된 카드"가 됩니다.

[실제 사례] IT 제조사의 고객 서비스팀

한 IT 제조사의 고객 서비스팀은 늘 고객 불만 처리 속도가 느리다는 평가를 받았습니다. 팀원 개개인은 성실했고, 고객에게 친절하게 응대하는 태도도 훌륭했지만, 복잡한 문제가 발생하면 해결까지 시간이 지나치게 오래 걸렸습니다. 단순 불만은 금방 달랠 수 있었으나, 실제 문제를 근본적으로 해결하는 데 시간이 지체되면서 고객 만족도 조사 결과가 꾸준히 낮게 나왔습니다.

팀 전체의 강점을 분석해보니, 대부분의 팀원이 '공감(Empathy®)'이나 '화합(Harmony®)'처럼 관계 구축(Relationship Building) 영역에 강점에 몰려 있었습니다. 이들은 고객의 감정을 민감하게 읽고 위로하며 신뢰를 쌓는 데 탁월했지만, 복구(Restorative™)나 분석(Analytical®) 같은 강점을 가진 사람은 소수였습니다. 즉, 고객의 마음을 달래는 데는 강했지만, 실제 기술적, 시스템적 문제를 풀어내는 데 팀 전체가 약점을 드러내고 있었던 것입니다.

이 분석을 바탕으로 고객 불만 대응 프로세스를 재설계했습니다. 1차 대응에서는 고객의 감정을 안정시키고 충분히 들어주는 역할이 필요했습니다. 여기서는 공감(Empathy®), 화합(Harmony®), 포용(Includer®), 적응(Adaptability®) 강점을 가진 팀원들이 큰 힘을 발휘했습니다. 고객은 "내 이야기를 들어주는 사람이 있다"는 안도감을 느끼며 마음을 열 수 있었습니다.

이어지는 2차 대응은 문제의 근본 원인을 파악하고 해결책을 제시하는 단계였습니다. 복구(Restorative™), 분석(Analytical®), 전략(Strategic®), 체계(Discipline®) 강점 테마를 가진 팀원이 문제를 구조적으로 해결하고 재발 방지 대책까지 마련했습니다. 결과적으로, 고객 불만은 단순한 처리 과제가 아니라 관계를 강화하는 기회가 되었습니다.

(2) 팀 전체의 강점 영역 분포 확인하기

'팀 강점표(CliftonStrengths® Team Grid)'의 또 다른 핵심 기능은 팀 전체가 가진 강점이 네 가지 주요 영역(실행력, 영향력, 관계 구축, 전략적 사고)에 어떻게 분포되어 있는지를 한눈에 시각적으로 보여준다는 점입니다. 단순히 개인이 어떤 강점을 가지고 있는지만 아는 것이 아니라, 팀 차원에서 어떤 영역에 집중되어 있고 또 어떤 영역은 상대적으로 비어 있는지를 파악할 수 있습니다. 이러한 시각화는 세일즈팀의 전략을 설계하는 데 있어서 매우 중요한 기준점을 제공합니다.

- **우리 팀이 가장 강한 영역과 가장 부족한 영역은 무엇인가?** 예를 들어, 팀 전체의 강점이 영향력(Influencing) 영역에 많이 분포되어 있다면 이 팀은 고객과의 초기 만남, 프레젠테이션, 설득과 같은 활동에서 매우 큰 장점을 발휘할 가능성이 높습니다. 이들은 자연스럽게 자신감 있는 태도와 대담한 접근법을 보일 수 있고, 새로운 고객을 개척하거나 고객의 관심을 빠르게 끌어내는 데 탁월할 수 있습니다. 반대로, 전략적 사고(Strategic Thinking) 영역이 팀 전체적으로 부족하다면, 고객의 복잡한 문제를 분석하거나 장기적인 시장 흐름을 읽어내는 데 어려움을 겪을 수 있습니다. 결과적으로 제안서의 깊이나 차별성 면에서 경쟁사 대비 약점을 드러낼 수 있으며, 고객에게 "좋은 사람들은 많은데 제안의 날카로움이 부족하다"는 인상을 줄 수도 있습니다.
- **팀이 가진 강점의 불균형은 무엇을 의미하는가?** 팀 강점표는 또한 강점의 불균형이 어떤 의미를 가지는지를 알려줍니다. 특정 영역에 강점이 지나치게 몰려 있다면, 팀은 특정 활동에는 강하지만 반대로 다른 활동에서는 지속적으로 한계를 드러낼 수 있습니다. 물론 이러한 불균형

을 단순한 약점으로만 해석할 필요는 없습니다. 오히려 이를 인지하고 나면, 팀 차원에서 보완 전략을 세울 수 있습니다. 예컨대, 전략적 사고 영역의 강점이 부족한 팀이라면 다른 부서(예: 기획팀, 데이터 분석팀)와의 협업을 강화해 그 영역의 공백을 메울 수 있습니다. 혹은 외부 전문가와의 프로젝트 협업, 또는 신규 인재 채용 시 전략적 사고 영역의 강점을 우선적으로 고려하는 식의 보완책을 세울 수 있습니다.

[실제 사례] 관계 구축, 실행력 중심 팀의 한계와 개선

어느 제조업 기반의 세일즈팀을 예로 들어보겠습니다. 이 팀은 팀 강점표 분석을 통해 대부분의 팀원이 관계 구축(Relationship Building) 영역과 실행력(Executing) 영역의 강점을 다수 보유하고 있다는 사실을 확인했습니다. 이들은 기존 고객과의 관계를 끈끈하게 유지하고, 정해진 프로세스를 충실히 실행하는 데 있어서는 누구보다도 뛰어났습니다. 고객 만족도 조사에서도 늘 높은 점수를 받았고, 계약 이후의 후속 관리에서도 큰 신뢰를 얻었습니다.

그러나 문제는 신규 고객 발굴과 설득 단계에서 드러났습니다. 팀 내에 영향력(Influencing) 영역 강점을 가진 사람이 거의 없었기 때문에, 새로운 고객을 만나는 첫 순간부터 자신 있게 제안하고 대담하게 미팅을 리드하는 데 어려움을 겪었습니다. 영업 성과는 기존 거래처의 유지에는 안정적이었지만, 매출 성장률은 기대 이하였고 시장 점유율 확대에도 한계가 있었습니다.

팀 리더는 이 분석을 바탕으로 두 가지 조치를 취했습니다. 첫째, 단기적으로는 부족한 영향력 강점을 보완하기 위해 '채널 영업을 강화'하여 파트너사와 협력해 신규 고객 발굴 기회를 확대했습니다. 둘째, 장기적으로는 채용 과정에서 영향력 강점을 가진 지원자를 우선 선발해 팀의 강점 포트폴리오를 보완했습니다.

이 두 가지 조치가 시행된 이후 팀의 신규 고객 발굴 성공률은 눈에 띄게 향상되었고, 결과적으로 팀 전체의 성과도 크게 개선되었습니다.

(3) 팀 강점 시너지 전략 도출하기

팀 강점표(CliftonStrengths® Team Grid)의 가장 중요한 가치는 단순히 각 구성원의 강점을 나열하는 것이 아닙니다. 진정한 힘은 팀 차원의 시너지 전략을 도출하는 데 있습니다. 즉, 개별 강점이 어떻게 상호작용하고 서로를 강화하는지를 명확히 파악하여, 팀이 가진 잠재력을 극대화하는 것입니다.

먼저, 팀 강점의 보완적 조합을 찾아 활용하는 전략이 필요합니다. 예를 들어, 한 세일즈팀에서 집중(Focus®) 강점을 가진 팀원이 화합(Harmony®) 강점을 가진 팀원과 짝을 이루어 고객 미팅에 참여한다고 가정해 보겠습니다. 집중(Focus®) 강점을 가진 팀원은 대화의 목표를 명확히 하고, 논의가 산만해지지 않도록 방향을 잡아 줍니다. 반면 화합(Harmony®) 강점을 가진 팀원은 의견 충돌이 발생할 때 긴장을 낮추고, 공통의 접점을 찾아 협력적인 분위기를 만듭니다. 두 사람이 함께할 때 고객은 "이 팀은 핵심을 놓치지 않으면서도, 우리와 협력적인 관계를 만들 수 있구나"라는 인상을 받게 됩니다. 혼자였다면 일방적이거나 갈등이 생길 수 있는 대화가, 서로의 강점이 보완되면서 설득과 합의가 동시에 이뤄지는 구조로 완성되는 것입니다.

또 다른 예시로, 실행력 영역의 성취(Achiever®) 강점을 가진 팀원과 전략적 사고 영역의 분석(Analytical®) 강점을 가진 팀원이 협력하는 상황을 생각해 볼 수 있습니다. 성취(Achiever®) 강점을 가진 팀원은 끝까지 일을 완수하려는 강한 동력과 추진력을 제공하고, 분석 강점을 가진 팀원은 의사결정을 뒷받침할 수 있는 데이터를 치밀하게 준비합니다. 이들이 협력하면 단순히 많은 일을 처리하는 데 그치지 않고, 데이터에 근거한 정확한 방향성을 가지고 성과를 일관되게 끌어올릴 수 있습니다. 즉, 양적 성과와 질적 완성도가 동시에 달성되는 것입니다.

팀 강점 시너지 전략은 단순한 "짝짓기"에 그치지 않습니다. 팀 전체의 강점이 어떤 상황에서 가장 잘 발현되는가를 파악하고, 이를 전략적으로 설계하는 과정이 필요합니다. 예를 들어, 한 글로벌 B2B 세일즈팀은 팀 강점표를 통해 대부분의 팀원이 관계 구축(Relationship Building) 영역에 강점을 집중적으로 가지고 있다는 사실을 발견했습니다. 이들은 신규 고객 발굴보다는 기존 고객 관리와 장기적 파트너십 강화에서 강력한 경쟁력을 발휘할 수 있었습니다. 이에 따라 리더는 팀의 전략을 '신규 개척보다 기존 고객 심화'로 설정하고, 신규 영업은 영향력 영역이 강한 다른 부서와 협업하는 방식으로 보완했습니다. 결과적으로, 이 팀은 기존 고객사 매출을 2년 만에 두 배 이상 성장시키는 성과를 냈습니다. 팀의 강점을 무리하게 다른 방향으로 끌고 가려 하지 않고, 본연의 강점을 극대화하도록 전략을 설계했기 때문에 가능한 일이었습니다.

이처럼 팀 강점표는 단순히 강점을 보여주는 도구에 머무르지 않고, 팀이 가진 재능을 어떻게 배치하고 상호 보완할지에 대한 실질적인 전략 지도가 됩니다. 팀 리더는 강점표를 통해 각 구성원의 강점을 시각적으로 확인하고, 팀 전체의 프로파일을 기반으로 업무를 재설계할 수 있습니다. 또한, 팀원 개개인은 자신이 가진 강점이 팀 안에서 어떤 역할로 연결되고 있는지 명확히 인식하게 되며, "내 강점이 이 팀에 꼭 필요하다"는 소속감과 자부심을 느낍니다.

결국 팀 강점 시너지 전략 도출은 단순한 분석을 넘어, 팀 전체가 강점을 공유하고 협력하여 성과를 극대화하는 문화를 설계하는 과정입니다. 이는 팀 리더에게는 강력한 의사결정 도구가 되고, 팀원에게는 자신의 가치를 발견하고 성과에 기여할 수 있다는 확신을 주는 강력한 성장 엔진이 됩니다.

2. [사례] 영업 1팀 - 팀 강점표 분석과 강점 기반 운영 전략

이론적인 개념을 이해하는 것을 넘어, 이제 실제 영업 현장에서 '팀 강점표'가 어떻게 활용될 수 있는지 구체적인 사례를 통해 살펴보겠습니다. IT 솔루션 회사 영업 1팀의 각 팀원의 강점 데이터를 담은 '팀 강점표'를 분석하여 팀 전체가 가진 고유한 강점 프로파일과 잠재적인 도전 과제들을 진단합니다. 더 나아가, 이 분석 결과를 바탕으로 팀원 간의 시너지를 극대화하고 성과를 향상시킬 수 있는 실질적인 팀 운영 전략과 코칭 방안을 단계별로 제시하여, 리더들이 자신의 팀에 즉시 적용할 수 있는 통찰과 해법을 제공하고자 합니다.

영업 1팀은 현재 다음과 같은 고민과 이슈를 겪고 있습니다.

- 팀 내에서 업무의 우선순위와 역할이 뚜렷하게 정해지지 않아, 중요한 고객 대응이나 영업 기회를 놓치는 일이 자주 발생하고 있습니다.
- 각 팀원이 가진 강점이 충분히 활용되지 못하고 있고, 서로의 업무 스타일과 강점에 대한 이해가 부족하다 보니 의사소통이 매끄럽지 않고 협업에도 어려움이 있습니다.

(1) 개인별 CliftonStrengths® 강점 진단

최 팀장

- **Top 5 강점**: 적응(Adaptability®), 책임(Responsibility®), 회고(Context®), 개발(Developer®), 성취(Achiever®)
- **강점 분석**: 목표 지향적이고 뛰어난 실행력 및 책임감으로 업무를 완벽히 수행하고자 하며, 적응력이 뛰어나 변화하는 상황에 유연하게 대처할 수 있습니다. 또한, 개발(Developer®)과 회고(Context®) 테마를 통해 팀원의 성장을 도우며 업무 개선에도 적극적입니다.
- **활용 방안**: 팀의 목표와 업무 성과를 명확하게 설정하고 추적하여 팀의 성취욕과 책임감을 높입니다. 또한, 개발(Developer®)과 회고(Context®) 강점을 활용하여 팀원 개개인의 성장과 피드백을 주기적으로 제공하여 팀의 지속적인 발전을 촉진합니다.

이 과장

- **Top 5 강점**: 행동(Activator®), 최상화(Maximizer®), 적응(Adaptability®), 전략(Strategic®), 사교성(Woo®)
- **강점 분석**: 빠르게 실행에 옮기는 강력한 추진력을 가지고 있으며, 업무의 완성도를 최상으로 끌어올리고자 합니다. 뛰어난 친밀감으로 외부 관계 관리에도 탁월하며, 변화에 금방 적응하는 전략을 바탕으로 변화에 효과적으로 대응합니다.
- **활용 방안**: 신규 프로젝트나 중요한 클라이언트 관리와 같은 업무에서 적극적으로 리드하도록 하며, 전략(Strategic®) 테마를 통해 중장기 계획 수립에도 적극 참여합니다. 또한, 외부 미팅 및 관계 형성 업무를 맡겨, 이 과장의 사교성(Woo®) 테마를 최대한 활용합니다.

김 대리

- **Top 5 강점**: 정리(Arranger®), 공감(Empathy®), 심사숙고(Deliberative®), 공정성(Consistency®), 책임(Responsibility®)
- **강점 분석**: 업무의 우선순위와 일정을 명확히 세워 효율적으로 추진하며, 뛰어난 공감력으로 고객의 니즈와 감정을 세심히 파악합니다. 신중한 태도로 실수를 최소화하며, 고객에게 과장 없이 신뢰할 수 있는 정확한 정보를 제공합니다. 책임감을 가지고 맡은 일을 끝까지 완수하며, 복잡한 세일즈 업무에서도 최적의 프로세스를 만들어냅니다.
- **활용 방안**: 세일즈 업무의 우선순위 관리와 체계적인 일정 조정으로 고객 대응 속도를 높이고, 공감(Empathy®)과 심사숙고(Deliberative®) 강점을 통해 고객과의 신뢰 관계를 강화합니다. 공정성(Consistency®) 강점을 바탕으로 상품이나 서비스의 장단점을 솔직하고 투명하게 설명하여 고객 신뢰를 높이며, 정확하고 믿을 수 있는 정보 제공을 통해 장기적인 고객 관계 구축에 기여합니다.

박 사원

- **Top 5 강점**: 배움(Learner®), 수집(Input®), 공감(Empathy®), 긍정(Positivity®), 신념(Belief®)
- **강점 분석**: 명확한 신념과 강한 열정을 가지고 업무에 임하며, 긍정적인 태도로 팀 분위기를 활기차게 만듭니다. 뛰어난 학습욕과 정보 수집 능력으로 시장 트렌드 및 경쟁사 정보를 빠르게 습득합니다. 또한, 뛰어난 공감력으로 팀 내 관계를 부드럽게 유지합니다.
- **활용 방안**: 신규 정보 및 시장 동향 파악 업무를 맡기고, 정기적으로 트렌드 리포트를 작성하여 팀원과 공유합니다. 긍정(Positivity®)과

공감(Empathy®) 테마를 활용하여 팀 분위기 관리자로서 팀의 사기를 높이는 역할을 맡깁니다.

(2) 팀 강점표(CliftonStrengths® Team Grid) 작성

개인별 강점 진단이 끝나면, 이제 각 팀원의 강점을 한눈에 볼 수 있는 팀 강점표(CliftonStrengths® Team Grid)를 작성하는 단계로 넘어갑니다. 앞서 살펴본 네 명의 팀원(최 팀장, 이 과장, 김 대리, 박 사원)의 Top 5 강점을 팀 강점표에 배치하면, 팀 전체의 강점 지도가 한눈에 드러납니다. 이 과정에서 팀원 개개인이 "내 강점이 팀 안에서 어떤 역할을 하고 있는지"를 명확히 인식하게 되고, 리더는 "팀 전체가 어떤 강점을 기반으로 움직이고 있는지"를 통합적으로 이해할 수 있습니다.

영업 1팀의 팀 강점표를 그릴 경우, 최 팀장의 1순위 강점 테마가 적응(Adaptability®)이라면 해당 테마 칸에 숫자 "1"을 적고, 2순위가 책임(Responsibility®)이라면 그 칸에는 "2"라고 기입합니다. 이런 식으로 각 팀원의 Top 5를 모두 적어 넣으면, 팀 전체 강점의 분포를 한눈에 읽을 수 있게 됩니다.

IT 솔루션 회사 영업 1팀의 팀 강점표

최 팀장의 Top 5 강점 테마는 적응(Adaptability®) = 1, 책임(Responsibility®) = 2, 회고(Context®) = 3, 개발(Developer®) = 4, 성취(Achiever®) = 5입니다. 최 팀장의 경우는 비교적 고르게 분포되어 있지만, 영향력 영역에는 Top 5 강점 테마가 없습니다.

이 과장의 경우는 행동(Activator®) = 1, 최상화(Maximizer®) = 2, 적응(Adaptability®) = 3, 전략(Strategic®) = 4, 사교성(Woo®) = 5인데, 이때는 영향력(Influencing) 영역에만 무려 세 개(행동, 최상화, 사교성)가 배치됩니다. 숫자로 표기하면 그가 얼마나 영향력 영역에 치중된 강점을 갖고 있는지가 단번에 드러납니다.

김 대리의 경우는 정리(Arranger®) = 1, 공감(Empathy®) = 2, 심사숙고(Deliberative®) = 3, 공정성(Consistency®) = 4, 책임(Responsibility®) = 5인데, 이 강점들은 주로 실행력 영역에 주로 몰려 있습니다. 따라서 고객 대응이나 세밀한 프로세스 관리에서 그의 강점이 팀 내에서 어떤 역할을 맡고 있는지가 뚜렷해집니다.

마지막으로 박 사원은 배움(Learner®)=1, 수집(Input®)=2, 공감(Empathy®)=3, 긍정(Positivity®)=4, 신념(Belief®)=5인데, 팀 강점표에 기입하면 박 사원이 얼마나 '정보 습득'과 '관계적 에너지'에 강한 자원을 제공하는지를 시각적으로 볼 수 있습니다.

(3) 팀 강점 분석: 팀이 강한 영역과 부족한 부분

팀 강점표를 작성하고 나면, 이제 팀 전체의 강점을 종합적으로 해석하고 실질적인 의미를 도출하는 단계가 필요합니다. 단순히 어떤 강점이 많고 적은지를 나열하는 것에서 멈추지 않고, 그 분포가 실제 세일즈 성과와 어떤 연관이 있는지를 깊이 분석해야 합니다.

이 팀의 강점 프로파일을 살펴보면, 실행력(Executing) 영역과 관계 구축(Relationship Building) 영역이 두드러집니다. 특히 책임(Responsibility®), 적응(Adaptability®), 공감(Empathy®) 테마가 강하게 나타나고 있습니다.

- 책임(Responsibility®)은 팀원들이 맡은 일을 끝까지 완수하려는 태도를 만들어내며, 고객과 한 약속을 반드시 지키려는 일관된 행동으로 이어집니다. 이는 고객에게 강한 신뢰감을 주어 장기적인 거래 관계를 안정적으로 유지하게 합니다.
- 적응(Adaptability®)은 예측 불가능한 변수가 많은 영업 환경에서 팀이 민첩하게 움직일 수 있도록 합니다. 갑작스러운 고객 일정 변경, 긴급한 요청, 시장 상황의 급변에도 유연하게 대처하면서 팀 전체의 스트레스를 줄이고 기민한 대응력을 확보합니다.
- 공감(Empathy®)은 고객의 감정과 상황을 깊이 이해하고, 이를 기반으로 맞춤형 대화와 솔루션을 제시하게 만듭니다. 고객은 "이 팀은 내 입장을 정말 잘 이해한다"는 감정을 갖게 되며, 이는 단순한 비즈니스 관계를 넘어선 '파트너십'으로 발전할 수 있는 중요한 기반이 됩니다.

이러한 강점의 조합은 팀이 고객과의 관계에서 신뢰를 쌓고, 변동성이 큰 상황에서도 안정적으로 업무를 수행하며, 고객의 숨겨진 니즈까지 파악할 수 있도록 돕습니다. 실제로 이 팀은 장기 고객 관리와 재계약 성공률에서 두드러진 성과를 보이는 경향이 있습니다.

반면, 영향력(Influencing) 영역의 강점이 상대적으로 부족한 점은 분명한 개선 과제입니다. 팀원 개개인은 성실하고 고객 지향적이지만, 그들의 성과와 가치를 조직 내부나 외부 시장에 강력하게 어필하는 데에는 한계가 있습니다. 예컨대, 영업 제안서 작성이나 고객 설득 과정에서 '확신 있는 메시지 전달'이 부족하거나, 중요한 협상 자리에서 강하게 주도권을 잡지 못하는 경우가 나타날 수 있습니다. 또한, 새로운 시장에 과감하게 진입하거나 조직 내에서 팀의 성과를 널리 알리는 과정에서도 존재감이 약하게 드러날 위험이 있습니다.

이처럼 강점과 약점이 뚜렷하게 나타나는 것은 단점이라기보다는 전략적으로 활용해야 할 지점입니다. 실행력과 관계 구축의 강점을 발휘하여 신뢰와 안정적인 성과를 유지하는 동시에, 영향력 영역의 부족을 보완할 방법을 찾아야 합니다.

이를 위해 팀 리더는 다음과 같은 전략적 접근을 고려할 수 있습니다.

- **영향력 강점을 가진 외부 자원 활용:** 팀 내에 부족한 부분은 파트너 조직이나 다른 부서의 강점을 빌려 보완할 수 있습니다. 예를 들어, 프레젠테이션이나 외부 홍보가 필요한 상황에서는 커뮤니케이션

(Communication®)이나 사교성(Woo®) 강점을 가진 동료와 협업하는 방식입니다.
- **팀 내부의 잠재 강점 개발:** 팀원 중 아직 드러나지 않았지만 잠재적으로 영향력 영역을 보완할 수 있는 강점을 가진 사람을 발굴하고, 이를 실제 업무에서 더 자주 활용할 기회를 제공할 수 있습니다.
- **강점 시너지 전략 설계:** 현재 팀이 가진 책임(Responsibility®) 테마와 공감(Empathy®) 테마를 조합하면, 영향력 영역의 부족을 간접적으로 보완할 수 있습니다. 이 팀은 화려한 언변이나 강력한 존재감을 앞세우기보다, 약속을 반드시 지키는 책임감과 고객의 마음을 깊이 이해하는 공감 능력을 결합하여 신뢰를 구축할 수 있습니다. 이러한 조합은 고객에게 "이 팀은 말보다 행동으로, 그리고 진심으로 설득한다"는 강력한 브랜드 이미지를 형성하게 합니다.

(4) 팀원들의 강점을 최대한 활용하기

이 팀에서는 다음과 같은 테마들이 특정 팀원만이 보유한 독특한 강점으로 나타났습니다.

먼저 **이 과장**은 **행동(Activator®)**, **최상화(Maximizer®)**, **사교성(Woo®)**, **전략(Strategic®)** 테마를 팀 내에서 유일하게 보유하고 있습니다. 이 과장은 빠르게 결정하고 즉시 행동으로 옮기는 추진력을 통해, 영업팀이 새로운 시장이나 고객을 적극적으로 개척할 수 있도록 돕습니다. 또한, 최상화(Maximizer®) 테마를 활용하여 팀 업무의 성과 기준과 완성도를 높이고, 사교성(Woo®) 테마로 외부 고객과의 관계 형성에 탁월한 역량을 발휘합니다. 전략(Strategic®) 테마를 통해 장기적인 시각에서 효과적인 영업 전략을 세우고 추진하는 데도 특별한 역할을 수행할 수 있습니다.

다음으로 **김 대리**는 팀 내에서 유일하게 **정리(Arranger®), 공정성(Consistency®), 심사숙고(Deliberative®)** 테마를 보유하고 있습니다. 김 대리는 정리(Arranger®) 테마를 통해 복잡한 영업 업무 환경에서 우선순위를 조정하고, 팀의 효율적 협력을 이끄는 데 탁월합니다. 공정성(Consistency®) 테마는 모든 고객을 공정하게 대하고 일관성 있는 기준을 유지하게 하여, 신뢰할 수 있는 세일즈 파트너로 자리매김하도록 돕습니다. 심사숙고(Deliberative®) 테마는 고객 및 업무 상황에서의 리스크를 사전에 감지하고 신중하게 대응할 수 있는 역량을 제공합니다.

마지막으로 **박 사원**은 **신념(Belief®), 긍정(Positivity®), 수집(Input®), 배움(Learner®)** 테마를 팀 내에서 유일하게 보유하고 있습니다. 박 사원은 신념(Belief®) 테마를 통해 업무에 대한 강한 사명감과 열정을 발휘하여 팀의 사기를 높이고, 긍정(Positivity®) 테마를 통해 밝고 에너지 넘치는 팀 분위기를 유지하며 팀의 활력에 크게 기여할 수 있습니다. 또한 수집(Input®)과 배움(Learner®) 테마를 통해 지속적으로 시장 정보와 트렌드를 학습하고 수집하여 팀의 전략적 의사결정에 필요한 최신 지식을 제공합니다.

이와 같이 특정 팀원만 가진 고유한 강점을 전략적으로 인지하고 잘 활용하면, 각 팀원이 팀 내에서 독보적인 역할을 수행하며 전체 팀의 시너지와 경쟁력을 극대화할 수 있을 것입니다. 이러한 특정 팀원만 가진 독특한 강점이 팀 내에 명확히 존재하는 것은 매우 긍정적이지만, 동시에 다음과 같은 현실적이고 구체적인 어려움이 예상됩니다.

첫째, 팀 내에서 특정 팀원만이 보유한 강점이 많을 경우, 그 팀원이 없거나 바쁠 때 해당 강점을 기반으로 한 업무가 원활히 진행되지 않을 수 있습니다. 특히 영향력 영역의 테마가 이 과장에게 지나치게 집중되어 있다면, 이 과장이 부재하거나 다른 업무로 바쁠 때 팀 전체가 고객 미팅이나 설득, 프레젠테이션 등 핵심적인 세일즈 활동을 진행하는 데 어려움을 겪을 수 있습니다.

둘째, 특정 팀원의 독보적 강점이 잘 알려지지 않고 팀원들이 서로의 강점과 업무 스타일을 충분히 이해하지 못한다면, 각자의 강점이 제대로 발휘되지 못하고 업무가 중복되거나 비효율적으로 진행될 수 있습니다. 예를 들어, 김 대리가 가진 정리(Arranger®) 강점이 팀원들에게 충분히 인식되지 못한다면, 프로젝트 진행 과정에서 여러 자료나 고객 요청이 뒤섞여 혼란이 발생할 수 있고, 이를 효과적으로 조율할 기회를 놓칠 수 있습니다. 또한 심사숙고(Deliberative®) 강점의 가치를 팀원들이 잘 모른다면, 잠재적 리스크를 미리 짚어주는 김 대리의 의견이 충분히 반영되지 않아 불필요한 문제를 겪을 가능성도 있습니다.

셋째, 팀원들이 특정 강점을 가진 멤버의 업무 스타일을 충분히 이해하고 있지 않을 경우, 소통 과정에서 오해나 갈등이 발생할 수 있습니다. 박 사원의 신념(Belief®)이나 긍정(Positivity®) 테마는 강력한 열정과 활력을 제공하지만, 지나친 신념의 강조나 긍정적인 태도를 팀원들이 잘못 이해하면 업무 갈등이나 정서적 불협화음을 일으킬 가능성도 있습니다.

이러한 예상되는 어려움과 도전 과제들은 팀의 업무 우선순위 설정, 역할 분담 명확화, 그리고 팀원 간의 상호 강점 이해와 소통 강화를 중심으로 적극적으로 해결해야 합니다. 강점 기반의 팀 코칭을 통해 각자의 독보적 강점이 명확히 이해되고, 서로 보완적으로 활용될 수 있도록 명확한 전략을 수립하는 것이 필요합니다.

3. 팀 강점표 결과를 기반으로 팀 협력 전략 수립

(1) 팀 강점의 보완적 조합을 찾아 활용하기

이 팀이 가진 다양한 강점들을 조합하여 서로를 보완하는 전략을 찾는다면 다음과 같은 시너지를 만들어낼 수 있습니다.

첫째, 이 과장의 행동(Activator®), 최상화(Maximizer®) 테마와 김 대리의 정리(Arranger®), 심사숙고(Deliberative®) 테마의 강점 조합입니다. 이 과장이 빠르게 결정하고 즉각적인 행동을 통해 업무 추진력을 높이는 역할을 한다면, 김 대리는 이 과장의 추진력을 뒷받침하여 세부적으로 업무 우선순위와 절차를 정리하고, 리스크를 꼼꼼히 점검하여 발생할 수 있는 실수를 방지하는 역할을 수행할 수 있습니다. 이를 통해 팀은 신속성과 정확성을 동시에 갖춘 효율적인 업무 프로세스를 구축할 수 있습니다.

둘째, 최 팀장의 적응(Adaptability®), 책임(Responsibility®) 테마와 박 사원의 배움(Learner®), 수집(Input®) 테마의 강점 조합입니다. 최 팀장의 뛰어난 적응력과 책임감을 기반으로 빠르게 변화하는 시장 환경과 고객의 요구에 효과적으로 대응하고, 박 사원의 학습과 정보 수집 능력을 활용하여 최신의 시장 트렌드와 고객 정보를 지속적으로 제공받아 전략적으로 대응할 수 있습니다. 이를 통해 팀은 외부 환경 변화에 민첩하게 대응하면서도, 체계적인 정보와 지식을 바탕으로 깊이 있는 고객 관계를 유지하고 강화할 수 있습니다.

마지막으로, 김 대리의 공감(Empathy®) 테마와 박 사원의 긍정(Positivity®), 신념(Belief®) 테마의 강점 조합입니다. 김 대리가 뛰어난 공감 능력으로 고객의 감정과 니즈를 정확히 이해하고 신뢰를 구축하면, 박 사원은 긍정적이고 열정적인 태도로 고객 및 팀 내부의 활력과 에너지를 높이는 역할을 수행할 수 있습니다. 이 두 사람의 강점이 결합되면, 고객과의 깊은 신뢰 관계를 바탕으로 긍정적이고 장기적인 비즈니스 관계를 구축하는 데 큰 기여를 할 것입니다.

이처럼 팀의 각 구성원이 가진 독특한 강점을 전략적으로 조합하고 활용하면, 개별 팀원의 잠재력을 극대화할 뿐 아니라, 서로의 부족한 부분을 효과적으로 보완하여 팀 전체의 성과와 시너지를 높일 수 있습니다.

(2) 팀 강점이 가장 잘 발현되는 방식 설계

현재 이 팀이 겪고 있는 두 가지 주요 이슈(① 명확한 업무 우선순위 및 역할 분장 부재, ② 팀원들의 강점 이해 부족으로 인한 의사소통 문제)를 해결하기 위해 다음과 같이 현실적이고 직급을 고려한 전략적 접근 방식을 설계합니다.

첫째, 명확한 업무 우선순위 설정과 역할 분장

　업무의 우선순위를 명확히 정리하고 역할 분장을 확립하는 과정은 직급상 최 팀장이 주도하는 것이 현실적입니다. 최 팀장이 가진 책임(Responsibility®) 강점을 바탕으로 주간 미팅을 정기적으로 진행하여 팀의 업무 진행 상황을 끝까지 추적하여 관리합니다. 이 과정에서 예상치 못한 급한 업무나 고객 요청이 발생할 경우, 최 팀장은 본인의 적응(Adaptability®) 강점을 활용해 유연하고 빠르게 우선순위를 재조정하고, 팀원들이 급변하는 업무 상황에 민첩하게 대응할 수 있도록 지원합니다.

　이때 김 대리는 본인의 정리(Arranger®) 강점을 활용하여 팀장이 제시한 업무의 우선순위와 전반적인 방향을 구체적이고 효율적인 업무 프로세스로 정돈합니다. 이를 통해 복잡하거나 혼란스러운 업무 상황을 효과적으로 조율하고, 팀원들이 각자의 역할을 명확하게 이해하도록 도울 수 있습니다. 또한, 김 대리는 심사숙고(Deliberative®) 강점을 통해 업무 배분 과정에서 발생할 수 있는 잠재적인 문제점이나 리스크를 미리 파악하고 이를 팀장에게 전달하여, 신중하고 안정적인 의사결정이 이루어질 수 있도록 지원합니다.

　이 과정에서 이 과장은 본인의 행동(Activator®) 강점을 활용하여 업무 우선순위와 방향이 결정되는 즉시 지체 없이 실행에 착수하고, 팀원들에게 적극적인 추진력과 속도를 불어넣습니다. 동시에 이 과장의 최상화(Maximizer®) 강점은 단순히 빠른 실행에 그치지 않고 업무의 완성도와 결과물을 최고 수준으로 유지할 수 있도록 높은 기준을 제시하고 지속적으로 관리하는 역할을 합니다.

박 사원은 자신의 배움(Learner®) 강점을 통해 시장과 고객 트렌드를 지속적으로 학습하며, 수집(Input®) 강점을 바탕으로 관련된 핵심 정보를 주기적으로 확보하여 팀에 공유합니다. 이를 통해 팀이 업무 우선순위를 결정하거나 고객 대응 전략을 수립할 때, 신뢰할 수 있고 최신의 정보와 데이터를 바탕으로 객관적이고 정확한 판단을 내릴 수 있도록 지원하는 역할을 수행합니다.

이처럼 직급과 역할을 현실적으로 반영하여 팀 내에서 업무 우선순위와 역할 분장을 명확히 하고, 각 팀원이 강점에 따라 명확한 역할을 수행하게 함으로써 중요한 고객 대응 및 영업 기회를 놓치는 상황을 최소화할 수 있습니다.

둘째, 팀원 간 강점 이해와 의사소통 개선

팀원들이 서로의 강점에 대해 충분히 이해하고, 팀 내 소통을 원활하게 개선할 수 있도록 최 팀장이 주도하여 정기적인 강점 공유 미팅을 현실적으로 마련합니다. 최 팀장은 자신의 책임(Responsibility®) 강점을 바탕으로 미팅의 필요성을 지속적으로 알리고, 꾸준히 진행될 수 있도록 팀원들을 독려하고 관리합니다.

이 과정에서 박 사원은 본인이 가진 긍정(Positivity®)과 공감(Empathy®) 강점을 활용하여 미팅 동안 팀원들이 자유롭고 편안한 분위기에서 자신의 의견과 경험을 나눌 수 있도록 분위기를 적극적으로 조성합니다. 박 사원의 긍정적이고 활기찬 태도는 팀원들이 부담 없이 서로의 강점을 자연스럽게 받아들이고 이해할 수 있도록 돕습니다.

이 과장은 자신의 특별한 사교성(Woo®) 강점을 발휘하여 고객이나 외부 파트너와 소통하는 과정에서 있었던 성공적인 사례와 구체적인 경험을 팀원들과 공유합니다. 이러한 실제 사례 공유는 팀원들이 보다 현실적으로 서로의 강점과 업무 스타일을 파악하고, 특히 고객을 상대할 때 구체적으로 어떤 전략과 방식이 효과적인지를 배울 수 있도록 돕는 데 기여합니다.

김 대리는 미팅 과정에서 본인의 정리(Arranger®) 강점을 활용해 팀원들이 나눈 의견과 강점 활용 사례를 명확히 기록하고 정리하여, 이후 업무에 실제로 적용할 수 있도록 전달합니다. 더불어 김 대리는 자신의 공감(Empathy®) 강점으로 미팅에서 표현된 팀원들의 의견이나 감정을 세심하게 포착하고 이해하여, 서로 간에 발생할 수 있는 오해나 갈등을 사전에 예방할 수 있도록 세심한 지원 역할을 수행합니다.

이처럼 각자의 직급과 강점에 기반하여 현실적이고 전략적으로 접근하면, 팀 내에서 강점에 대한 이해가 깊어지고 구성원 간의 소통과 협력이 한층 원활해져, 장기적으로 팀의 생산성과 성과가 크게 향상될 것입니다.

14장. 세일즈 리더를 위한 강점 기반 팀 코칭 사례

1. 개인별 강점 1:1 코칭을 통한 구체적 액션 플랜 도출

(1) 최 팀장 1:1 강점 코칭: 최 팀장과의 1:1 강점 코칭에서는 책임(Responsibility®)과 적응(Adaptability®) 강점을 바탕으로, 업무의 우선순위를 보다 명확히 세우고 변화하는 상황에 유연하게 대처할 수 있도록 돕는 액션 플랜을 함께 수립하였습니다.

- **책임(Responsibility®) 강점 활용**
  - **코칭 대화:** "최 팀장님은 맡은 일은 끝까지 책임지고 완수하려는 성향이 강합니다. 다만 책임감이 큰 만큼 모든 일을 다 떠맡다 보면 우선순위가 흐려질 수 있습니다. 이번 주에 반드시 끝내야 할 일과 미뤄도 되는 일을 어떻게 구분하실 수 있을까요?"
  - **구체적 실천 방안:** 매주 월요일 오전에 개인적으로 주간 우선순위 리스트를 작성하고 이를 팀원들과 공유합니다. 이 리스트에는 각 업무별 담당자와 마감 기한이 명확히 적혀 있어야 하며, 진행 상황은 체크리스트로 꼼꼼히 관리됩니다. 주간 팔로업 미팅에서는 단순히 진행 현황을 보고받는 데 그치지 않고, "무엇이 완료됐는가?" "어떤 장애물이 있는가?"라는 두 가지 질문을 통해 실제 책임 이행 여부를 점검합니다. 또한 팀원 각자가 한 주 동안 반드시 지켜야 할 약속을 직접 정리하고 회의에서 공유하도록 하여, 업무에 대한 주인

의식을 높입니다. 중요한 과제가 완료되었을 때에는 성과를 팀 전체와 함께 나누고 작은 축하를 통해 성과를 긍정적인 경험으로 남기는 것도 필요합니다. 마지막으로, 분기마다 스스로 작성했던 우선순위 리스트와 실제 실행 결과를 비교 검토하여 자신의 책임 실행 패턴을 점검하고, 개선할 점을 찾아내는 과정을 반복함으로써 코칭 효과를 더욱 강화할 수 있습니다.

- **적응(Adaptability®) 강점 활용**
  - **코칭 대화:** "최 팀장님은 예상치 못한 요청이나 갑작스러운 상황에도 유연하게 대처하는 강점이 있습니다. 다만 즉흥적인 대응이 반복되면 팀원들이 우선순위를 혼동하거나 불필요한 혼란을 겪을 수 있습니다. 변화가 발생했을 때 이를 어떻게 팀원들과 공유하고, 어떤 기준으로 우선순위를 조정할 수 있을까요?"
  - **구체적 실천:** 긴급 요청이나 새로운 과제가 발생했을 때 먼저 스스로 우선순위를 재정리한 뒤, 이를 팀 단톡방이나 회의에서 신속하게 공유합니다. 단순히 "업무 순서를 바꿨다"라고 알리는 것에 그치지 않고, 왜 변화가 필요했는지, 이 변화가 팀에 어떤 의미가 있는지를 구체적으로 설명함으로써 팀원들이 혼란 없이 방향을 이해할 수 있도록 합니다. 또한 매주 정기 회의에서는 "이번 주 우리가 적응해야 할 변화 한 가지"를 정리해 공유하고, 이에 대한 대응 아이디어를 팀원들에게 함께 제안받도록 합니다. 이렇게 하면 팀원들이 단순히 지시를 따르는 데 그치지 않고, 변화 상황에 능동적으로 참여하고 기여할 수 있습니다. 마지막으로, 변화 관리 과정을 정기적으로 점검하여 팀원들이 실제로 어떻게 반응하고 있는지를 파악

하고, 필요한 경우 팀 차원의 대응 가이드를 보완함으로써 적응력을 팀의 경쟁력으로 발전시킬 수 있습니다.

(2) 이 과장 1:1 강점 코칭: 이 과장 1:1 강점 코칭에서는 행동(Activator®)과 최상화(Maximizer®) 강점을 기반으로, 빠르게 실행에 옮기는 추진력을 유지하면서도 성과의 품질을 한 단계 더 끌어올릴 수 있도록 돕는 액션 플랜을 함께 수립하였습니다.

- **행동(Activator®) 강점 활용**
  - **코칭 대화:** "이 과장님은 새로운 아이디어나 프로젝트가 주어졌을 때 지체하지 않고 바로 실행에 옮기는 강점이 있습니다. 다만 빠른 실행이 장점인 동시에, 준비 과정이 부족하면 팀원들이 방향을 놓치거나 서두른다는 인상을 받을 수도 있습니다. 실행력을 유지하면서도 팀의 공감대를 얻을 수 있는 방법은 무엇일까요?"
  - **구체적 실천 방안:** 업무 방향과 우선순위가 정해지면 즉시 실행 전략 미팅을 열어 팀원들과 구체적인 행동 계획을 공유해야 합니다. 특히 초기 단계에서는 "지금 바로 시작할 수 있는 한 가지 행동"을 명확히 정리해 팀이 속도감을 유지할 수 있도록 합니다. 주요 영업 프로젝트와 신규 고객 개척 활동에서는 팀의 첫걸음을 이끌며 추진력을 높이는 역할을 담당해야 하며, 중간에 동력이 떨어지지 않도록 주기적으로 진행 상황을 점검하고 팀원들에게 동기부여 메시지를 제공하는 것이 필요합니다.

- **최상화(Maximizer®) 강점 활용**
    - **코칭 대화:** "이 과장님은 결과물의 수준을 한 단계 더 높이는 데 강점을 갖고 있습니다. 그러나 때로는 완벽을 추구하다 보니 실행 속도가 느려지거나 팀원들이 부담을 느낄 수 있습니다. 실행의 속도와 결과의 품질을 어떻게 균형 있게 가져가실 수 있을까요?"
    - **구체적 실천 방안:** 팀에서 진행되는 업무의 성과 기준을 명확히 설정하고, 이를 단순히 높게 잡는 것에서 그치지 않고 팀원들과 합의된 기준으로 관리해야 합니다. 매주 중간 점검 미팅에서는 구체적이고 실행 가능한 개선 피드백을 제공하고, 각 업무의 결과물을 조금씩 끌어올리는 데 초점을 맞춥니다. 또한 프로젝트가 완료될 때는 단순히 "잘 끝났다"에서 멈추지 않고, 무엇을 보완하면 더 나아질 수 있었는지를 리뷰하여 팀이 꾸준히 성장할 수 있는 학습 문화를 정착시켜야 합니다.

(3) 김 대리 1:1 강점 코칭: 김 대리 1:1 강점 코칭에서는 정리(Arranger®)와 심사숙고(Deliberative®) 강점을 기반으로, 팀 내 업무 효율성을 높이고 잠재적인 리스크를 사전에 관리할 수 있도록 돕는 액션 플랜을 함께 수립하였습니다.

- **정리(Arranger®) 강점 활용**
    - **코칭 대화:** "김 대리님은 복잡한 업무를 체계적으로 정리하고 동시에 여러 가지를 조율하는 능력이 뛰어납니다. 그러나 업무가 분산되면 오히려 팀원들이 역할을 명확히 이해하지 못하거나, 중요한 부분이 빠질 수도 있습니다. 실행 과정에서 효율성을 유지하면서

도 팀원들이 각자 해야 할 일을 명확히 알 수 있도록 하려면 어떤 방식이 필요할까요?"
- **구체적 실천 방안**: 팀 미팅에서 논의된 업무를 단순히 정리하는 수준을 넘어, 구체적인 실행 단계로 세분화해 기록하고 이를 팀원들과 공유합니다. 각 업무는 담당자와 일정을 명확히 표시하여 누가 언제 무엇을 해야 하는지 분명히 해야 하며, 복잡한 프로젝트일수록 세부 과제를 나누어 체크리스트로 관리합니다. 이를 통해 팀원들이 각자의 역할을 명확히 이해하고 협업 과정에서 불필요한 중복이나 혼선을 줄일 수 있습니다.

- **심사숙고(Deliberative®) 강점 활용**
  - **코칭 대화**: "김 대리님은 일을 시작하기 전에 신중하게 검토하고 위험 요소를 찾아내는 강점이 있습니다. 그러나 너무 조심스러우면 진행 속도가 늦어지거나 다른 팀원들이 답답함을 느낄 수도 있습니다. 리스크를 충분히 관리하면서도 실행 속도를 유지하려면 어떤 균형점을 잡으실 수 있을까요?"
  - **구체적 실천 방안**: 주요 프로젝트를 진행하기 전, 잠재적으로 발생할 수 있는 리스크와 문제점을 미리 점검해 문서로 정리하고 이를 팀장과 팀원들에게 공유합니다. 특히 고객 대응 과정에서는 작은 이슈라도 민감하게 반응할 수 있는 부분을 사전에 검토해 예방책을 마련합니다. 또한 리스크 점검 결과는 단순히 문제를 나열하는 데 그치지 않고, "발생 가능성이 높은 리스크"와 "영향이 큰 리스크"를 구분해 팀이 우선적으로 집중해야 할 부분을 제시합니다. 이를 통해 불필요한 지연을 줄이면서도, 실제로 중요한 위험 요인에 효과적으로 대응할 수 있습니다.

(4) 박 사원 1:1 강점 코칭: 박 사원 1:1 강점 코칭에서는 배움(Learner®)과 수집(Input®) 강점을 기반으로, 시장 정보를 효과적으로 확보하고 이를 팀 내에 체계적으로 공유할 수 있는 액션 플랜을 함께 수립하였습니다.

- **배움(Learner®) 강점 활용**
  - **코칭 대화:** "박 사원은 새로운 지식과 정보를 배우는 데 큰 즐거움을 느끼는 강점을 가지고 있습니다. 하지만 배우는 데 그치고 혼자만 알고 있다면 팀 차원에서는 활용도가 떨어질 수 있습니다. 본인이 학습한 내용을 팀과 어떻게 나누고, 실제 영업 활동에 연결할 수 있을까요?"
  - **구체적 실천 방안:** 시장 동향, 경쟁사 활동, 고객 요구사항 등 최신 정보를 주기적으로 학습하고 이를 정리하여 정기적인 팀 미팅에서 공유합니다. 또한 영업과 관련된 전문 지식, 신기술, 새로운 영업 트렌드를 꾸준히 습득해 팀이 최신 전략과 방법론을 놓치지 않도록 돕습니다.

- **수집(Input®) 강점 활용**
  - **코칭 대화:** "박 사원은 유용하다고 생각되는 자료를 수집하고 정리하는 능력이 뛰어납니다. 하지만 자료가 쌓이기만 하고 제대로 활용되지 않으면 팀에는 큰 도움이 되지 않습니다. 수집한 정보를 팀이 쉽게 활용할 수 있도록 체계화하는 방법은 무엇일까요?"
  - **구체적 실천 방안:** 고객과 시장 관련 정보를 단순히 모으는 데서 그치지 않고, 이를 팀이 활용 가능한 형태로 정리합니다. 예를 들어, 수집한 정보를 기반으로 팀 내 정기적인 뉴스레터나 간단한 보고서를 작성해 팀 전체가 쉽게 이해하고 바로 활용할 수 있도록 하는

것입니다. 또한 정보 공유 시에는 단순한 데이터 나열이 아니라, "이 자료가 영업 전략 결정 과정에서 어떤 의미를 가지는지"까지 짚어주는 것이 중요합니다. 이를 통해 팀은 최신 정보를 신속히 반영해 의사결정을 내리고, 경쟁사 대비 한발 앞서 움직일 수 있습니다.

2. 팀 단위 강점 시너지 구축을 위한 액션 플랜 설계

(1) 우선순위 명확화를 위한 '강점 버디(Buddy) 시스템' 도입

- 업무 우선순위가 혼란스러운 경우를 방지하기 위해, 서로 상호보완적 강점을 가진 팀원 두 명씩을 연결한 강점 버디 시스템을 도입합니다. 예를 들어, 행동(Activator®) 테마가 강해 신속한 추진력을 가진 이 과장과 심사숙고(Deliberative®) 테마가 강해 세부사항 점검이 탁월한 김 대리를 버디로 매칭해, 한 명은 빠른 실행을 책임지고 다른 한 명은 리스크 관리와 업무 완성도 점검을 책임지게 합니다.
- 매주 초, 책임(Responsibility®) 테마가 강한 최 팀장은 버디별로 업무 목표와 우선순위를 명확히 전달합니다. 그러면 버디들은 서로 협력해 업무를 분담하고, 필요할 때는 서로 피드백을 주고받으며 진행 상황을 점검합니다. 이렇게 하면 각자의 강점이 혼자일 때보다 더 강력하게 발휘되며, 팀 전체의 업무 흐름이 매끄러워집니다.
- 궁극적으로 강점 버디 시스템은 단순히 일을 나누는 방식이 아니라, 신속성과 정확성을 동시에 달성할 수 있는 협력 구조입니다. 버디끼리 서로의 부족한 부분을 채워주면서 동시에 강점을 극대화할 수 있

고, 팀 차원에서는 업무 속도와 품질을 함께 끌어올릴 수 있습니다. 나아가 구성원들은 서로의 강점을 이해하고 존중하게 되면서, 팀워크와 신뢰 또한 크게 강화되는 효과를 얻게 됩니다.

(2) '강점 스토리텔링'을 통한 팀 이해와 소통 강화

- 팀 내 강점 공유 미팅을 창의적으로 개선하기 위해, 각자 자신의 강점이 가장 빛났던 실제 사례를 이야기 형식(스토리텔링)으로 팀과 공유하도록 합니다.
- 예컨대, 긍정(Positivity®)과 공감(Empathy®) 테마가 강한 박 사원은 어려운 고객을 긍정적인 태도로 전환한 사례를, 사교성(Woo®) 테마가 강한 이 과장은 초기 고객 관계 형성에서 자신의 사교성(Woo®) 강점을 효과적으로 발휘한 사례를 이야기합니다.
- 각자의 이처럼 각자가 자신의 강점을 실제 경험과 연결해 이야기하면, 팀원들은 강점이 단순히 이론적인 개념이 아니라 현장에서 살아 움직이는 도구라는 점을 체감할 수 있습니다. 또한 서로의 강점이 어떤 상황에서 가장 효과적으로 발휘되는지 구체적으로 이해하게 되면서, 자연스럽게 서로의 업무 스타일에 대한 존중과 신뢰가 생깁니다.

(3) 부족한 강점 영역을 위한 '외부 챌린저' 프로젝트 운영

- 팀이 부족한 영향력(Influencing) 영역을 보완하기 위해, 외부에서 영향력 영역의 강점이 뛰어난 전문가를 정기적으로 초청하여 일종의 도전 과제를 던져주는 '외부 챌린저 프로젝트'를 운영합니다.
- 외부 챌린저는 영향력 영역의 강점이 두드러진 전문가들로, 실제 영업 현장에서의 경험과 노하우를 기반으로 팀원들에게 새로운 과제를 던집니다. 예를 들어, "3분 안에 고객을 사로잡을 수 있는 메시지를 만들어라" 혹은 "경쟁사보다 우리 제품의 차별성을 한 문장으로 표현해라"와 같은 구체적이고 실전적인 과제들입니다. 팀원들은 이 과제를 일정 기간 안에 해결하며, 고객 미팅이나 영업 활동에 직접 적용해 봄으로써 영향력 영역의 부족을 보완할 수 있는 훈련을 받습니다.
- 이 과정에서 배움(Learner®)과 수집(Input®) 테마가 강한 박 사원은 외부 챌린저의 지식과 경험을 빠르게 습득하여 팀 내에 적극 공유하고, 팀 전체가 영향력 영역의 부족을 보완할 수 있는 실질적 전략을 습득하게 됩니다.

(4) 부족한 강점 영역 강화를 위한 신규 멤버 채용

- 팀의 부족한 영역인 영향력(Influencing) 영역을 보완하기 위해 해당 영역 강점, 예를 들어, 커뮤니케이션(Communication®), 승부(Competition®), 주도력(Command®) 등의 강점 테마를 가진 신규 멤버를 채용합니다.

- 신규 멤버 채용 과정에서 기존 팀원들이 직접 참여하여 후보자와의 '강점 인터뷰'를 진행함으로써, 채용 초기부터 팀과의 강점적 궁합을 창의적으로 확인합니다. 이 과정을 통해 후보자가 가진 강점이 실제로 어떻게 발휘되는지, 그리고 기존 팀원들의 강점과 어떤 조합을 이룰 수 있을지를 미리 확인할 수 있습니다.
- 채용된 신규 멤버는 팀 내 '강점 퍼즐'의 중요한 조각으로 인식되고, 채용 후에도 기존 멤버들과 정기적인 미팅을 통해 각자의 강점이 어떻게 상호보완적으로 결합될 수 있을지 적극적으로 토론하고 협력합니다.

(5) 강점 기반 '셀프 리더십 워크숍' 운영

- 장기적으로 지속 가능한 강점 문화를 구축하기 위해, 팀원 각자가 자신의 강점을 스스로 파악하고 발전시킬 수 있도록 정기적으로 셀프 리더십 워크숍을 운영합니다. 이 워크숍은 팀원 스스로가 자신의 강점을 점검하고, 그 강점을 토대로 성장 계획을 세우며, 일상 업무에 적용할 수 있는 방법을 찾도록 돕는 프로그램입니다.
- 워크숍에서는 단순한 강점 확인을 넘어, 각자가 자신의 강점이 실제로 업무에서 어떻게 발휘되었는지를 되돌아보고, 앞으로 어떤 방식으로 더 확장할 수 있을지 창의적으로 고민하도록 유도합니다. 참가자들은 이를 바탕으로 개인별 성장 계획을 수립하고, 팀 내에서 자유롭게 공유하며 서로 피드백을 주고받습니다.

3. 강점이 살아 숨 쉬는 영업팀 만들기

(1) 강점 기반 목표와 액션 플랜으로 팀원 동기부여 하기

지속적으로 성과를 내는 영업팀을 만들기 위해서는 팀원 각자가 자신의 강점을 기반으로 명확한 목표와 구체적인 액션 플랜을 세우고, 이를 통해 자연스럽게 동기부여가 될 수 있도록 해야 합니다. 팀 리더는 각 팀원이 업무를 수행하면서 스스로의 강점을 최대한 발휘할 수 있도록 돕는 강점 기반 목표설정 미팅을 정기적으로 진행합니다. 이를 통해 팀원은 자신만의 독특한 강점이 업무 성과와 연결되는 경험을 하게 되어 업무 몰입도와 만족도를 크게 높일 수 있습니다.

예를 들어, 배움(Learner®)과 수집(Input®) 테마가 강한 박 사원은 최신 시장 정보를 꾸준히 수집하고 공유하는 액션 플랜을 세우고, 정리(Arranger®)와 심사숙고(Deliberative®) 테마가 강한 김 대리는 업무 프로세스를 개선하는 구체적인 액션 플랜을 통해 업무 효율성을 높이는 데 집중합니다. 이렇게 각자의 강점이 명확한 액션 플랜과 연결되면, 팀 전체가 더욱 높은 목표 달성을 위한 자발적이고 긍정적인 에너지를 얻을 수 있습니다.

(2) 일상에서 강점으로 팀을 코칭하기

강점이 살아 숨 쉬는 영업팀을 만들기 위해서는 팀 리더의 꾸준한 강점 기반 코칭 실천이 필수적입니다. 팀 리더는 평소 팀원과의 대화나 미팅 과정에서 항상 강점의 관점에서 피드백을 주고, 팀원이 가진 강점이 업무에서 더욱 빛을 발할 수 있도록 구체적으로 코칭합니다.

예컨대, 최 팀장은 고객과의 관계 형성에서 어려움을 겪는 팀원에게 부족한 점을 지적하기보다는, 팀원이 가진 강점을 기반으로 고객의 마음을 이해하고 접근할 수 있는 구체적이고 실천 가능한 조언을 제공합니다. 이런 코칭 방식은 팀원이 자신의 능력을 긍정적으로 인식하고, 업무 자신감을 높이는데 크게 기여합니다.

(3) 정기적인 '강점 미팅'을 통해 서로의 강점을 공유하기

팀 내 강점 기반 조직문화를 구축하려면 팀원들이 서로의 강점을 잘 알고, 이해하는 분위기를 만들어야 합니다. 이를 위해 팀은 주기적으로 편안한 분위기 속에서 서로의 강점을 공유하고 배우는 '강점 미팅'을 운영합니다.

이 미팅에서는 각 팀원이 자신이 가진 강점과 이를 활용한 실제 영업 사례를 간략히 공유합니다. 예를 들어, 사교성(Woo®) 테마가 강한 이 과장은 고객 미팅에서 금방 친밀도를 높여 신속히 신뢰를 형성한 경험을, 정리(Arranger®) 테마가 강한 김 대리는 복잡한 업무 상황에서 정리(Arranger®) 테마로 효과적으로 문제를 해결했던 경험을 공유합니다. 이렇게 자연스럽게 각자의 강점을 서로 알게 되면 팀원들이 상호 강점을 존중하고 협력하는 문화가 자리 잡게 됩니다.

(4) 약점이 아닌 강점에 집중하는 팀 문화 만들기

영업팀 내에서 약점보다는 강점에 초점을 맞추는 문화를 구축하는 것은 팀의 지속적인 성장과 발전에 매우 중요합니다. 팀 리더와 팀원들은 업무 수행 과정에서 서로의 약점을 지적하거나 비판하기보다는, 각자가 지닌 강점을 어떻게 활용하면 좋을지 적극적으로 고민하고 지원하는 태도를 유지합니다.

예컨대, 업무가 느린 팀원이 있다면 그의 느림을 비판하기보다는, 그가 가진 신중하고 철저한 강점이 업무 완성도를 높이는 데 기여할 수 있도록 배려하고 업무 프로세스상 그 강점을 활용하는 방향으로 조정합니다. 이러한 강점 중심의 사고와 행동이 팀 전체에 일상적으로 자리 잡게 되면, 구성원들이 자신감을 가지고 더 적극적이고 긍정적인 업무 태도를 유지하게 될 것입니다.

이러한 강점 중심의 목표 설정과 액션 플랜, 리더의 일상적인 강점 코칭 실천, 팀원 간의 강점 공유와 이해, 그리고 약점이 아닌 강점에 집중하는 문화를 통해, 장기적으로 지속 가능한 강점 기반의 영업팀 문화를 만들어 나갈 수 있습니다. 이는 결국 팀원들의 높은 업무 몰입과 탁월한 성과로 이어질 것입니다.

강점비즈니스연구소 소개

강점비즈니스연구소는 개인과 조직이 자신의 강점을 기반으로 세일즈, 리더십, 조직문화, 커리어 성장을 이룰 수 있도록 돕는 코칭/컨설팅 연구소입니다. Gallup®의 CliftonStrengths® 진단과 글로벌 강점 기반 연구를 토대로, 기업과 개인의 현실에 최적화된 맞춤형 워크숍과 코칭 프로그램을 제공합니다.

지난 수년간 다양한 기업 및 기관과 협력하여 세일즈 혁신, 팀 성과 향상, 리더십 개발, 커리어 전환 과정을 진행해왔으며, 모든 프로그램은 '결과로 증명되는 변화'를 최우선으로 합니다. 강점비즈니스연구소는 강점을 단순히 '발견'하는 것에 머무르지 않고, 이를 실질적인 성과와 구체적인 변화로 이끄는 실행 전략과 연결하는 데 주력합니다.

자세한 정보는 강점비즈니스연구소 홈페이지에서 확인하세요. https://strengthsbusiness.co.kr

갤럽(Gallup® Inc.) 소개

갤럽(Gallup® Inc.)은 1935년 미국에서 설립된 글로벌 컨설팅 및 연구 기업으로, 여론 조사, 데이터 분석, 인재 개발 분야에서 세계적인 권위를 가지고 있습니다. 갤럽은 개인과 조직이 성과를 극대화하도록 돕기 위해 과학적 연구와 데이터 기반 솔루션을 제공합니다.

특히 CliftonStrengths® 진단(구 StrengthsFinder®)을 통해 개인이 가진 34가지 강점 테마를 발견하고, 이를 일과 삶에서 효과적으로 활용할 수 있도록 안내하는 강점 기반 접근법을 제시하고 있습니다. 현재 전 세계 수천만 명이 이 진단을 통해 자신의 강점을 발견했고, 이를 바탕으로 커리어, 리더십, 세일즈, 조직문화 개선 등 다양한 영역에서 성과를 만들어 가고 있습니다.

갤럽은 기업을 위한 조직 컨설팅, 직원 몰입도(Engagement), 리더십 개발 프로그램 등 폭넓은 솔루션을 제공하며, 개인과 조직이 성과와 웰빙을 동시에 달성하도록 돕고 있습니다.

자세한 내용은 갤럽 홈페이지를 참고하세요. https://www.gallup.com CliftonStrengths® 소개 페이지 https://www.gallup.com/cliftonstrengths